中等职业教育会计类专业系列教材

实用会计基础

（第二版）

邱　蕾　主编

周　萍　吴　莹　副主编

科　学　出　版　社

北　京

内 容 简 介

本书按照学生的年龄特征与认知规律创设教学情境与教学内容，从会计与职业讲起，随后讲解账户与借贷记账法、会计凭证、会计账簿、会计报表，最后再讲解会计基本理论。

本书按照会计从业资格考试的新大纲要求增设了相关内容，讲解细致，练习丰富，注意版式美观力求取得最佳阅读效果。

本书可作为中等职业学校财会专业学生的教学用书，也可供其他专业师生和社会读者阅读。

图书在版编目（CIP）数据

实用会计基础 / 邱蕾主编 . —2 版 . —北京：科学出版社，2015
（中等职业教育会计类专业系列教材）
ISBN 978-7-03-044779-1

Ⅰ. ①实… Ⅱ. ①邱… Ⅲ. ①会计学－中等专业学校－教材
Ⅳ. F230

中国版本图书馆CIP数据核字（2015）第123699号

责任编辑：任锋娟　王　琳 / 责任校对：王万红
责任印制：吕春珉 / 封面设计：耕者设计工作室

科学出版社 出版
北京东黄城根北街16号
邮政编码：100717
http://www.sciencep.com
铭浩彩色印装有限公司印刷
科学出版社发行　各地新华书店经销
*
2007年8月第 一 版　开本：787×1092　1/16
2016年3月第 二 版　印张：17 1/2
2021年8月第二十次印刷　字数：404 320

定价：45.00元

（如有印装质量问题，我社负责调换〈铭浩〉）
销售部电话 010-62136230　编辑部电话 010-62135763-2015

第一版前言

长期以来，中等职业技术学校的“会计基础”课程的教材是按照学科体系进行编写的，强调学科理论体系的完整，学生要先学习理论再进行实训，只有学完一门课程才会对一个学科有一个全面的认识，这不但造成了教学难度大，而且十分不利于培养学生对课程学习的兴趣。由于中等职业技术学校的学生年龄小、基础薄、抽象思维能力达不到要求，极易产生畏难情绪，从而使专业学习的链条中断，本书打破了先介绍会计概论，后介绍借贷记账法，再介绍会计凭证、账簿、报表的传统教材结构顺序，按工序要求进行了重新整合。在书中首先从原始凭证的填制、审核开始，增强学生的感性认识，通过动手填制会计凭证，提高学生学习会计知识的兴趣，避免一开始就学习抽象的会计专业名词和理论，在学生有一些初步认识后，再介绍会计的一些基本理论。

本书的结构是将工作环节转化为教学任务，以实务教学为主线，教学生怎样做，怎样做好，以技能为核心，把理论穿插在操作中，简要介绍用到的会计理论，让学生在实务中掌握基本的理论知识，了解职业行规，重视工作质量。这样以学生为中心、为主导的教学，学生学习主动，追求完美，竞争互助，既提高了学生自主学习的积极性，又提高了学习能力、团结合作能力、动手能力和沟通能力。从我们实际的教学效果看，这种方法非常适合年龄偏小的中等职业技术学校的学生。

强化学科心理教育和职业规划教育是本书所体现的另一特色。作为学生主体活动的课堂教学，蕴含着丰富的心理教育内容。在本书中，设计了许多教师与学生交流的教学内容，如小资料、想一想、练一练等，达到激发学习兴趣、发展学生能力、培养良好情感等目的，构成“激励、合作、愉快”的课堂教学模式。同时，从学基础开始，本书中设计了一些小案例、课外阅读等，增加了学生对会计职业特点、职业要求的了解，向准职业人过渡，这是本书的又一亮点。

本书章节安排如下：第 1 章从经济业务的发生开始，边做边学如何填制各种原始凭证，如何审核原始凭证；随后第 2 章讲解会计核算的“钥匙”——借贷记账法，及介绍如何用专业方法将各种原始凭证分类；第 3 章灵活使用这把“钥匙”将经济业务填制在记账凭证上，使学生熟悉企业的主要经济业务和经营过程；第 4 章把分好类的经济业务归集在一起——登记账簿；第 5 章是将账簿的信息输出，编制财务报表；最后一章介绍会计基本理论。

本书的教学组织特点为实务准备、描述工作过程、讲述相关知识、案例再现、操作指导。

本书的作业特点为：一部分是课堂操作知识点和理论知识点的巩固，另一部分是发散性思维作业，是课堂的外延，无标准答案，适于学生讨论，师生共同点评。

本书的编写人员全部是在一线从事中等职业教学多年的高级讲师，在编写过程中总结多年的教学实践和教学改革经验，充分考虑到学生的特点，力求创新、实用。

本书建议总学时 190 课时，其中 6 课时可作为机动课时。

各章参考学时分配如下：

章 节	理 论	实训练习	合 计
第 1 章	10	16	26
第 2 章	20	8	28
第 3 章	36	24	60
第 4 章	24	24	48
第 5 章	8	4	12
第 6 章	8	2	10
合 计	106	78	184

学生在学习本书的过程中，可参考如下的会计工作流程图。

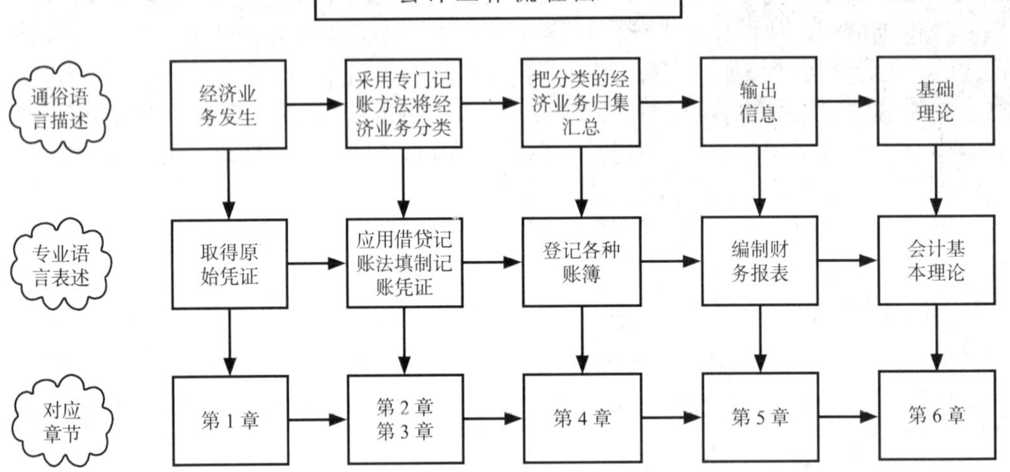

本书由邱蕾任主编，周萍、吴莹任副主编，编写人员及具体分工如下：第 1 章由邱蕾编写，第 2 章由陈慧丽编写，第 3 章由周萍编写，第 4 章由吴莹编写，第 5 章由沈文全编写，第 6 章由索桂芳编写，各章后的作业由黄莉提供，最后由邱蕾对全书进行了统稿。

中等职业教育改革方兴未艾，书中的疏漏和不足之处在所难免，恳请读者批评指正。

编 者

2007 年 7 月

老会计手把手教小林

学习《实用会计基础》

会计新手入行常常会担心没人教，小林很幸运，来到北京红都服装有限公司由从事 23 年会计工作的老会计手把手来教，不需要有任何担心，这么好的条件，千万别错过，赶紧跟老会计一起学吧。

学习线路

目　录

单元 1
企业与会计职业

学习目标

知识与技能目标

- 了解企业与企业组织架构；
- 了解会计职业要求；
- 建立对会计职业的正确认识。

过程与方法

通过考察、网上查找、讨论、体验公司和我们生活的关系，公司和会计工作的关系，增加对企业、企业经营活动和会计职业的认识。

情感、态度与价值观

激发学习会计的兴趣，树立正确的会计职业观，认真起步，从职业规划做起。

任务 1.1 认识企业

任务与要求

任务：老会计给小林的第一个任务是：了解什么是企业？什么是公司？从哪些方面认识一个企业？

要求：

1）企业、法人、公司有哪些不同？

2）了解自己所在红都服装有限公司的基本情况。

知识讲解

1.1.1 公司与企业

1. 公司

公司是指全部资本由股东出资构成，以营利为目的而依法设立的企业组织形式；公司是具有民事权利能力和行为能力，股东以其出资额或所持股份为限对公司承担责任，公司以其全部资产对公司的债务承担责任，依照公司法成立的企业法人。其特征如图 1.1 所示。

图 1.1　公司的特征

依照我国法律，公司是指有限责任公司和股份有限责任公司，具有企业的所有属性，因此公司是企业。但是企业与公司又不是同一概念，公司与企业是从属关系，凡公司均为企业，但企业未必都是公司。公司只是企业的一种组织形态。

2. 企业

企业是指把人的要素和物的要素结合起来的、自主从事经济活动的、具有营利性的经济组织。这一定义的基本含义如图 1.2 所示。

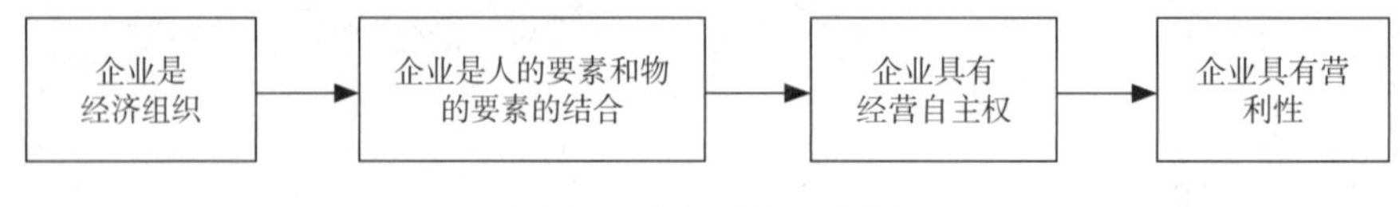

图 1.2　企业的基本含义

想一想

政府机构、事业单位、社会团体等是企业吗？为什么？

根据实践的需要，可以按照不同的属性对企业进行分类。

（1）按产业概念划分

1）农业企业，指进行农业生产（农、林、牧、渔、采集等）的企业，属于第一产业。

2）工业企业，指从事工业产品制造或提供工业性服务的企业，如采掘业、制造业、建筑业等，属于第二产业。例如可口可乐公司就是一家工业企业。

3）服务企业，指提供各种服务性质工作的企业，如商业、金融、邮电、信息、运输、旅游、科技、文化、医疗等，属于第三产业。

（2）按所有制形式划分

1）国有企业，其财产归全民所有，国家代表全民的利益，行使生产资料所有权。

2）集体所有制企业，是指财产属于劳动群众集体所有的企业。

3）私有制企业，其财产属于私人所有，如个体企业、私营企业、外商投资企业。

4）混合所有制企业，是指由国家、集体、外商等两方或多方共同投资兴办的企业，如中外合资公司。

（3）按企业的财产构成和出资者的法律责任划分

1）自然个人企业，其财产属于出资者私人财产，企业不是民事主体，只有出资者才是民事主体。自然人企业本身不具有法人资格，如个体企业、合伙制企业。

2）法人企业，是指具有法人资格的企业。企业的法人资格条件包括：有符合法律规定的资产数额，企业财产独立于出资人和自己的成员，由企业独立支配；法人企业有自己的名称、组织章程、组织机构和经营场所；能够独立承担民事责任；依法成立。

1.1.2　企业的职能部门

一般而言，企业应根据自身的实际需要来设置尽可能少的部门。生产型企业一般包括以下职能部门（见图 1.3）。

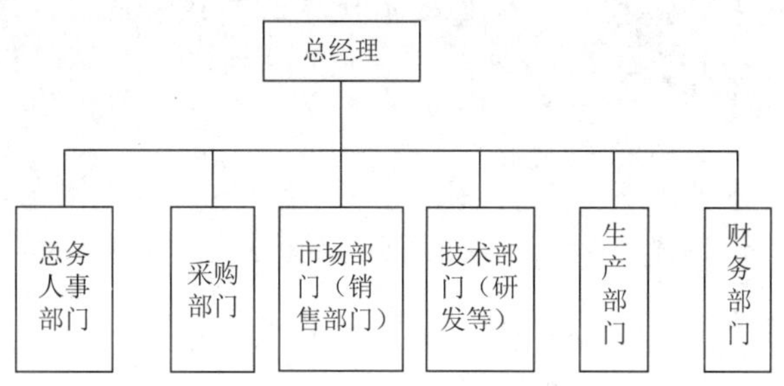

图 1.3　生产型企业职能部门

每个企业的状况不同，所设置的部门也不尽相同，大型企业设置的部门会比较多，将众多部门进行细分，如总务人事部门，可以分成总务部门、人力资源管理部门等。小的企业设置的部门相对较少，如采购和市场部门统设为一个部门等。

1.1.3　认识企业的途径

认识一家企业通常从以下几个方面着手。

1）基本情况一：名称、位置、注册时间、注册资金、经营内容、所有制形式。
2）基本情况二：业务范围、业务类型、业务区域、业绩。
3）基本情况三：员工人数、领导人背景、部门设置、人员素质结构、人员流动状况。
4）基本情况四：发展历程、财务状况、固定设施、无形资产。
5）基本情况五：企业文化。
6）基本情况六：企业发展远景。

了解这些情况的主要渠道是招聘简章、公司简介、营业执照、互联网、员工手册、现场考察、面谈等。

知识窗

根据 2011 年 7 月工业和信息化部、国家统计局、国家发改委和财政部四部门研究制定的《中小企业划型标准规定》，中小企业划分为中型、小型、微型三种类型，具体标准根据企业从业人员、营业收入、资产总额等指标，结合行业特点制定。其中，微型企业的标准如下。

1）农、林、牧、渔业。营业收入 50 万元以下的为微型企业。
2）工业。从业人员 20 人以下或营业收入 300 万元以下的为微型企业。
3）建筑业。营业收入 300 万元以下或资产总额 300 万元以下的为微型企业。
4）批发业。从业人员 5 人以下或营业收入 1 000 万元以下的为微型企业。
5）零售业。从业人员 10 人以下或营业收入 100 万元以下的为微型企业。
6）交通运输业。从业人员 20 人以下或营业收入 200 万元以下的为微型企业。
7）仓储业。从业人员 20 人以下或营业收入 100 万元以下的为微型企业。
8）邮政业。从业人员 20 人以下或营业收入 100 万元以下的为微型企业。

9）住宿业。从业人员 10 人以下或营业收入 100 万元以下的为微型企业。

10）餐饮业。从业人员 10 人以下或营业收入 100 万元以下的为微型企业。

11）信息传输业。从业人员 10 人以下或营业收入 100 万元以下的为微型企业。

12）软件和信息技术服务业。从业人员 10 人以下或营业收入 50 万元以下的为微型企业。

13）房地产开发经营。营业收入 100 万元以下或资产总额 2000 万元以下的为微型企业。

14）物业管理。从业人员 100 人以下或营业收入 500 万元以下的为微型企业。

15）租赁和商务服务业。从业人员 10 人以下或资产总额 100 万元以下的为微型企业。

16）其他未列明行业。从业人员 10 人以下的为微型企业。

注：从业人员是指期末从业人员数；营业收入指年度营业收入

任务与处理

1）“企业”、“法人”、“公司”这些名词使初学者很容易混淆，小林通过学习做以下比较：

①企业：判断一个组织不是企业，主要分析其是否具备以下两个特征：第一，必须能够给社会提供服务或产品。第二，要以营利为目的，不以营利为目的的社会组织不能称为企业。比如教会，它不是以营利为目的的，不是一个企业。

②法人：按照《中华人民共和国民法通则》的规定，法人必须具备以下四个条件：第一，它是社会组织;第二，必须有独立的财产;第三，要有自己的名称组织机构和场所;第四，要能够独立承担法律上的权利和义务，能够独立地进行起诉或应诉。法人的实质，是一定社会组织在法律上的人格化。法人可以分为企业法人、机关团体法人、事业法人和捐献法人。其中，企业法人包括全民所有制企业（即国有企业）、集体所有制企业、联营企业、三资企业、私营企业及其他企业。公司又分为有限责任公司和股份有限公司两种，其中有限责任公司又分为国有独资公司和非国有独资公司。具有法人资格的企业称为企业法人，这一概念的另一含义就是存在不具备法人资格的企业，换句话讲，并不是所有的企业都是法人。

注意

企业法人和企业法定代表人是不同的。企业法人强调的是法人，是一个社会组织，而法定代表人是自然人。例如有人说 ×× 企业的法人是张某，这种说法是不对的，张某是法定代表人，而不是企业法人。

③公司：与企业是完全不同的概念。公司首先是按照特定的法律程序设立的一个组织。在我国必须按照《中华人民共和国公司法》（以下简称公司法）设立。其次，公司必须是法人，这是与企业的最大区别。公司一定是法人，而企业不一定是法人，公司是比企业小的一个概念，公司是企业的一种形式。公司制度和法人制度是市场经济的两大原动力，两者共同推动着市场经济不断前进。

2）小林通过询问和查找相关资料，了解到所在红都服装有限公司的基本情况如表 1.1 所示。

表 1.1　红都服装有限公司基本情况

企业名称	北京红都服装有限责任公司		
固定电话	010-83000025	员工人数	263 人
企业类型	有限责任公司	法定代表人	李红都
注册日期	2002 年 2 月 14 日	注册资金	300 万元
经营类型	☑ 生产　☑ 加工　☐服务　☐其他生产		
企业地址	北京市海淀区增光路 35 号	邮政编码	100200
经营范围	生产西服、衬衣、休闲装；销售成衣、布料		
纳税人识别号	110104756704569	税率	一般纳税人，税率为 17%
开户银行	中国建设银行西四支行		
账号	0071239994567		

红都服装有限公司的企业组织结构如图 1.4 所示。

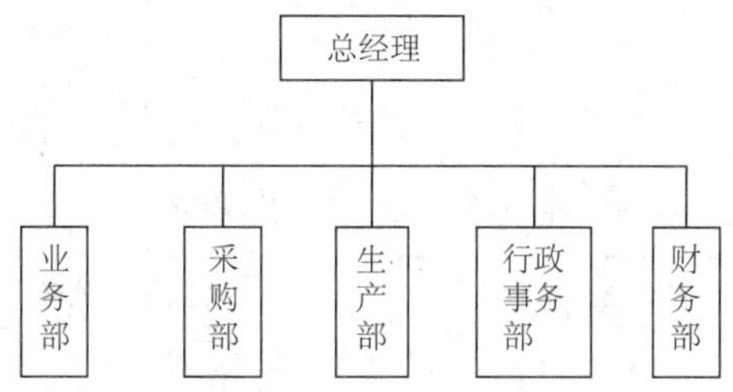

图 1.4　企业组织结构

红都服装有限公司的基本工艺流程如图 1.5 所示。

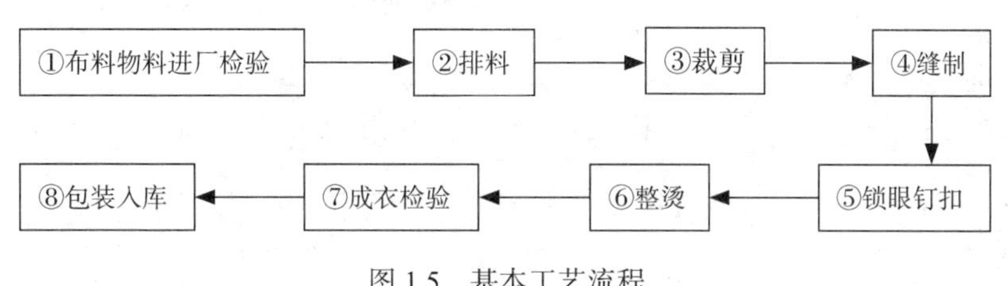

图 1.5　基本工艺流程

任务巩固

2009 年 1 月中旬，国务院常务会议审议并原则通过了十大产业调整振兴规划，这些规划涉及范围之广、政策力度之大、决策效率之高，前所未有。让我们一起来认识一下十大产业。

通过网络查询十大产业相关信息，填写下列内容（见表 1.2）。

表 1.2　十大产业信息表

产业行业类型	产业名称	产业调整振兴规划的亮点
加工制造业（第二产业）	①钢铁业（示例）	以控制总量、淘汰落后、联合重组、技术改造、优化布局为重点，推动钢铁产业由大变强
	②汽车业（示例）	实施积极的消费政策，以结构调整为主线，推进企业联合重组，以新能源汽车为突破口，加强自主创新，形成新的竞争优势
	③纺织业	
	④装备制造业	
	⑤船舶业	
	⑥电子信息业	
	⑦轻工业	
	⑧石化业	
	⑨有色金属业	
现代服务业（第三产业）	⑩物流业	

任务提升

1）列出 3 个知名企业，通过网络查询相关信息，填写下列内容（见表 1-3）。

表 1.3　知名企业信息表

企业	企业类型	注册资金	业务类型、业务区域	企业文化
北国商城股份有限公司	股份有限公司（服务业——商业）	25 360 万元	从事零售百货、超市连锁、家电连锁、餐饮娱乐、仓储运输、批发配送等经营。目前，在河北、河南、山东、山西、内蒙古、北京及天津七省（区、市）21 座城市的总门店超过 120 家，拥有 12 家购物中心或百货店，拥有 22 家超市和 19 家电器连锁，60 多家珠宝品牌连锁，员工总数 3.7 万余人，总营业面积达到 105 万平方米。	以学习求智慧；以管理求效益；以勤奋求生存；以创新求发展

2）列出 3 种你认为市场上最受欢迎的产品，说明它们的性能特点、生产过程或流程，比较一下售价和成本，填写下列内容（见表 1.4）。

表 1.4　知名产品信息表

产品	性能特点	生产过程或流程	售价和成本
iPhone6S	全新的 A9 处理器带来性能提升，3D-Touch 带来人机交互系统的革命	生产一台 iPhone 需要 100 多道工序，而且基本上都靠手工	成本约 1489 元人民币（约合 234 美元）；售价 5288 ～ 6888 元人民币

任务1.2　认识会计职业

任务与要求

任务：老会计给小林的第二个任务是熟悉会计机构，认识会计岗位，了解会计从业资格和会计专业职务。

要求：描述红都服装有限公司会计岗位的工作内容与会计人员的配备情况。

知识讲解

1.2.1　会计机构

会计机构，是指“设置的专门办理会计事项的机构”。

《中华人民共和国会计法》（以下简称会计法）第三十六条明确规定：“各单位应当根据会计业务的需要，设置会计机构，或者在有关机构中设置会计人员并指定会计主管人员；不具备条件设置的，应当委托经批准设立从事会计代理记账业务的中介机构代理记账。”

会计机构是单位整体职能部门的组成部分，其设置通常取决于企业规模的大小和会计工作的繁简程度。各单位应根据会计业务的需要设置会计机构，如图1.6所示。

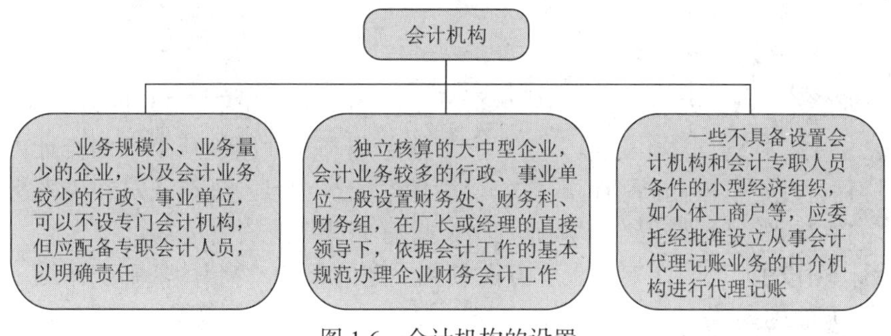

图1.6　会计机构的设置

1.2.2　会计工作岗位

会计人员的配备数量与企业的规模、业务量、经营管理要求及采用的核算手段等有密切的关系。

对于会计工作岗位的设置，《会计基础工作规范》规定了基本原则和示范性要求，如图1.7所示。

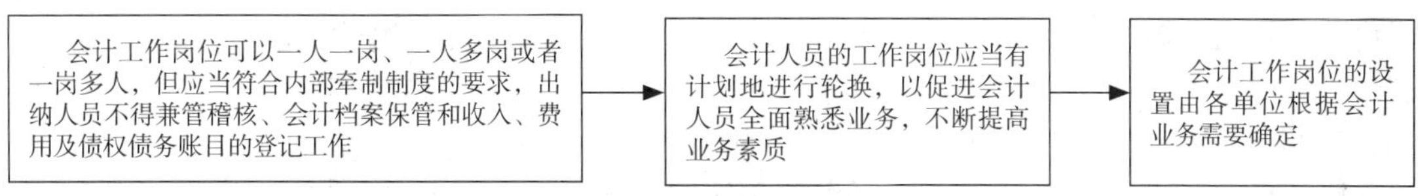

图1.7　会计工作岗位的设置

《会计基础工作规范》只是提出了示范性的会计工作岗位设置方案，即会计机构负责人或者会计主管人员、出纳、财产物资核算、工资核算、成本费用核算、财务成果核算、资金核算、往来结算、总账报表、稽核、档案管理等。开展会计电算化和管理会计的单位，可以根据需要设置相应工作岗位，也可以与其他工作岗位相结合。会计工作岗位一般包括会计机构负责人或主管会计、出纳、财产物资核算、工资核算、成本费用核算、经营成果核算、资金核算、往来核算、总账报表、稽核、会计档案。

各单位根据业务需要设置会计岗位，可以一人一岗、一人多岗或一岗多人，但要对不相容职务进行分离。所谓不相容职务，是指如果由一人担任，既可能弄虚作假，又能够自己掩盖其错弊的职务。会计法规定，出纳人员不得兼任稽核、会计档案保管和收入、费用及债权债务账目的登记工作。

知识窗

我国已有相关法规对会计人员回避制度作出了规定，如 1993 年 8 月 14 日国务院发布的《国家公务员暂行条例》第六十一条规定："国家公务员之间有夫妻关系、直系血亲关系、三代以内旁系血亲关系以及近姻亲关系的，也不得在其中一方担任领导职务的机关从事监察、审计、人事、财务工作。"根据上述规定的精神，结合会计工作的实际情况，《会计基础工作规范》规定："国家机关、国有企业、事业单位任用会计人员应当实行回避制度。单位领导人的直系亲属不得担任本单位的会计机构负责人、会计主管人员。会计机构负责人、会计主管人员的直系亲属不得在本单位会计机构中担任出纳工作。"

1.2.3 会计从业资格

会计从业资格是指进入会计职业、从事会计工作的一种法定资质，是进入会计职业的"门槛"。在国家机关、社会团体、公司、企业、事业单位和其他组织从事下列会计工作的人员（包括香港特别行政区、澳门特别行政区、台湾地区人员，以及外籍人员在中国大陆境内从事会计工作的人员），必须取得会计从业资格，持有会计从业资格证书。

从事会计工作的人员要在专业素质方面具备一定的条件。《会计基础工作规范》对此提出了以下 3 个方面的要求。

1. 要持有会计证，即会计从业资格证书

会计人员必须取得会计从业资格证书，才能从事会计工作。会计从业资格的取得实行考试制度。其考试科目、考试大纲由财政部统一制定。目前的考试科目为财经法规与会计职业道德、会计基础和初级会计电算化。考试一般由各省级财政部门组织，考试及报考时间全国各省份不同。

2012 年 12 月 5 日，财政部正式发布了《会计从业资格管理办法》（财政部令第 73 号），根据该办法第二章的相关规定，取消了"中专以上会计类专业学历免试会计基础和会计电算化"的规定，即所有考生，不论是否为财经类专业毕业，是否在两年以内，都不再免考，一律要考三门，即财经法规与会计职业道德、会计基础和会计电算化。

2. 应具备必要的专业知识、专业技能和良好的职业道德

任何一个行业都要求从事人员应具备相应的工作素质，需要具备相应的职业素质和道德要求，这也是个人在职业生涯中能否走向成功的重要因素。

《会计基础工作规范》第十四条规定："会计人员应当具备必要的专业知识和专业技能，熟悉国家有关法律、法规、规章和国家统一会计制度，遵守职业道德。"这是对会计人员最

基本的要求。考核和确认会计人员的专业知识和业务技能，从目前来说，主要是通过设置会计专业职务和会计专业技术资格考试来进行的。

知识窗

会计职业道德规范是根据会计职业的特点提出的，要求会计人员在会计活动中应普遍遵循的职业道德要求，它贯穿于整个会计规范体系之中。基本内容包括敬业爱岗、诚实守信、廉洁自律、客观公正、坚持准则、提高技能、参与管理、强化服务。

3. 要按照规定参加会计业务培训

《会计基础工作规范》第十四条规定："会计人员应当按照国家有关规定参加会计业务的培训。"这是因为，受我国会计学历教育规模的限制，目前会计人员中具备规定学历的比例还不高，要使会计人员具备必要的政治和业务素质，进行在职培训是重要途径之一。此外，即使会计人员具备了规定学历，还有知识更新的问题，有适应法律的、经济的、政治的或者是技术上新的要求的问题，这些只有通过在职培训才能解决。

1.2.4　会计专业职务

根据《会计专业职务试行条例》的规定，会计专业职务分为高级会计师、会计师、助理会计师和会计员。其中，高级会计师为高级职务，会计师为中级职务，助理会计师和会计员为初级职务。

会计专业技术资格是指担任会计专业职务的任职资格。根据《会计专业技术资格考试暂行规定》，会计专业技术资格分为初、中、高3个级别。目前，初级、中级会计资格实行全国统一考试制度，高级会计师资格实行考试与评审相结合制度。

知识窗

会计专业技术初级资格考试科目为初级会计实务和经济法基础。参加考试人员必须在一个考试年度内通过全部科目的考试，过期作废。

会计专业技术中级资格考试科目为中级会计实务、财务管理和经济法。参加考试人员必须在两个考试年度内通过全部科目的考试，过期作废。

任务与处理

小林来到红都服装有限公司的财务部，看到各个岗位都有明确的工作内容和职责权限，5位会计人员各司其职、各尽其责，会计工作有条不紊地进行。

1）出纳岗位：主要负责办理货币资金的收支业务，建立银行存款日记账和现金日记账，并根据有关货币资金收付凭证逐日逐笔进行登记，保证日清月结。月末与银行进行核对，做好"银行存款余额调节表"。负责现金支票和转账支票的签发以及其他银行结算凭证的填制等。

2）往来结算会计：负责企业与各方面的往来结算业务，也就是购进与销出所涉及的采购应付款和销售应收款等明细账，并根据有关凭证进行登记，定期与有关总分类账进行核对。

3）成本核算会计：负责成本管理基础工作，核算产品成本和期间费用，编制成本费用报表并进行分析，并协助管理产品以及对产品的清查盘点。

4）工资会计：平时负责工时、产量等资料的记录，职工考勤。负责工资的明细核算与分配核算，审核工资、资金的发放，计提应付福利费用和工会经费等。

5）账务会计：负责开设总分类账及部分明细分类账、登记总分类账，负责编制财务会计报表、管理会计凭证和会计报表，并对会计报表进行必要的财务分析。

小林完成任务后对老会计说："这么多岗位工作，我还是不太清楚。"老会计安慰说："没关系，慢慢就会熟悉的。"

任务提升

一、单项选择题

1. 从事会计工作的人员必须取得（　　）。

A. 大专以上的学历证书　　B. 会计从业资格证书

C. 初级以上专业技术职业资格证书　　D. 中专以上学历证书

2. 各单位应依据（　　）设置会计机构，或者在有关机构中设置会计人员并指定会计主管人员。

A. 单位营业收入　　B. 会计人员数量

C. 会计业务的需要　　D. 单位的规模

3. 会计人员应当保守本单位的商业秘密。除（　　）同意外，不能私自向外界提供或者泄露单位的会计信息。

A. 上级主管　　B. 会计主管

C. 审计部门　　D. 法律规定和单位领导人

4. 出纳岗位主要负责办理（　　）。

A. 企业与各方面的往来结算业务　　B. 工时、产量等资料的记录，职工考勤

C. 核算产品成本和期间费用　　D. 货币资金的收支业务

二、多项选择题

1. 各单位根据业务需要设置会计岗位，可以（　　）。

A. 一人一岗　　B. 一人多岗

C. 一岗多人　　D. 根据需要设置

2. 国家公务员之间有（　　）关系的，不得在其中一方担任领导职务的机关从事监察、审计、人事、财务工作。

A. 夫妻　　B. 直系血亲

C. 三代以内旁系血亲　　D. 近姻亲

3. 会计专业职务分为（　　）。

A. 高级会计师　　B. 会计师　　C. 助理会计师　　D. 会计员

4. 会计工作岗位一般可分为（　　）。

A. 会计机构负责人或者会计主管人员　　B. 出纳

C. 财产物资核算　　D. 工资核算

5. 不相容职务分工的内容包括（　　）。

A. 有权决定或审批材料采购的人员不能同时兼任

B. 填写销货发票的人员不能兼任审核

C. 销货人员不能同时兼任会计记账工作

D. 保管某些财产物资和核对实存数与账存数的职务要分离

三、判断题

1. 对于不具备设置会计机构条件的单位，应由代理记账机构完成其会计工作。（　　）

2. 档案管理部门的人员管理会计档案，属于会计岗位。（　　）

3. 单位领导人的直系亲属不得担任本单位的会计机构负责人、会计主管人员。（　　）

4. 在香港特别行政区、澳门特别行政区、台湾地区人员，以及外籍人员在中国大陆境内从事会计工作的人员，可以没有会计证。（　　）

5. 各单位可以根据会计业务的需要自行决定是否设置会计机构，但会计工作必须依法开展。（　　）

任务 1.3　规划会计职业

任务与要求

任务：老会计给小林布置的第三个任务是了解会计职业的发展，企业对会计人员职业能力的要求。

要求：写出职业规划的具体步骤。

知识讲解

1.3.1　会计职业的发展

会计是经济管理工作的基础，不管多小的企业，都需要会计。随着社会经济的发展和财务管理的规范化，社会上各种企、事业单位对会计的需要更是大大增加，会计已成为一个热门职业，会计人员社会地位和收入也会不断地提高，其就业范围相当可观。

1. 行业风险低

无论公司规模大小，都需要会计人员来保证正常的运营，所以会计人员是企业的核心人员，是机构运转的关键角色，诸如财务核算体系或是企业审计工作，都是企业发展的核心内容，公司只有把财会部门当作企业战略实施的主要组成部分，公司才能更好地发展。同时，会计行业相对特殊，公司不可能经常更换会计人员，因此会计人员的流动性比较小，从事这个职业的风险也比较低。

2. 人才需求量大

长期以来，会计行业是对人才需求较大的领域，然而，我国缺乏优秀的财务管理人员，远不能满足国家经济发展和企业发展的需求，因此整个行业需要新鲜血液来补充，每年五六万的会计专业毕业生只能满足专业人才需求的一小部分，大部分则由非会计专业的毕业生来填补。

3. 执业远景广

会计行业可以说是渗入各行各业，既是企业的后援支持，又是公司运营的关键。据上海、北京、广州三地的知名猎头公司统计，从会计部门升为公司核心领导层人员的概率要比其他部门高出10%。在近期的就业调查中，高级财务人员一直是企业的紧缺人才，财务总监被受访企业列为最急需的六大财会人才之一。很多知名企业的CEO（执行总裁）都是由CFO（首席财务官）晋升而来。CFO具有的会计职业背景、出色的成本控制及企业内部整合能力使很多企业董事会在危急关头换帅时都会把CFO推向第一线，充当“救火队员”，CFO接任CEO在管理上已经形成一种趋势。高级财务人员在未来的人才市场上将成为企业争相抢夺的对象。

4. 高薪成趋势

上海国家会计学院中国会计视野网站针对财务会计人员收入情况的调查显示2013年财会人员平均薪酬为111 005元，相比2012年调查数据增长了6.9%。财务会计人员的薪资与学历密切相关，随着学历的提高，薪酬也明显提高。

1.3.2 企业对会计人员的职业能力要求

1. 会计职业的发展趋势

市场经济的迅速发展，企业的经济活动日益复杂，再加上会计电算化的普及，会计职业呈现出三大趋势。

1）专业知识集成化。这主要表现为企业对从事单一岗位和简单的基本核算事项的会计工作人员的需求减少，而实践能力强、能够承担多岗位工作的复合型会计人员供不应求。

2）会计职业的社会化。会计事务所或会计咨询服务公司等中介机构，不仅依法开展鉴证和审计业务，也替大量的小企业代理记账和纳税业务，这既可以节约小企业的会计核算成本，也有利于提高企业的会计信息质量。

3）职业学习终身化。随着经济的发展，企业经营活动的不断创新，使得会计工作的方式方法也在不断地发展，会计人员只有不断学习才能适应会计行业和会计工作的发展趋势。

2. 会计人员应具备的能力

从适应会计职业的发展的角度看，会计人员应具备3种能力：专业能力、学习并解决问题的能力和社会适应能力。

1）专业能力，包括会计核算能力、计算机和财务软件应用能力、经济业务判断能力、财务分析能力。前两项是基础性能力，后两项是更高级的能力。

2）学习并解决问题的能力，包括自主学习的能力、信息处理能力和解决问题的能力。自主学习的能力是根据工作的需要持续自觉学习新知识的能力，这是会计人员个人业务能力不断提高的保证；信息处理能力既包括对当今社会纷繁复杂的信息进行搜集、分析、加工、整理的能力，也包括进行会计文案写作应具备的选题和内容整合能力；解决问题的能力是指能够按照企业的财务战略，依法处理突发或非常规会计事件的能力。

3）社会适应能力，包括沟通合作能力和组织协调能力。会计工作处理的是单位与单位、人与人或单位与人之间的经济关系，这就决定了会计或会计部门工作的有效开展，既需要其他部门或其他人的配合，也需要会计人员去主动协调或配合其他部门或人员。尤其是，对企业外部单位而言，会计人员必然要与外部的银行、工商、税务、海关、社会保障等职能部门打交道，沟通合作能力和组织协调能力对做好会计工作至关重要。

1.3.3 规划会计职业

职业规划对一个人的职业发展很重要，它相当于给自己指明了发展的方向，既然选择

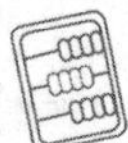

了会计专业，职业生涯就有了既定的方向，就要朝着目标一步步地前进。

每个人的职业生涯大致可以规划为三个大的阶段：成长、拓展、稳定。

1. 成长阶段

这是以选定职业方向为前提的，选定职业方向后，重点就成为了积累知识和经验。实践前学的都是理论知识，理论和实践是有区别的，特别是会计，理论会计题中的任何信息都不是现成的，需要自己在学习和工作中学会提炼信息。

这一阶段可以从填制和审核凭证等会计基础工作做起，全面、扎实地做好本职工作，不断提高自己的专业水平。养成良好的学习、工作习惯，学会在工作中积累，培养职业意识。这些都将为下一步发展奠定坚实的基础。

2. 拓展阶段

在成长阶段，基础工作已经基本熟悉，基本的职业素养也已养成，那么接下来就是学习软技能、培养自己的领导力了。

这一阶段，个人角色已经由普通会计转变到管理者，工作中不再是单纯的专业性事务，面对的会是越来越多的非财务的复杂问题。因为，财务知识已经远远不能满足发展所需，必须在以财务为重点的同时提升自己的协调管理能力、领导能力等综合素质。

3. 稳定阶段

在稳定阶段，这时角色已经演变成了企业的高级管理层。作为财务总监，要全面管理和领导企业财务工作，为企业盈利提供理性的决策依据，对企业的财务工作承担主要责任。

在这一时期，优秀的企业高级管理人员必须具备较高的综合管理能力和资源整合能力，这些都需要深入了解所在企业的企业文化，并结合自己的专业和能力所长，担负起企业决策者的角色。

任务与处理

为了编制职业规划，小林查找了相关资料，整理出以下9个步骤。

1）从梦想出发。先开始编织美梦，包括你想拥有的，你想做的，你想成为的，你想体验的。现在，请坐下来，拿一张纸和一支笔，动手写下你的心愿。在你写的时候，不需要考虑现实因素，尽量写就好了。

2）给梦想定个期限。审视你所写的，预期希望达成的时限。有实现时限的才可能叫目标，没时限的只能叫梦想。

3）定下小目标。从你所列出的目标里选出你最愿意投入的、最令你跃跃欲试的、最能令你满足的4件事，并把它们定为一年内最重要的4个目标。接着明确、扼要地写下实现它们的重要性。

4）列出拥有的资源。列出一张自己所拥有的资源清单，里面包括自己的个性、朋友、财物、教育背景、时限、能力及其他可假借或依靠的资源，越详尽越好。

5）回顾成功经验。回顾过去成功的经验，总结成功的原因，有哪些资源会运用得很纯熟。

6）为目标找条件。这一步结合自身拥有的经验和资源及4个重要目标，找出可以达成目标的条件。

7）预估失败原因。之后要预估哪些因素可能导致无法完成目标，可以从性格、能力、资源和其他客观因素分析欠缺的条件。

8）设定实施步骤。现在针对4个重要目标，定出实现它们的每一步骤。一定要记得这个计划应包含每天需要做的，千万不要好高骛远。

9）寻找模范。从周围或名人当中找出三五位在个人目标领域中有杰出成就的人，简单地写下他们成功的特质和事迹。之后，你就会发现他们的事迹都能为你提供一些帮助你达成目标的建议。

任务巩固

写一篇不少于400字的会计职业规划设计。

任务提升

1）关于会计、经济管理类专业的考试有哪些？

2）全班进行职业规划讨论，树立正确的职业观。

课外阅读

职业发展六阶段

个人职业生涯的发展与人生的规划息息相关，可以用2年、2～5年、5～10年分别作为短期、中期、长期目标的时间区段，设立个人的职业目标，不同的角色担负起不同的任务。个人职业生涯和主要目标可分为以下6个阶段。

1）探索阶段：学生。在这个阶段的主要目标是发现兴趣，学习知识，开发工作所需的技能，同时也发展价值观、动机和抱负。

2）进入阶段：应聘者。这个阶段的主要目标是进入职场得到工作，成为企业的新雇员。

3）新手阶段：实习生、资浅人员。要学会自己做事，努力被同事接受，学习面对失败及处理混乱、竞争和冲突，学习自主。在这个阶段的主要目标是了解企业，熟悉操作流程，接受组织文化，学会与人相处，并且承担责任；发展和展示技能和专长，迎接工作的挑战，在某个领域形成技能、开发创造力和革新精神。

4）持续阶段：任职者、主管。个人绩效可能提高，也可能不变或降低。在这个阶段的主要目标是选定一项专业或进入管理部门，保持竞争力，继续学习，力争成为专家或职业经理；或是进行技术更新、培训，转入需要新技能的新工作，开发更广阔的工作视野。

5）瓶颈阶段：高层经理。在这个阶段已经达到或接近顶端，此时的主要目标是再度评量自己的才干、动机和价值观，进一步明确职业抱负和个人前途，接受现状或争取更高发展，建立与他人的人际关系，成为周围人的良师益友，学会发挥影响力与指导力，扩大、发展或深化技能，选拔和培养接班人。

6）急流勇退阶段：继续发展者可以安然处之，生涯开发停滞或衰退者将面临困境。在这个阶段的主要目标是学会接受权力、责任、地位的下降，并接受因此而转变的新角色，培养工作外的兴趣，寻找新的满足源，评估自己的职业生涯，着手计划退休，可从权力转向咨询角色，在公司外部的活动中找到自我的统一。

战略就是选择与取舍，每个人所选择的道路不见得会和别人一样。因此，分析自己的需求、长短期目标，并且发觉会面临到的阻碍，如自己的知识基础、观念、思维方式、技能和心理素质，制定自己的提升计划，向外界寻求帮助，这些都是有利于个人职业生涯的规划。

单元2 借贷记账法

学习目标

知识与技能目标

- 熟记会计要素和常用会计科目；
- 熟练掌握各类账户结构；
- 学会借贷记账法；
- 会编制基本会计分录。

过程与方法

通过学习会计要素和会计科目，理解科目和账户之间的关系，在熟记的基础上，运用借贷记账法反映企业经济业务，学习编制会计分录。

情感、态度与价值观

“爱”是学习的源泉，只有热爱会计职业，才会有职业乐趣，即使原本对会计职业并不感兴趣，只要树立了“干一行爱一行”的职业思想，就会发现会计职业中的乐趣。企业理财领域有许多值得人们去探索的东西。

任务 2.1 认知会计要素与会计等式

任务与要求

任务：老会计把红都服装有限公司的基本情况向小林介绍如下：公司自有资金 200 万元，银行借款 80 万元；公司的年收入 1 000 万元，年费用 800 万元。

要求：会计要素有哪些？它们之间有什么关系？

知识讲解

2.1.1 会计要素

《企业会计准则》规定了资产、负债、所有者权益、收入、费用和利润六大会计要素。会计要素是从会计的角度对企业各种经济活动所做的一种科学分类。

1. 资产

（1）资产的含义

资产是指企业过去的交易或事项形成，由企业拥有或控制，预期会给企业带来经济利益的资源。

（2）资产的特征（见图 2.1）

1）由过去的交易或事项形成。这个特征通常是指企业在过去的时间购买、生产、建造等行为。任何预期在未来发生的交易或者事项都不是企业的资产。

想一想

如果某企业预计半年后要买入一台空调，能否构成企业的资产？为什么？

2）由企业拥有或控制是指企业拥有某项资产的所有权，或者虽然没有所有权，但是企业能够控制这项资源。常见的控制就是融资租入固定资产。

想一想

企业租入一台机床，期限为 50 年，用来生产新产品，并负责设备的维修等费用。这台机床属于企业的资产吗？为什么？

3）预期会给企业带来经济利益，是指能够导致现金流入企业。例如企业应收外单位的欠款就是一项资产，它能够在未来某个时间收到现金。

想一想

保留在企业仓库里面的已经霉烂变质、毫无利用价值的材料，还能作为企业的资产吗？为什么？

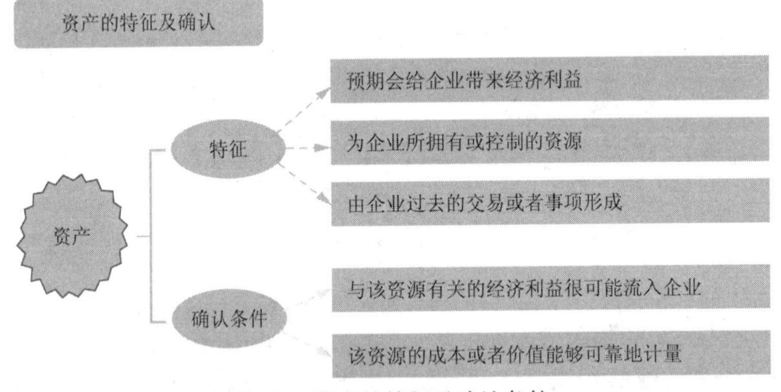

图 2.1　资产的特征及确认条件

（3）资产的分类与构成

根据流动性和管理的需要，资产可以分为流动资产和非流动资产。流动资产包括库存现金、银行存款、应收账款、应收票据、其他应收款、存货等。非流动资产包括长期投资、固定资产、无形资产等（见表 2.1）。

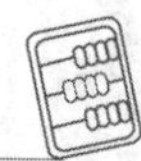

表 2.1 资产的分类

分类	说 明
流动资产	指可以在 1 年（含 1 年）或超过 1 年的一个营业周期内变为货币资金或耗用的资产，包括货币资金、应收款项和存货等
长期投资	包括长期股权投资和持有超过 1 年以上到期的各种投资
固定资产	指使用时间较长，在使用过程中基本保持其原有实物形态的资产，包括房屋、机器设备等
无形资产	指企业拥有或控制的没有实物形态的可辨认非货币性资产，包括专利权和商标权等
其他资产	指除以上资产以外的资产

2. 负债

（1）负债的含义

负债是指企业过去的交易或事项形成的，预期会导致经济利益流出企业的现时义务。

负债是企业取得资金的主要来源。

（2）负债的基本特征

1)负债是企业因为过去的交易或事项所形成的。未来的事项同样不会形成企业的负债，如企业半年后可能借入的短期贷款就不是一项负债。

2）负债是企业承担的现时义务，现时义务的履行通常关系到企业放弃含有经济利益的资产。负债通常在未来某一时日通过交付资产或提供劳务来清偿。

3）负债必须能够用货币的量度进行准确计算和合理估计。

想一想

甲企业和其他单位签订了一份购销合同，预先付给对方 5 万元货款。那么，这 5 万元是否属于企业的负债？为什么？

（3）负债的分类与构成

负债按其偿还期的长短可分为流动负债和非流动负债（见表 2.2）。

表 2.2 负债的分类与构成

负 债	流动负债	指将在 1 年（含 1 年）或者超过 1 年的一个营业周期内偿还的债务，包括短期借款、应付票据、应付账款、预收账款、应付职工薪酬、应交税费、其他应付款和一年内到期的长期借款等
	非流动负债	指偿还期在 1 年或者超过 1 年的一个营业周期以上的负债，包括长期借款、应付债券、长期应付款等

3. 所有者权益

（1）所有者权益的含义

所有者权益是指企业资产扣除负债以后由所有者享有的剩余权益（即资产 – 负债）。

从企业主体来看，所有者权益代表从投资者处吸收的投入资金，是企业进行经济活动的本钱。投资者将其资本投入企业，便享有与其投入资本份额相对应的对该企业资产的要求权，如使用权、收益权、让渡权等。

想一想

从银行借入的资金属于所有者权益吗？为什么？

（2）所有者权益的特征

1）企业不需要偿还所有者权益，除非发生减资、清算。

2）企业清算时，只有在清偿完所有的负债以后，所有者权益才返还给所有者。

3）所有者凭借所有者权益能够参与利润的分配和分担风险。

（3）所有者权益的构成

1）投入资本，是指投资者实际投入企业经营活动的各种财产物资。它是企业所有者权益的主要部分。投入资本在股份有限公司称为“股本”，而在非股份制企业称为“实收资本”。

2）资本公积金，是指在投入资本等活动中产生的资本增值，包括资本溢价、接受捐赠财产等。它是一种准资本，在适合的时候可以用来增加企业的资本金。

3）盈余公积金，是指企业按照规定从净利润中提取的积累资金，一般用来弥补亏损和给职工购买集体福利设施，也可以用来转增企业的资本金。

4）未分配利润，是指企业留在以后年度分配的利润或待分配利润，其来源是净利润扣除利润分配数额之后的余额。

未分配利润与盈余公积金一起，通常被称为留存收益。

所有者权益与负债的区别如图 2.2 所示。

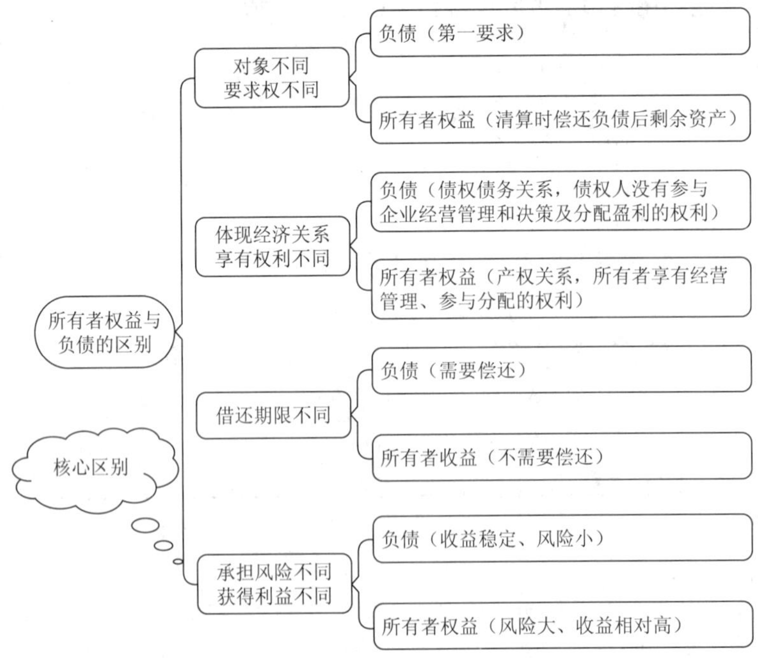

图 2.2　所有者权益与负债的区别

4. 收入

（1）收入的含义

收入是企业在日常经济活动中形成的，会导致所有者权益增加，与所有者投入资本无关的经济利益的总流入。

与收入相关的另外一个概念就是利得。利得是企业在非日常经济活动中形成的，会导致所有者权益增加，与所有者投入资本无关的经济利益的流入，如企业偶然盘盈的存货。收入与利得的关系如表 2.3 所示。

表 2.3　收入与利得的区别与联系

项　　目	收　　入	利　　得
区别	①收入与正常活动有关 ②收入是经济利益总流入 ③收入通过“主营业务收入”或“其他业务收入”科目核算	①利得与非日常活动有关 ②利得是经济收入的净流入 ③利得通过“资本公积”或“营业外收入”科目核算
联系	①都会导致经济利益流入 ②都会导致所有者权益增加且与所有者投入资本无关	

想一想

父母的工资收入对于家庭来说应该是收入还是利得？偶然捡到的 50 元钱是不是收入？

（2）收入的特征

1）收入是从企业日常的经营活动中产生，而不是从偶发的交易或事项中产生。

2）收入可能表现为企业资产的增加，或负债的减少，或者两者兼而有之。

3）收入能引起企业所有者权益的增加。

4）收入只包括本企业经济利益的流入，不包括为第三方或客户代收的款项。

想一想

企业出售到报废期的汽车，取得现金 2 000 元，是否属于收入？为什么？

（3）收入的构成

收入包括主营业务收入和其他业务收入。主营业务收入是指企业在销售商品，提供劳务等日常经济活动中所产生的收入。例如，工业企业的产品销售收入、饭店的客房收入、施工企业的建筑工程收入等都属于主营业务收入。其他业务收入是指主营业务收入以外的其他销售或其他业务的收入，如出租包装物收入、剩余材料的销售收入等。

5. 费用

（1）费用的含义

费用是指企业在日常活动中发生的，会导致所有者权益减少，与向投资者分配利润无关的经济利益的总流出。

与费用相关的另外一个概念就是损失。损失是指企业在非日常活动中发生的，会导致所有者权益减少的，与向投资者分配利润无关的经济利益的流出，如企业偶然发生的罚款支出。费用与损失的关系如表 2.4 所示。

表 2.4　费用与损失的区别与联系

项　目	费　用	损　失
区别	①费用与日常活动有关 ②费用是经济利益的总流出 ③费用通过“主营业务成本”或“其他业务成本”等科目核算	①损失与非日常活动有关 ②损失是经济利益的净流出 ③损失通过“资本公积”与“营业外支出”科目核算
联系	①都会导致经济利益流出 ②都会导致所有者权益减少且与利润分配无关	

（2）费用的特征

1）费用是指日常活动中发生的经济利益的流出，而不是从偶发的交易或事项中产生。

2）费用可能表现为资产的减少或负债的增加，或者两者兼而有之。

3）费用将引起所有者权益的减少。

（3）费用的构成

费用是与收入相对应的，它分为生产成本和期间费用。

1）生产成本，是指企业为生产产品提供劳务而发生的各种耗费，包括为生产产品、提供劳务而发生的直接费用和间接费用。这些费用构成产品的生产成本。直接费用是指直接为生产产品而发生的各项费用，包括直接材料、直接人工和其他直接支出。间接费用是指间接为生产产品而发生的各项费用，主要是制造费用，如车间管理人员的工资、一般耗材、车间办公费等。

2）期间费用，是指不计入产品成本的费用，包括企业行政管理部门为组织和管理生产经营活动而发生的管理费用、为销售商品而产生的销售费用、为筹集生产所需资金而发生的财务费用。

费用的构成如图 2.3 所示。

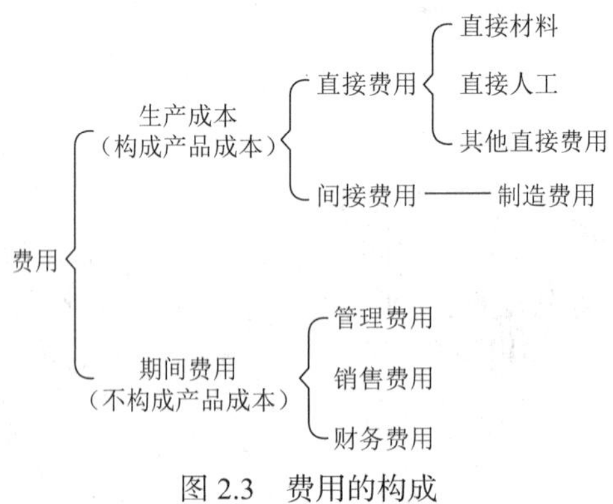

图 2.3　费用的构成

6. 利润

（1）利润的含义

利润是指企业在某一会计期间的经营成果。其计算公式为

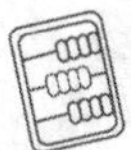

利润 = 收入 – 费用 + 直接计入当期利润的利得 – 直接计入当期利润的损失

（2）利润的特征

1）利润是收入与费用两个会计要素相配比的结果。

2）利润最终可导致所有者权益的变动。

（3）利润的构成

利润由营业利润与直接计入当期损益的利得和损失构成。营业利润是企业日常经营活动形成的主要经营成果，而利得和损失是企业非日常经营活动形成的。

2.1.2　会计等式

1. 会计等式

会计等式揭示了各个会计要素之间内在的联系。6 个会计要素可以分为 2 组。在某一特定时日，资产、负债和所有者权益之间具有下列基本关系（静态）：

资产 = 负债 + 所有者权益

该等式的基本含义如下：

1）在某一时日，企业的资产总额等于其当日的负债总额与所有者权益总额之和。

2）资产是企业资金的占用形态，负债和所有者权益是企业资金的来源，二者相互依存。

在某一特定的会计期间，收入、费用和利润之间具有下列基本关系（动态）：

收入 – 费用 = 利润

这个等式反映了企业一定期间的生产经营活动所取得的成果。

某校会计专业学生小李在校期间为赚取生活费，准备经营文化用品生意，具体如下：

1）本钱 20 元，见表 2.5。

表 2.5　本钱

所有物——资产		所有者——权益	
现金	20 元	所有者投资	20 元
合计	20 元	合计	20 元

2）借款 30 元，见表 2.6。

表 2.6　借款后变化

所有物——资产		负债	
现金	20+30=50（元）	借款	30 元
		所有者权益	
		原始投资	20 元
合计	50 元	合计	50 元

3）购买 40 元文化用品，见表 2.7。

表 2.7　购买商品的变化

所有物——资产		负债	
现金	50−40=10（元）	借款	30 元
原材料	40 元	所有者权益	
		原始投资	20 元
合计	50 元	合计	50 元

4）收入 60 元，收到 60 元现金，费用成本 40 元，本期利润 20 元，见表 2.8。

表 2.8　收入后变化

所有物——资产		负债	
现金	10+60=70（元）	借款	30 元
存货	0 元	所有者权益	
		原始投资	20 元
		利润	20 元
合计	70 元	合计	70 元

2. 经济业务的发生不会破坏会计等式的平衡关系

从“资产 = 负债 + 所有者权益”出发，结合企业经济活动的实际，可以推断出 4 种基本类型的交易。

1）资产与负债或者所有者权益同时增加相同数额，不会破坏会计等式。

【例 2.1】甲企业收到投资者追加的投资 100 000 元，款项存入银行。

【分析】该经济业务的发生使企业的资产方 (银行存款) 增加 100 000 元，即等式左边的资产增加 100 000 元，同时使等式右边的权益方 (实收资本) 也增加 100 000 元。由于资产与权益同时等额增加，没有改变会计基本等式的平衡关系。

2）资产与负债或者所有者权益同时减少相同数额，不会破坏会计等式。

【例 2.2】甲企业用银行存款归还所欠乙企业的货款 10 000 元。

【分析】该经济业务的发生，使企业资产方 (银行存款) 减少了 10 000 元，使权益方 (应付账款) 减少了 10 000 元。等式两边资产与权益等额减少 10 000 元，等式仍然成立。

3）资产内部增加与减少数额相同，负债和所有者权益不变，不会破坏会计等式。

【例 2.3】1 月 15 日，甲企业用银行存款 20 000 元购入一批原材料。

【分析】该经济业务的发生，使企业的资产方一项资产 (原材料) 增加 20 000 元，而另一项资产 (银行存款) 减少了 20 000 元，等式左边一增一减，且增减金额相等。资产内部发生增减变动，但资产总额不变，权益总额也不变，会计等式仍然保持平衡。

4）负债和所有者权益增加和减少数额相同，资产不变，不会破坏会计等式。

【例 2.4】甲企业经批准同意以资本公积 20 000 000 元转增实收资本。

【分析】该经济业务的发生，使权益方 (资本公积) 减少了 20 000 000 元，而实收资本增加了 20 000 000 元，权益方一个项目增加，另一个项目减少，增加和减少金额相等，权益总额不变，不破坏会计基本等式。

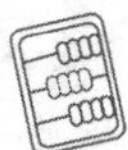

每一项经济业务的发生，都必然引起会计等式的一方或双方有关项目相互联系地发生等量变化，即当涉及会计等式的一方时，有关项目的数额发生相反方向等额变动；当涉及会计等式的两方时，有关项目的数额必然会发生相同方向的等额变动，但始终不会打破会计等式的平衡关系。

任务与处理

小林学习会计六要素后，做表梳理了它们之间的关系（见表 2.9）。

表 2.9 会计六要素的关系

会计等式		反映的内容
静态会计等式	资产 = 负债 + 所有者权益	反映企业一定时点的财务状况
动态会计等式	利润（或亏损）= 收入 – 费用	反映企业一定时期的经营成果
动静结合的会计等式	资产 + 利润 = 负债 + 所有者权益 + 收入 – 费用	全面反映企业的财务状况和经营成果

小林按照老会计给的数据，计算出红都服装公司的资产为 280 万元（200+80），年利润为 200 万（1000-800），老会计高兴地点点头。

知识窗

会计要素与人生

资产——人生的积累或取得的成绩。
负债——人的过失或所犯的错误。
所有者权益——人在某一特定日期所显现的自我实现的价值。
收入、费用和利润——几分耕耘，几分收获。

任务巩固

训练一

目的：练习会计要素的分类。
资料：经济内容见表 2.10。
要求：在表中对应项栏目中画“√”。

表 2.10 练习表

序号	经济内容	资产	负债	权益	收入	费用	利润
1	银行存款						
2	生产线上的产品						
3	从银行获得的短期贷款						
4	应交而未交的营业税						
5	企业的机器设备						
6	出纳员处存放现金						
7	应收回的货款						
8	预先收到的订货款						
9	材料库中的原材料						
10	销售产品的收入						
11	销售产品发生的广告费						
12	职工暂借差旅费						

续表

序号	经济内容	资产	负债	权益	收入	费用	利润
13	收到的投入资本						
14	对外进行的投资						
15	发生的办公费用						
16	年末未分配的利润						
17	本年累计实现的净利润						
18	企业的房屋和建筑物						
19	企业的专利技术						
20	应付未付职工的工资						
21	投资获得的收益						
22	发生的利息费用						
23	提取的盈余公积						
24	在途的材料						
25	库存的产品						

训练二

目的：了解资金变化类型。

资料：某公司发生的经济业务如下：

1）以银行存款购买材料；

2）以银行存款支付前欠 B 公司货款；

3）企业会计以利润分配的形式向投资者分红；

4）向银行借入长期借款，存入银行；

5）收到所有者投入的装备；

6）进口设备，款项未付；

7）以银行存款归还长期借款；

8）企业以固定资产向 C 公司投资；

9）以银行借款归还 A 公司货款；

10）经批准某投资者投资；

11）企业所有者甲某代企业归还银行借款，并将其转为投入资本；

12）将盈余公积金转为资本。

要求：分析上述各项经济业务的类型，填入表 2.11 中。

表 2.11　经济业务类型分析

类型	经济业务序号
一项资产增加，另一项资产减少	
一项负债增加，另一项负债减少	
一项所有者权益增加，另一项所有者权益减少	
一项资产增加，一项负债增加	
一项资产增加，一项所有者权益增加	
一项资产减少，一项负债减少	
一项资产减少，一项所有者权益减少	
一项负债减少，一项所有者权益增加	
一项负债增加，一项所有者权益减少	

任务提升

一、单项选择题

1.（　　）是指由过去的交易、事项形成并由企业拥有或者控制的资源，该资源预期会给企业带来经济利益。

A. 资产　　B. 负债　　C. 所有者权益　　D. 收入

2. 某企业的资产为1 000万元,负债为300万元,则该企业的所有者权益是（　　）万元。

A. 1 000　　B. 300　　C. 700　　D. 1 300

3. 某企业的期初负债是200万元，所有者权益是700万元，期间接受所有者投入资本300万元，则期末资产是（　　）万元。

A. 200　　B. 700　　C. 900　　D. 1 200

4. 负债的形成一定是由于（　　）。

A. 过去的交易、事项形成的现时义务　　B. 现在的交易、事项形成的未来义务

C. 过去的交易、事项形成的未来义务　　D. 现在的交易、事项形成的现时义务

5. 某企业在一定会计期间的收入是300万元,费用是250万元,则利润是（　　）万元。

A. 300　　B. 250　　C. 50　　D. 550

6. A企业将一批产品销售给B企业，收到B企业货款存入银行，则A企业发生的变化是（　　）。

A. 一项负债增加，另一项负债减少　　B. 一项资产和一项所有者权益同时增加

C. 一项资产和一项负债同时减少　　D. 一项资产增加，另一项资产减少

7. 资本属于会计要素中（　　）要素的内容。

A. 资产　　B. 负债　　C. 所有者权益　　D. 收入

8. 不属于负债的是（　　）。

A. 短期借款　　B. 长期借款　　C. 预付账款　　D. 预收账款

9. 不属于所有者权益的是（　　）。

A. 实收资本　　B. 主营业务收入　　C. 本年利润　　D. 资本公积

10. 不属于费用的是（　　）。

A. 管理费用　　B. 财务费用　　C. 销售费用　　D. 累计折旧

二、多项选择题

1. 会计要素包括（　　）。

A.　资产　　B.　负债　　C.　收入　　D.　费用

2. 资产所具有的特征是（　　）。

A.　能够给企业带来未来经济利益　　B.　由企业所拥有或控制

C.　在过去发生的交易或事项中获得　　D.　在过去、日前发生的交易或事项中获得

3. 下列属于企业资产的是（　　）。

A.　银行存款　　B.　应收票据　　C.　固定资产　　D.　盈余公积

4. 负债的特征是（　　）。

A.　是由过去的交易或事项所引起的、企业当期承担的义务

B.　将要由企业在未来某个时日加以清偿

C. 由过去的交易或事项所引起的、企业承担的潜在义务
D. 清偿负债将导致经济利益流出企业

5. 所有者权益相对负债而言所具有的特征是（　　）。
A. 所有者权益不需要偿还
B. 所有者权益只有在清偿了所有负债后才能返还所有者
C. 所有者权益能够参与利润分配
D. 所有者权益是所有者在企业资产中享有的经济利益

6. 期间费用包括（　　）。
A. 所得税费用　　B. 管理费用
C. 财务费用　　D. 销售费用

三、判断题

1. 任何经济业务的发生都不会改变“资产 = 负债 + 所有者权益”的恒等关系。（　　）
2. 所有者权益，也称为净资产，其金额等于资产总额减去负债总额。（　　）
3. 收入要素包括了主营业务收入、其他业务收入和营业外收入。（　　）
4. 企业必须努力使资产总额大于权益总额，才能获得利润。（　　）
5. 费用是企业在销售商品、提供劳务等日常活动中发生的经济利益的流出。（　　）

任务 2.2　熟知会计科目与账户

任务与要求

任务：老会计把红都服装有限公司的情况向小林做了交代：裁剪机、缝纫机、熨烫机，毛料、棉料、里衬、喷胶棉，扣、拉锁，衬衣、西装、休闲装。他请小林进行分类，看看应选择哪些会计科目？

要求：会计科目应如何设置？会计要素与会计科目之间的关系是怎样的？

知识讲解

2.2.1　会计科目的内容

1. 会计科目的定义

会计要素是对经济活动进行的第一次分类，是最基本、最概括的分类信息，但是有时投资者和企业其他利益相关者需要更详细的资料。例如在掌握了企业拥有多少资产以后，还需要知道都是些什么资产，企业的债务是如何构成的，所有者权益又是如何构成的，等等。这样，按照会计要素分类提供的资料无法满足需要，这时就有必要在会计要素的基础上进行再分类，以提供更为详尽的信息。会计科目就是在会计要素的基础上所做的进一步分类。例如为了反映资产的详细信息，设置了“库存现金”、“银行存款”、“固定资产”等科目；为了反映负债的增减变动，设置了“短期借款”、“长期借款”等科目；为了核算收入、费用和利润的变动情况，设置“主营业务收入”、“管理费用”、“本年利润”等科目，如图 2.4 所示。

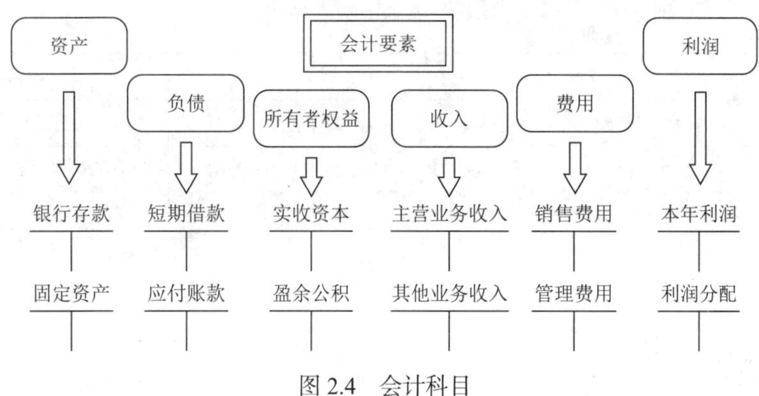

图 2.4　会计科目

2. 会计科目设置的原则

由于各单位的业务性质、管理要求、经营目标、规模等都有差别，会计科目的设置也各有不同。在设置会计科目时应遵循以下原则。

1）合法性原则。为了保证会计信息的可比性，所设置的科目应尽量符合《企业会计准则》和《企业会计制度》。

2）相关性原则。会计科目的设置，应能为有关各方提供所需要的会计信息服务，满足对外报告和对内管理的要求。

3）实用性原则。在合法的基础上，根据本单位的经济管理需要，对统一规定的会计科目进行必要的增减或合并，设置符合企业需要的会计科目。

3. 常用会计科目

根据我国《会计准则应用指南——会计科目》摘录，企业常用会计科目设置见表 2.12。

企业应当按照企业会计准则及其应用指南规定，设置会计科目进行账务处理，在不违反统一规定的前提下，可以根据本企业的实际情况自行增设、分拆、合并会计科目。对不存在的交易或者事项，可以不设置相关的会计科目。会计科目表中的编号供企业填制会计凭证，登记会计账簿，查阅会计账目，采用会计软件系统时参考，企业也可以根据规定，结合本企业的实际情况自行确定会计科目编号。

2.2.2　会计科目按照指标详细程度的分类

各个会计科目并不是彼此独立的，而是相互联系、相互补充，组成了一个统一的会计科目体系。通过会计科目可以全面系统地反映会计要素的增减变化，反映企业的经营活动情况。由于企业管理的要求不同，所需要指标的详细程度也就不同。根据企业情况，既需要设置提供总括资料的一级科目，又需要设置提供详细核算资料的二级科目和三级科目。

1. 一级科目

一级科目也称为总分类科目、总账科目，是指对会计要素的具体内容进行总括分类的会计科目。常用的一级会计科目见表 2.12。

2. 二级科目

二级科目也称为二级明细分类科目，又称为子目，是指在一级科目的基础上，对一级科目中反映的经济内容进行更为详细分类的会计科目。例如“原材料”科目下，按照材料的类别开设“主要材料”、“辅助材料”等二级科目。

表 2.12　企业常用会计科目

顺序号	科目编号	科目名称	顺序号	科目编号	科目名称
		一、资产类	25	2241	其他应付款
1	1001	库存现金	26	2601	长期借款
2	1002	银行存款	27	2602	应付债券
3	1121	应收票据			三、共同类（略）
4	1122	应收账款			四、所有者权益类
5	1123	预付账款	28	4001	实收资本
6	1131	应收股利	29	4002	资本公积
7	1231	其他应收款	30	4101	盈余公积
8	1241	坏账准备	31	4103	本年利润
9	1401	材料采购	32	4104	利润分配
10	1402	在途物资			五、成本类
11	1403	原材料	33	5001	生产成本
12	1406	库存商品	34	5101	制造费用
13	1601	固定资产			六、损益类
14	1602	累计折旧	35	6001	主营业务收入
15	1701	无形资产	36	6051	其他业务收入
16	1901	待处理财产损溢	37	6111	投资收益
		二、负债类	38	6301	营业外收入
17	2001	短期借款	39	6401	主营业务成本
18	2201	应付票据	40	6402	其他业务成本
19	2202	应付账款	41	6405	营业税金及附加
20	2205	预收账款	42	6601	销售费用
21	2211	应付职工薪酬	43	6602	管理费用
22	2221	应交税费	44	6603	财务费用
23	2232	应付股利	45	6711	营业外支出
24	2232	应付利息	46	6801	所得税费用

3. 三级科目

三级科目即明细科目，又称为细目，是指在二级科目的基础上，对二级科目反映的内容进行进一步详细分类的会计科目。例如在“辅助材料”二级科目下，按照辅助材料的品种开设“里料”、“衬料”“拉链”等三级科目。

下面以固定资产、原材料和库存商品为例，列表说明一级科目、二级科目、三级科目的相互关系（见表 2.13）。

表2.13 科目相互关系表

<table>
<tr><th rowspan="2">总分类科目</th><th colspan="2">明细分类科目</th></tr>
<tr><th>二级科目</th><th>三级科目</th></tr>
<tr><td rowspan="5">固定资产</td><td rowspan="2">房屋及建筑物</td><td>车间</td></tr>
<tr><td>仓库</td></tr>
<tr><td rowspan="3">机器设备</td><td>裁剪机</td></tr>
<tr><td>缝纫机</td></tr>
<tr><td>熨烫机</td></tr>
<tr><td rowspan="4">原材料</td><td rowspan="2">主要材料</td><td>棉料</td></tr>
<tr><td>毛料</td></tr>
<tr><td rowspan="2">辅助材料</td><td>里料</td></tr>
<tr><td>拉链</td></tr>
<tr><td rowspan="9">库存商品</td><td rowspan="3">西服</td><td>欧版西装</td></tr>
<tr><td>美版西装</td></tr>
<tr><td>韩版西装</td></tr>
<tr><td rowspan="3">衬衣</td><td>纯毛类</td></tr>
<tr><td>混纺类</td></tr>
<tr><td>化纤类</td></tr>
<tr><td rowspan="3">休闲装</td><td>商务休闲装</td></tr>
<tr><td>居家休闲装</td></tr>
<tr><td>民俗休闲装</td></tr>
</table>

一级科目是最高层次的会计科目，控制和统驭二级科目及三级科目；二级科目是对一级科目的补充说明，控制和统驭着三级科目，是介于一级科目和三级科目之间起沟通作用的会计科目；三级科目是对二级科目、一级科目更为详细的补充说明。需要注意的是，并不是所有的一级科目都需要设置二级科目和三级科目。根据使用者需要的详细程度，有的只需要设置一级科目，有的需要设置一级科目和三级科目，而不需要设置二级科目。

2.2.3 开设账户

设会计科目只规定了对会计要素具体内容进行分类核算的项目，为了连续系统地记录由于经济业务的发生而引起的会计要素的增减变化，提供必要信息，还必须根据规定的会计科目开设账户。

账户是根据会计科目开设的，用来序时、分类、连续地反映经济业务，反映会计要素增减变动及其结果的一种工具。开设账户是会计核算的一种专门方法。对各会计要素变动情况的记录是在账户中完成的。例如对企业存入银行的款项的增减变动情况及结存数额，可以通过“银行存款”账户进行记录；对企业实际收到的投资者投入企业资本的变动情况，可以在“实收资本”账户予以记录；对企业管理部门为组织和管理整个企业所发生的各种费用，可以通过“管理费用”账户进行记录等。

1. 账户与会计科目的联系与区别

账户是根据会计科目开设的，账户的名称就是会计科目，两者反映的经济内容是相同的。账户是会计科目的具体运用，但是它们之间还有区别：会计科目只表明某项经济业务，而账户不仅表明业务的经济内容，还具有一定的结构格式，并通过账户的结构反映某项经济内容的增减变动情况。同会计科目的分类一样，为满足会计核算的要求，应分别按照总分类科目开设总分类账户，按照明细分类科目开设明细分类账户。

2. 账户的基本结构

交易或事项的发生所引起的会计要素具体内容的变动，从数量上不外乎增加和减少两种情况。因此，账户的基本结构应该包括增加和减少两部分，相应地分为左、右两个方向，一方登记增加，另一方登记减少。至于哪一方登记增加，哪一方登记减少，既取决于所记录的交易或事项，也取决于账户的性质。登记的本期增加金额称为本期增加发生额，登记的本期减少金额称为本期减少发生额，期末结存金额称为余额。余额按照表示的时间不同，分为期初余额和期末余额。期初余额、本期增加发生额、本期减少发生额和期末余额称为账户的 4 个金额要素，其基本关系如下：

期末余额 = 期初余额 + 本期增加发生额 – 本期减少发生额

账户的基本结构具体包括账户名称 (会计科目)、记录经济业务的日期、所依据记账凭证的编号、交易或事项内容摘要、增加金额、减少金额和余额等（见表 2.14）。

表 2.14　应付账款账户格式

2015 年		凭证号码	摘　要	对方科目	借方	贷方	借或贷	余额
月	日							
12	1		月初余额				贷	47 000
	1	转 2	采购甲材料	材料采购		30 000	贷	77 000
	4	银付 7	还淮南公司货款	银行存款	23 400		贷	53 600
	10	银付 12	还鹏程公司货款	银行存款	11 700		贷	41 900
12	31		本月合计		35 100	30 000	贷	41 900

这是实际工作中使用的格式，教学中简化为“T”形账户（见图 2.5）。

左方		应付账款（会计科目）	右方
		期初余额	47 000
（2）	23 400	（1）	30 000
（3）	11 700		
本期减少发生额	35 100	本期增加发生额	30 000
		期末余额	41 900

图 2.5　“T”形账户

想一想

实际账户和“T”形账户有哪些不同之处?

任务与处理

1）小林根据会计制度的规定，对红都服装有限公司的资产进行了分类，具体应通过“固定资产”、“原材料”和“库存商品”科目进行记录：

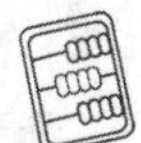

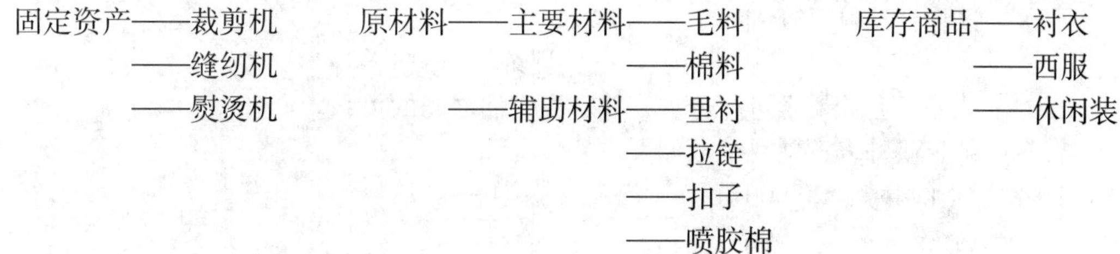

老会计对小林的学习很满意。

2）小林对会计科目和前面学的会计要素进行了对比：

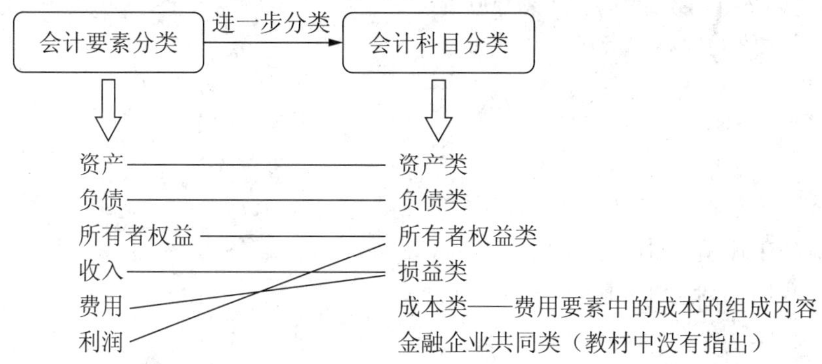

任务巩固

训练一

以小组为单位将会计科目制成卡片，分小组比赛，看谁记得快、看谁记得准。

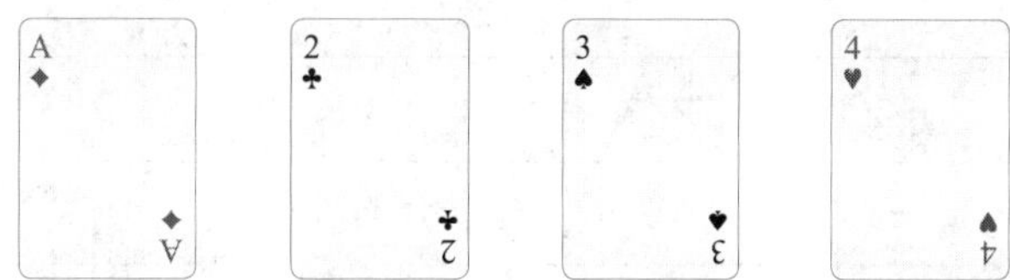

扑克说明：先写一面，字大一些，如“××××”会计科目（背面到后再写账户的结构），开始可以按科目类顺序排列，熟悉后可打乱排序，快速说出科目的类别。

要求：

1）同桌互练。

2）小组内互练。

3）小组间比赛。

训练二

目的：练习常用会计科目的分类。

资料：某企业在日常会计处理过程中，经常使用以下会计科目。

银行存款	实收资本	在途物资	原材料	制造费用
应付账款	应收账款	生产成本	库存商品	主营业务收入
主营业务成本	短期借款	固定资产	累计折旧	库存现金
财务费用	利润分配	盈余公积	销售费用	管理费用

要求：试将会计科目分别归于某一类。

训练三

目的：练习对会计要素进行分类，并掌握它们之间的关系。

资料：某企业月末各项目余额如下。

1）银行里的存款 120 000 元；

2）投资者投入资本 7 000 000 元；

3）向银行借入 2 年期的借款 600 000 元；

4）出纳处存放现金 1 500 元；

5）向银行借入半年期的借款 500 000 元；

6）仓库里存放的原材料 519 000 元；

7）应付外单位货款 80 000 元；

8）机器设备价值 2 500 000 元；

9）房屋及建筑物价值 420 000 元；

10）仓库里存放的产成品 194 000 元；

11）应收外单位货款 100 000 元；

12）以前年度尚未分配的利润 750 000 元；

13）正在加工中的产品 75 500 元；

14）固定资产折旧 5 00 000 元。

要求：

1）判断上列资料中各项目的类别（资产、负债、所有者权益），并将各项目金额填入表 2.15。

表 2.15　练习表

项目	金额		
	资产	负债	所有者权益
合计			

2）计算表 2.15 内资产总额、负债总额、所有者权益总额，并检验是否符合会计基本等式。

任务提升

一、单项选择题

1. 会计科目按（　　），可以分为总分类科目和明细分类科目。

A. 会计要素　　B. 用途和结构

C. 核算的经济内容　　D. 提供核算经济指标的详细程度

2. 属于资产类科目的是（　　）。
A. 预收账款　B. 应收账款　C. 管理费用　D. 实收资本
3. 属于负债类科目的是（　　）。
A. 预付账款　B. 预收账款　C. 材料采购　D. 累计折旧
4. 属于所有者权益类科目的是（　　）。
A. 银行存款　B. 短期借款　C. 应收账款　D. 利润分配
5. 属于成本类科目的是（　　）。
A. 财务费用　B. 销售费用　C. 制造费用　D. 管理费用
6. 属于损益类科目的是（　　）。
A. 所得税费用　B. 本年利润
C. 生产成本　D. 待处理财产损溢
7. 属于总分类科目的是（　　）。
A. 辅助材料　B. 主要材料　C. 原材料　D. 下脚料

二、多项选择题

1.（　　）属于会计科目设置时应当遵循的基本原则。
A. 相关性原则　B. 合法性原则
C. 实用性原则　D. 重要性原则
2. 会计科目按反映的经济内容不同，分为（　　）。
A. 资产类　B. 负债类　C. 所有者权益类　D. 收入类
3. 属于非流动资产的有（　　）。
A. 短期投资　B. 固定资产　C. 无形资产　D. 长期投资
4. 属于资产类科目的有（　　）。
A. 短期投资　B. 累计折旧　C. 预收账款　D. 预付账款
5. 属于负债类科目的有（　　）。
A. 财务费用　B. 管理费用　C. 应付职工薪酬　D. 应交税费
6. 属于成本类科目的有（　　）。
A. 制造费用　B. 主营业务成本　C. 管理费用　D. 生产成本

三、判断题

1. 会计科目是对会计要素的具体内容进行分类核算的项目。（　　）
2. 会计科目具有一定的结构，通常划分为左右两方。（　　）
3. 会计科目设置应当遵循的相关性原则，是指所设置的会计科目应符合单位自身特点，满足单位实际需要。（　　）
4. 所有账户的左边都是记录经济业务的增加数，右边都是记录经济业务的减少数。（　　）
5. 在资产类账户中，借方一般记增加数，贷方一般记减少数。（　　）

任务 2.3　会用借贷记账法

任务与要求

任务：老会计向小林交代了任务，要求其了解借贷记账法的内容，会用记账规则，能编制简单的会计分录。

要求：描述借贷记账法的特点，归纳编写会计分录的步骤。

知识讲解

2.3.1　记账方法的含义与类型

账户是记录经济交易的专门工具，而如何在账户中记录，则涉及记账方法的问题。例如以银行存款购买原材料这笔业务来讲，就要在“原材料”账户上记录增加，在“银行存款”账户上记录减少。记账方法经历了从单式到复式，从简单到复杂，从不完善到科学的发展过程。单式记账法是一种很不完善的记账方法，目前已经被复式记账法所代替。

复式记账法是指对每一项经济业务都要以相等的金额同时在相互联系的两个或两个以上的账户中进行登记，以系统全面地反映每一项经济业务所引起的资产和权益变化情况及结果的一种记账方法（见图 2.6）。它的主要特征如下：

1）设立完整的账户体系，以反映经济业务所引起的资金增减变动。

2）对每一笔经济业务都要进行记录，不能有遗漏。

3）对每一笔经济业务都必须在两个或两个以上的相互联系的账户中作出记录。

4）对特定期间的账户记录结果进行试算平衡检查，以确定账户记录的正确性。

复式记账包括借贷记账法、收付记账法、增减记账法等。借贷记账法是目前国际上通用的记账方法，我国要求所有企业均采用借贷记账法。

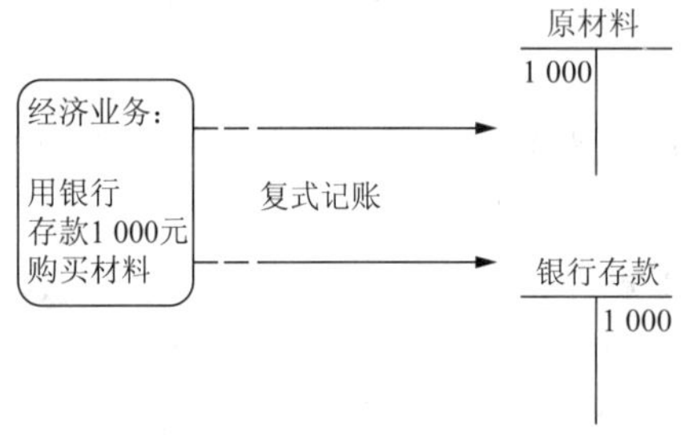

图 2.6　复式记账法

2.3.2　借贷记账法的基本内容

会计恒等式“资产 = 负债 + 所有者权益”是借贷记账法的理论依据。借贷记账法应从以下 5 个方面来把握（见图 2.7）。

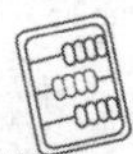

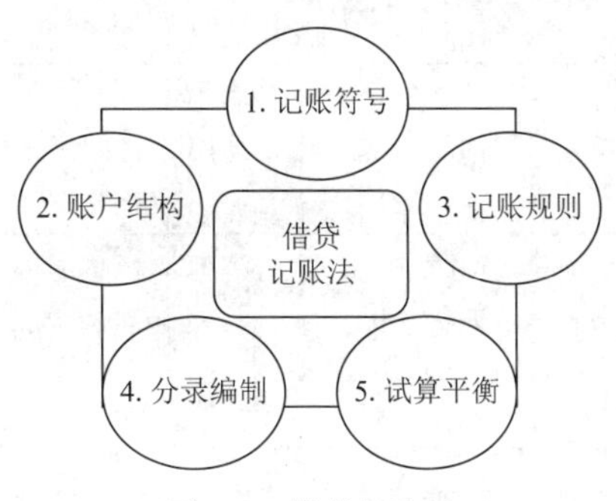

图 2.7 借贷记账法

1. 借贷记账法的记账符号

借贷记账法以“借”和“贷”作为记账符号，用“借”表示资产、费用的增加，负债、所有者权益、收入的减少；用“贷”表示负债、所有者权益、收入的增加，资产、费用的减少。从“借”和“贷”记账符号所反映的会计要素变化数量关系看，“借”既可以用来表示增加，也可以用来表示减少。同样，“贷”既可以用来表示减少，也可以用来表示增加。“借”和“贷”只是单纯的记账符号。

2. 借贷记账法的账户结构

在借贷记账法下，所有账户的结构都是左方为“借”，右方为“贷”，但“借”、“贷”反映资产数量变化的增减性质则是不固定的。不同类别的账户，借方和贷方所登记的增减也是不同的。凡是用来反映资产的账户，借方登记增加额，贷方登记减少额，如有余额必在借方凡是用来反映负债和所有者权益的账户，借方登记减少额，贷方登记增加额，如有余额必在贷方。

1）资产类账户结构。资产类账户的结构是账户的借方记录资产的增加额，贷方记录资产的减少额。在一个会计期间内（年、月），借方记录的合计数额称作借方发生额，贷方记录的合计数额称作贷方发生额，在每一会计期间的期末将借贷方发生额进行比较，其差额称作期末余额。资产类账户的期末余额一般在借方（见图 2.8）。

资产类账户借方期末余额 = 借方期初余额 + 借方本期发生额 – 贷方本期发生额。

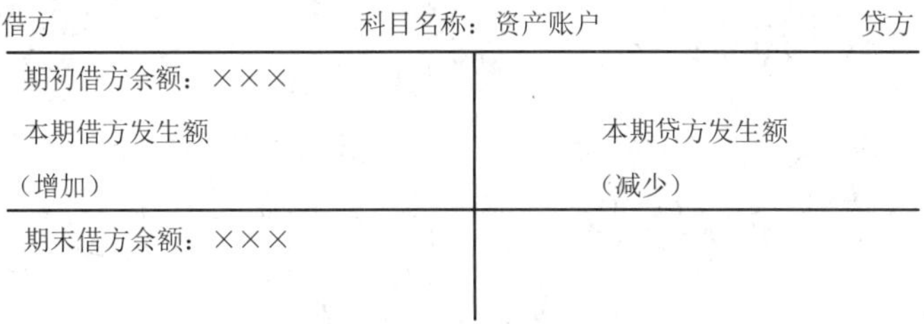

图 2.8 资产类账户结构

2）负债及所有者权益类账户的结构。负债及所有者权益类账户的结构与资产类账户正好相反，其贷方记录负债及所有者权益的增加额，借方记录负债及所有者权益的减少额。贷方发生额要大于（或等于）借方发生额，期末余额一般应在贷方（见图 2.9）。

负债及所有者权益账户贷方期末余额 = 贷方期初余额 + 贷方本期发生额 – 借方本期发生额

借方	科目名称：负债及所有者权益类账户	贷方
		期初贷方余额：×××
本期借方发生额 （减少）		本期贷方发生额 （增加）
		期末贷余额：×××

图 2.9　负债所有者权益类账户结构

想一想

资产类账户的余额与负债类、所有者权益类账户的余额计算有何不同？

3）费用成本类账户的结构。费用成本类账户的结构与资产类账户的结构基本相同。账户的借方记录成本费用的增加额，账户的贷方记录成本费用的减少额。由于借方记录的成本费用的增加额在期末一般都要通过贷方转入到利润账户，所以账户通常没有期末余额。如果因某种情况有余额，也表现为借方余额，如图 2.10 所示。

借方	科目名称：费用类账户	贷方
本期借方发生额 （增加）		本期贷方发生额 （减少）
期末余额：　0		

图 2.10　费用类账户结构

4）收益类账户的结构。收益类账户的结构则与负债及所有者权益类账户的结构基本相同。收入的增加额记入账户的贷方，收入转出（减少额）则应记入账户的借方。由于贷方记录的收入增加额在期末一般要通过借方转入到利润账户，所以账户通常也没有期末余额。如果因某种情况有余额，同样也表现为贷方余额，如图 2.11 所示。

借方	科目名称：费用类账户	贷方
本期借方发生额 （增加）		本期贷方发生额 （减少）
		期末余额：　0

图 2.11　收入类账户结构

通过上面的介绍可以看出，借贷作为记账符号，指示着账户记录的方向是左方还是右方。一般来说，各类账户的期末余额与记录增加额的一方都在同一方向，即资产类账户的期末余额一般在借方，负债及所有者权益类账户的期末余额一般在贷方。因此，根据账户余额所在的方向来判定账户性质，是借贷记账法的一个重要特点。

综上所述，借贷记账法下的各类账户结构如表 2.16 所示。

表 2.16　借贷记账法的各类账户结构

账户名称	借方	贷方	余额方向
资产类	增加	减少	借方
负债类	减少	增加	贷方
所有者权益类	减少	增加	贷方

续表

账户名称	借方	贷方	余额方向
收入类	减少	增加	一般无余额
费用类	增加	减少	一般无余额

想一想

费用类账户和资产类账户有哪些区别？所有者权益类账户和收入类账户又有哪些区别？

3．借贷记账法的记账规则

借贷记账法的记账规则是对发生的每一笔经济业务，都要以相等的金额，借贷相反的方向，在两个或两个以上相互联系的账户中进行连续、分类的登记。也就是说，记入一个账户的借方，同时记入一个或几个账户的贷方；或者记入一个账户的贷方，同时记入一个或几个账户的借方。记入借方的金额同记入贷方的金额必须相等。概括地说，“有借必有贷，借贷必相等”。如图 2.12 所示。

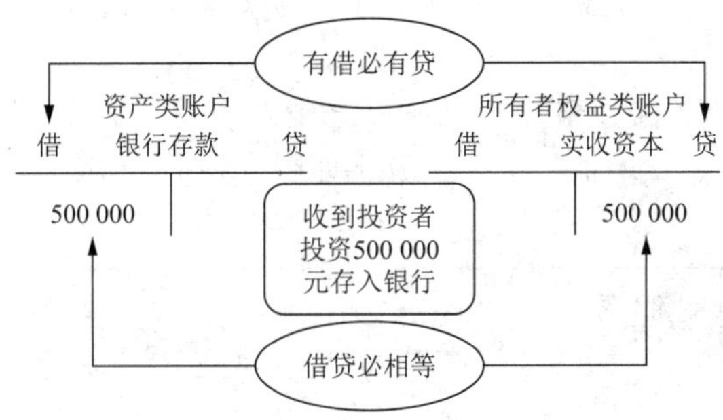

图 2.12 借贷相等

下面以红都服装有限公司经济业务为例说明借贷记账法的记账规则。

【业务 2.1】1 月 2 日，红都服装有限公司提取现金 1 000 元，用来补充库存备用现金的不足。

【分析】这项经济业务所涉及的“现金”和“银行存款”账户均属于资产类账户，是资产项目具体形态的转化，库存现金增加，记入借方；银行存款减少，记入贷方。而且记入借方和贷方的金额均为 1 000 元，如图 2.13 所示。

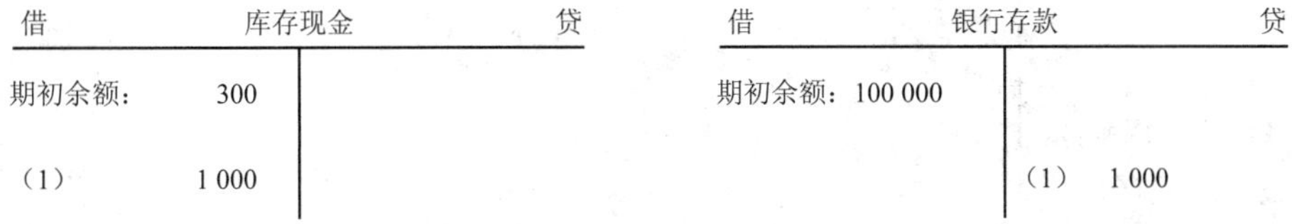

图 2.13 业务 2.1“T”形账户

【业务 2.2】1 月 6 日，红都服装有限公司借 6 个月的短期借款 80 000 元，存入银行。

【分析】这项经济业务涉及资产和负债两类会计要素，使资产类账户和负债类账户等额增加。短期借款增加，记入贷方；同时，银行存款增加，记入借方，如图 2.14 所示。

借	银行存款	贷
期初余额：100 000		
（2）800 000		（1）1 000

借	短期借款	贷
		期初余额：2 000
		（2）800 000

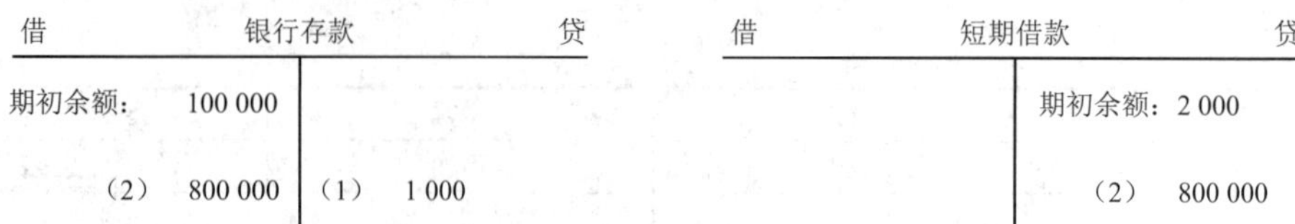

图 2.14　业务 2.2“T”形账户

【业务 2.3】1 月 13 日，红都服装有限公司签发转账支票一张，偿还前欠 M 公司的货款 50 000 元。

【分析】这项经济业务涉及资产类账户和负债类账户，银行存款减少，记入贷方；应付账款减少，记入借方，如图 2.15 所示。

借	应付账款	贷
		期初余额：150 000
（3）50 000		

借	银行存款	贷
期初余额：100 000		
（2）800 000		（1）1 000
		（3）50 000

图 2.15　业务 2.3“T”形账户

【业务 2.4】1 月 14 日，红都服装有限公司债权人决定将企业前欠货款 100 000 元转为对企业的投资。

【分析】这项经济业务涉及负债类和所有者权益类会计要素，“应付账款”账户减少，记入借方；“实收资本”账户增加，记入贷方，如图 2.16 所示。

借	应付账款	贷
		期初余额：150 000
（3）50 000		
（4）100 000		

借	实收资本	贷
		期初余额：2 000 000
		（4）100 000

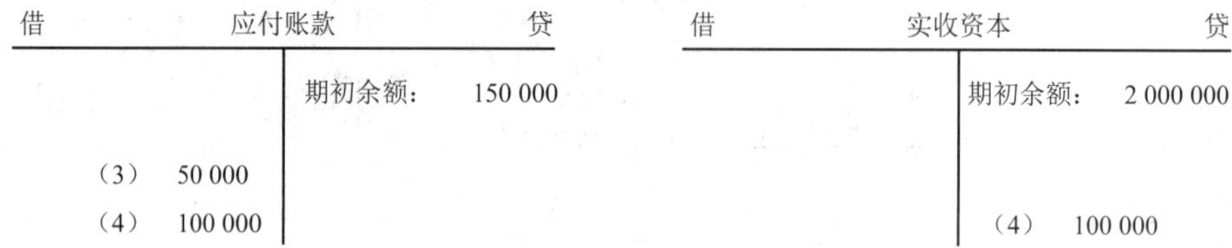

图 2.16　业务 2.4“T”形账户

【业务 2.5】1 月 25 日，红都服装有限公司决定用资本公积 200 000 元转增资本金。

【分析】这项经济业务只涉及所有者权益类账户，是所有者权益项目具体形态的转化，“实收资本”账户增加，记入贷方。“资本公积”账户减少，记入借方，如图 2.17 所示。

借	资本公积	贷
		期初余额：1 000 000
（5）200 000		

借	实收资本	贷
		期初余额：2 000 000
		（4）100 000
		（5）200 000

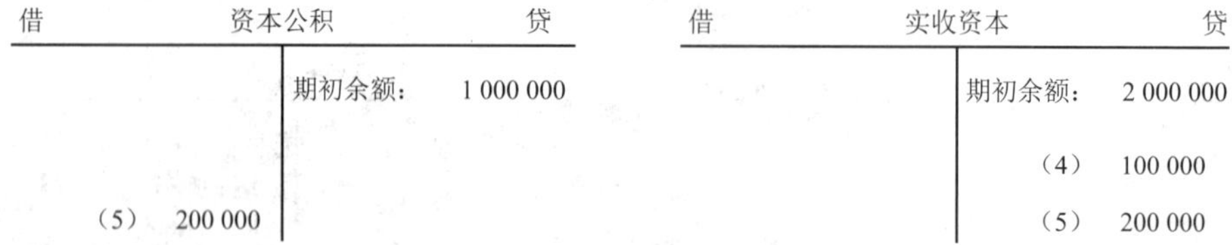

图 2.17　业务 2.5“T”形账户

【业务 2.6】1 月 28 日，红都服装有限公司以银行存款 5 000 元偿还长期借款。

【分析】这项经济业务涉及资产和负债两类会计要素，两类账户发生同时减少的变化。“长期借款”账户减少，记入借方；“银行存款”账户减少，记入贷方，如图 2.18 所示。

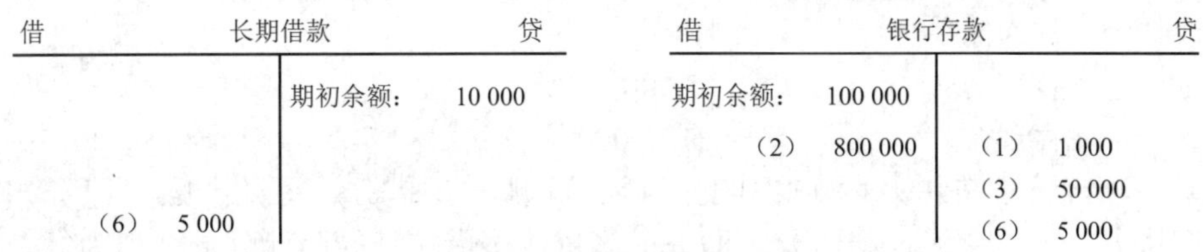

图 2.18 业务 2.6“T”形账户

4. 借贷记账法下会计分录的编制

（1）会计分录的定义

会计分录就是确定某项经济业务应借、应贷账户的名称及其金额的记录，也就是用借贷记账法对经济业务所做的记录。编制会计分录是在实际工作中处理经济业务的第一个环节。它以经济业务的原始凭证为依据，通过填制记账凭证来完成。会计分录的正确性直接关系到整个会计信息的质量。

（2）会计分录的内容格式和书写要求

会计分录的内容格式和书写要求如图 2.19 所示。

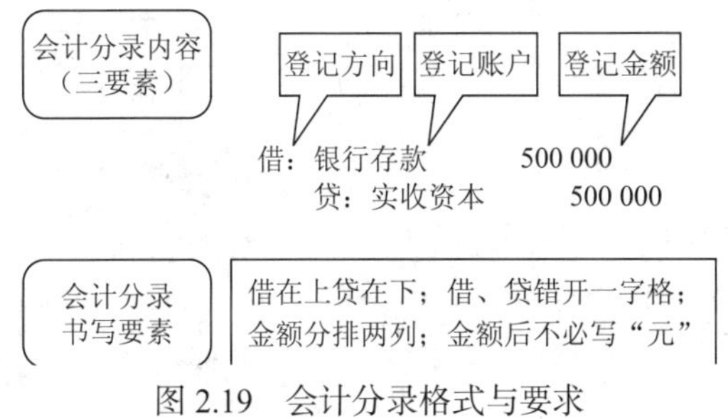

图 2.19 会计分录格式与要求

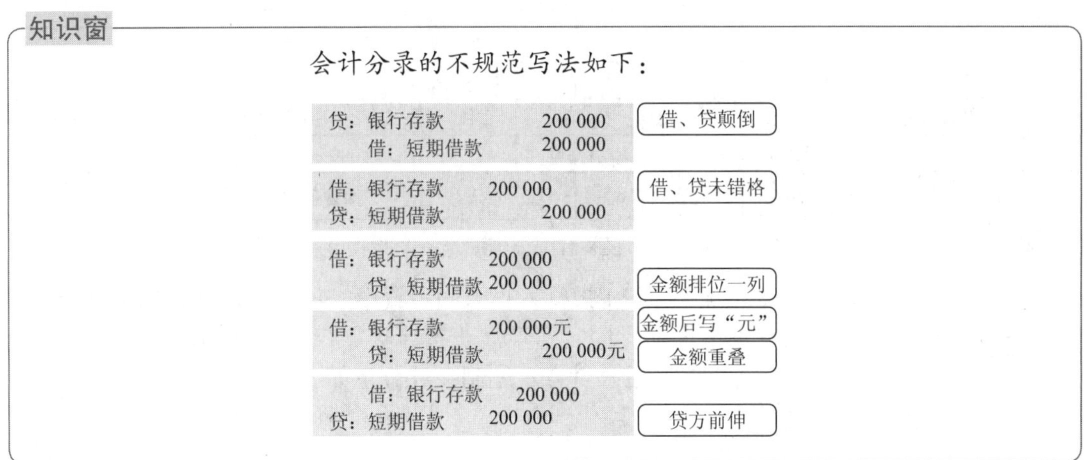

（3）会计分录的种类

经济业务有简单与复杂之分，会计分录用来反映经济业务的内容，有简单分录与复合分录两种。一项经济业务只涉及两个账户的记录，一个记借方，另一个记贷方，即一借一贷的会计分录，称为简单会计分录。例如：

借：银行存款　　　　　　　　5 000
　　贷：库存现金　　　　　　　　5 000

如果一项经济业务涉及两个以上账户，一个账户记借方，另几个账户记贷方；或一个账户记贷方，另几个账户记借方，即一借多贷或多借一贷的会计分录，称为复合会计分录。例如：

借：管理费用
　　库存现金
　　贷：其他应收款

借：管理费用
　　贷：其他应收款
　　　　库存现金

编制会计分录时，一笔业务所涉及的几个账户之间必然形成一种相互依存的关系，这种关系称为账户对应关系，存在对应关系的账户称为对应账户。通过账户对应关系，能够正确地反映资金运动的来龙去脉，清楚地了解经济业务的内容，便于进行监督。

想一想

如果会计分录是多借多贷的情况，账户的对应关系会怎样？

（4）会计分录举例

红都服装有限公司 2014 年 1 月发生下列业务：

【业务 2.7】红都服装有限公司固定资产验收单如图 2.20 所示，试编制会计分录。

红都服装有限公司固定资产验收单

2014 年 1 月 2 日　　　　No. 0401001

固定资产名称		型号	计量单位	数量		供货单位		
裁剪机			台	1		M 投资人		
总价	设备费	安装费	运杂费	包装费	其他	合计	预计年限	净残值率
	180 000	19 000		1 000		200 000	10 年	0.5%
验收意见		合格	验收人签章			保管使用人签章		王光

图 2.20　红都服装有限公司固定资产验收单

【分析】原始凭证表明，企业收到 M 投资人投入固定资产一项，作价 200 000 元，这项业务使固定资产增加，实收资本增加。固定资产属于资产类账户，其增加记入借方；实收资本属于所有者权益类账户，其增加记入贷方。编制会计分录如下：

借：固定资产——裁剪机　　　　200 000
　　贷：实收资本　　　　　　　　200 000

【业务 2.8】红都服装有限公司缴纳所得税，税收电子缴款书如图 2.21 所示，试编制会计分录。

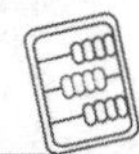

中国建设银行电子缴税付款凭证

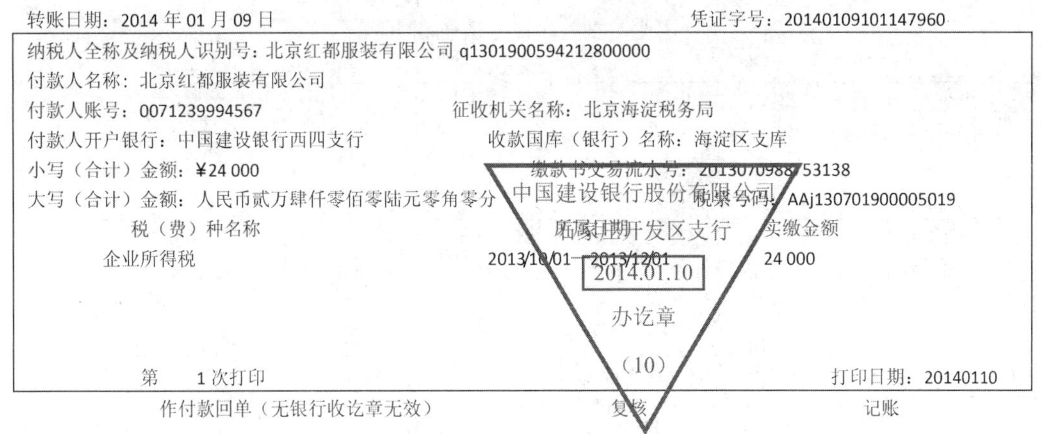

转账日期：2014 年 01 月 09 日　　凭证字号：20140109101147960

纳税人全称及纳税人识别号：北京红都服装有限公司 q130190059421280000

付款人名称：北京红都服装有限公司

付款人账号：0071239994567　　征收机关名称：北京海淀税务局

付款人开户银行：中国建设银行西四支行　　收款国库（银行）名称：海淀区支库

小写（合计）金额：¥24 000　　缴款书交易流水号：2013070988[illegible]53138

大写（合计）金额：人民币贰万肆仟零佰零陆元零角零分　　税票号码：AAj130701900005019

税（费）种名称	所属日期	实缴金额
企业所得税	2013/10/01—2013/12/01	24 000

中国建设银行股份有限公司 石家庄开发区支行 2014.01.10 办讫章 （10）

第　1 次打印　　打印日期：20140110

作付款回单（无银行收讫章无效）　　复核　　记账

图 2.21　电子缴税付款凭证

【分析】原始凭证表明是用银行存款缴纳所得税 24 000 元，这项业务使应交税费减少 24 000 元，同时银行存款减少 24 000 元。应交税费属于负债类账户，减少记入借方；银行存款减少记入贷方。编制会计分录如下：

借：应交税费——应交所得税　　24 000

　　贷：银行存款　　24 000

【业务 2.9】红都服装有限公司材料入库单与增值税专用发票如图 2.22 和图 2.23 所示。

原始凭证表明红都服装有限公司购买里衬一批，价款 10 000 元，增值税税额 1 700 元，货款尚未支付，材料已经验收入库，试编制会计分录。

【分析】这项业务使原材料增加，应付账款账户增加，应交税费减少。“原材料”账户属于资产类账户，资产类账户增加记入借方，减少记入贷方；“应付账款”和“应交税费”账户属于负债类账户，其增加记入贷方，减少记入借方。编制会计分录如下：

借：原材料　　10 000

　　应交税费——应交增值税（进项税额）　　1 700

　　贷：应付账款——石家庄印染厂　　11 700

红都服装有限公司材料入库通知单

2014 年 1 月 23 日　　No：06481

材料名称	材质	规格	单位	数量		单价	金额	运杂费	金额合计	发货单位
				凭证	实收					
里衬			匹	1 000		10	10 000		10 000	石家庄印染厂
										合同号
										054
合 计									¥10 000	

记账联

财务主管：　　供应科长：　　仓库验收：方程　　采购员：

图 2.22　材料入库单

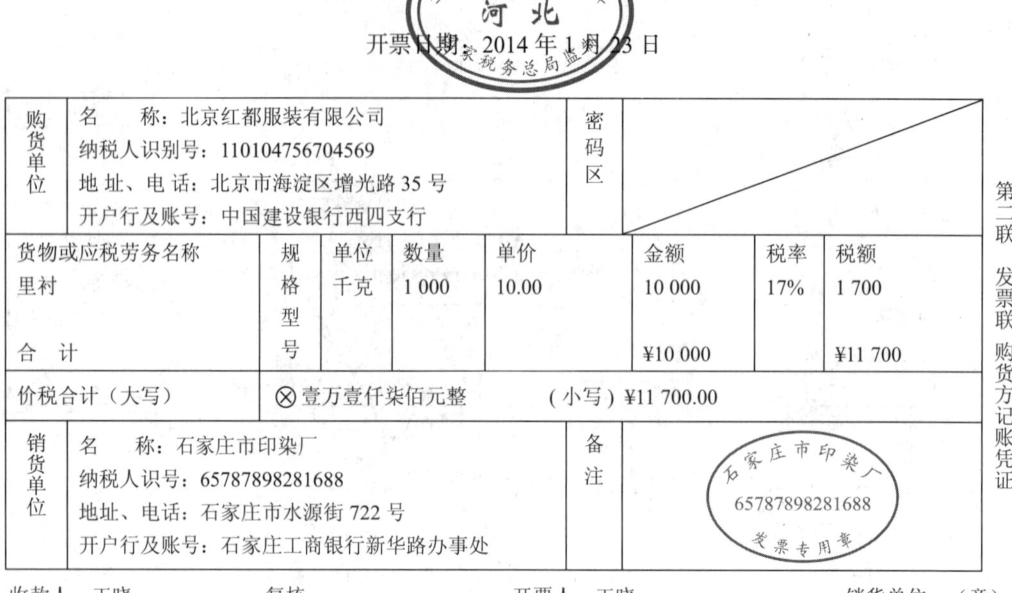

河北增值税专用发票

发票联

№ 00037912
1300064210

开票日期：2014 年 1 月 23 日

购货单位	名　　称：北京红都服装有限公司 纳税人识别号：110104756704569 地 址、电 话：北京市海淀区增光路 35 号 开户行及账号：中国建设银行西四支行					密码区		
货物或应税劳务名称		规格型号	单位	数量	单价	金额	税率	税额
里衬			千克	1 000	10.00	10 000	17%	1 700
合　计						¥10 000		¥11 700
价税合计（大写）		⊗壹万壹仟柒佰元整　　（小写）¥11 700.00						
销货单位	名　　称：石家庄市印染厂 纳税人识号：65787898281688 地址、电话：石家庄市水源街 722 号 开户行及账号：石家庄工商银行新华路办事处					备注		

收款人：王晓　　复核：　　开票人：王晓　　销货单位：（章）

第二联　发票联　购货方记账凭证

图 2.23　增值税专用发票

【业务 2.10】红都服装有限公司成品出库单、增值税专用发票和进账单如图 2.24 ~ 图 2.26 所示。

红都服装有限公司产成品出库单

编号：1046

购货单位：　　2014 年 1 月 31 日　　仓库：2 号

类 别	编 号	名称及规格	计 量 单 位	数量		单 价	金 额
				请领	实领		
衬衣			件	100	100	15	1 500
合 计							¥1 500

收款人：张力　　复核：　　开票人：张力　　销货单位（章）：

第三联　记账联

图 2.24　产品出库单

北京增值税专用发票

记账联

开票日期：2014年1月31日　　　　No：0063897

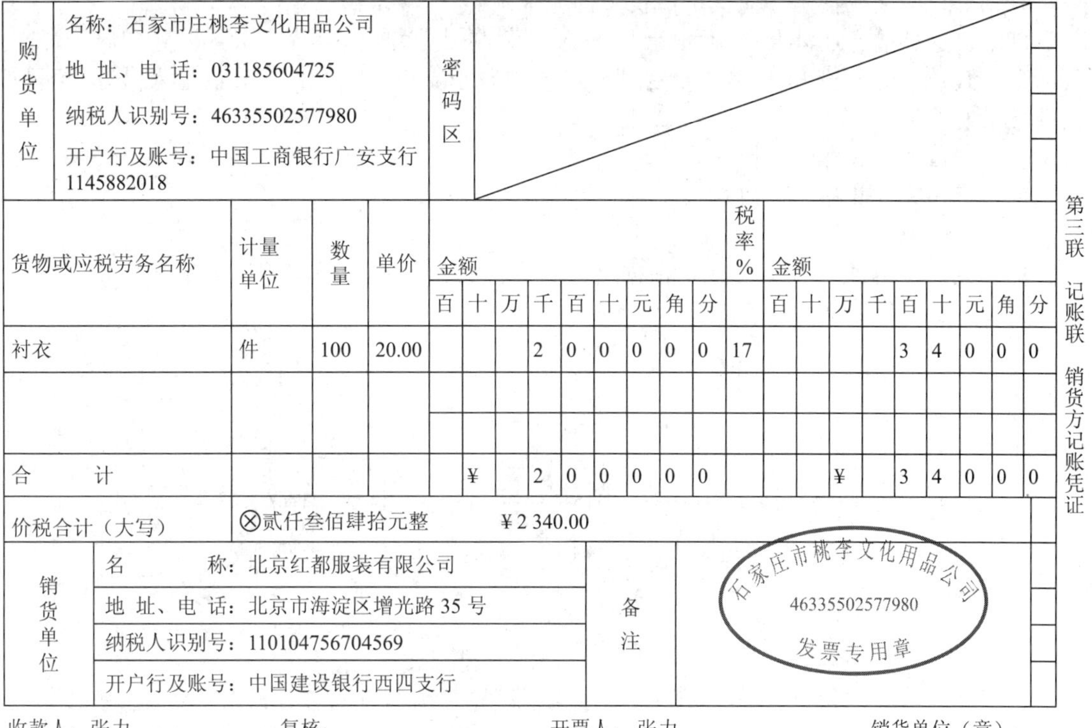

购货单位	名称：石家市庄桃李文化用品公司 地 址、电 话：031185604725 纳税人识别号：46335502577980 开户行及账号：中国工商银行广安支行 1145882018	密码区	

货物或应税劳务名称	计量单位	数量	单价	金额									税率%	金额								
				百	十	万	千	百	十	元	角	分		百	十	万	千	百	十	元	角	分
衬衣	件	100	20.00				2	0	0	0	0	0	17					3	4	0	0	0
合　　计					¥		2	0	0	0	0	0				¥		3	4	0	0	0
价税合计（大写）	⊗贰仟叁佰肆拾元整　　¥2 340.00																					

销货单位	名　　称：北京红都服装有限公司 地 址、电 话：北京市海淀区增光路35号 纳税人识别号：110104756704569 开户行及账号：中国建设银行西四支行	备注	石家庄市桃李文化用品公司 46335502577980 发票专用章

第三联 记账联 销货方记账凭证

收款人：张力　　　　复核：　　　　开票人：张力　　　　销货单位（章）：

图2.25　增值税专用发票

中国建设银行 进账单（回单）　　　　1

2014年1月31日

收款人	全 称	红都服装有限公司	付款人	全 称	石家庄桃李文化用品公司									
	账 号	0071239994567		账号或地址	1145882018									
	开户银行	中国建设银行西四支行		开户银行	中国工商银行广安支行									
人民币（大写）贰仟叁百肆拾元整					千	百	十	万	千	百	十	元	角	分
								¥	2	3	4	0	0	0
票据种类	转账支票		收款人开户银行盖章											
票据张数	1张													
单位主管　会计　复核　记账 王爽														

工行裕华办 2014年1月31日 转讫

此联是银行交给收款人的回单

图2.26　进账单

上述原始凭证表明企业销售给桃李文化用品公司衬衣一批，价款2 000元，增值税税额340元，货已发出，款项已经收到，试编制会计分录。

【分析】这项业务使银行存款增加，销售收入增加，应交税费增加。“银行存款”账户属于资产类账户，其增加记入借方；“应交税费”账户属于负债类账户，其增加记入贷方；“主营业务收入”账户属于收入类账户，其增加记入贷方。编制会计分录如下：

借：银行存款　　2 340
　　贷：主营业务收入——衬衣　　2 000
　　　　应交税费——应交增值税（销项税额）　　340

同时，这项业务还涉及库存商品减少，主营业务成本增加。“库存商品”账户属于资产类账户，其减少记入贷方；“主营业务成本”账户属于支出类账户，其减少记入借方。编制会计分录如下：

借：主营业务成本——衬衣　　1 500
　　贷：库存商品——衬衣　　1 500

5. 借贷记账法的试算平衡

借贷记账法的试算平衡，就是根据借方与贷方必然相等的平衡关系来检查各类账户的记录是否正确，如图 2.27 所示。

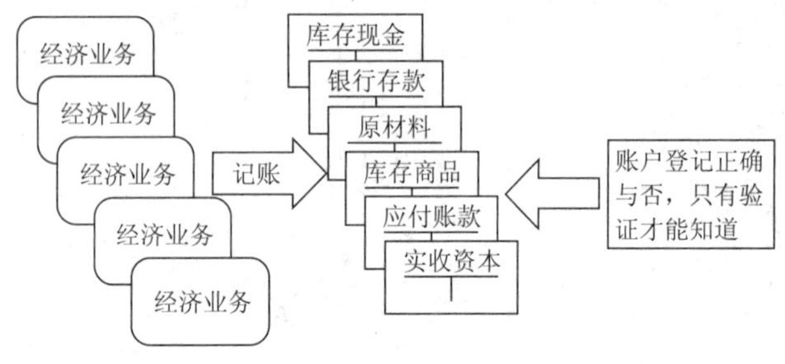

图 2.27　试算平衡

根据会计恒等式和借贷记账法的记账规则，试算平衡的方法可分为以下两种。

1）发生额平衡法：当会计人员要检验所有账户在某一期间内对各项业务的记录是否正确时，可用这种方法，如图 2.28 所示。

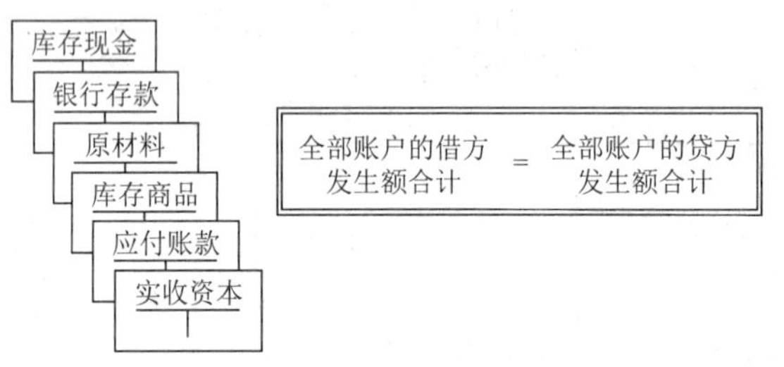

图 2.28　发生额平衡法

2）余额平衡法：当会计人员要检验所有账户记录的内容经过一个时期的增减变动之后，在某一时刻上（期末）其结果是否正确时，可采用这种方法，如图 2.29 所示。

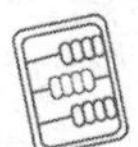

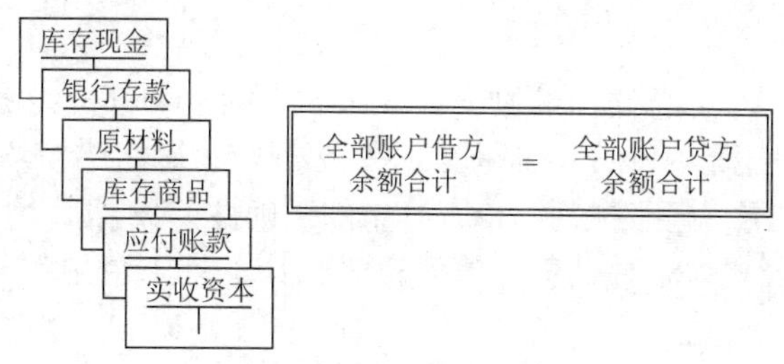

图 2.29　余额平衡法

运用以上两种方法可以说明账簿记录基本正确，但不能保证完全正确，因为如果一笔业务重复记录了两次，或者漏记，或颠倒记账方向，试算仍然平衡。

在进行试算平衡时需要注意以下两点：

1）必须是一定会计期间内所有账户的发生额和余额的汇总，才会存在上述平衡关系，而部分账户之间不会存在平衡关系。

2）平衡绝非指单个账户借方、贷方发生额的相等关系。在某一个账户中，其借方发生额与贷方发生额之间一般不会存在平衡关系。

【业务 2.11】红都服装有限公司 2014 年 1 月初总分类账的期初余额见表 2.17。

表 2.17　期初余额

单位：元

库存现金	借方余额	1 000	短期借款	贷方余额	80 000
银行存款	借方余额	34 000	应交税费	贷方余额	22 000
原材料	借方余额	8 500	实收资本	贷方余额	60 000
库存商品	借方余额	6 500	盈余公积	贷方余额	8 000
固定资产	借方余额	140 000	利润分配	贷方余额	20 000
合计		190 000	合计		190 000

月末根据业务 1 ～业务 10 编制试算平衡表，见表 2.18。

表 2.18　试算平衡表

账户名称	期初余额		本期发生额		期末余额	
	借方	贷方	借方	贷方	借方	贷方
库存现金	1 000					
银行存款	34 000		2 340	24 000		
原材料	8 500		10 000			
库存商品	6 500			1 500		
固定资产	140 000		200 000			
短期借款		80 000				
应交税费		22 000	25 700	340		
应付账款				11 700		
实收资本		60 000		200 000		
盈余公积		8 000				
利润分配		20 000				
主营业务收入				2 000		
主营业务成本			1 500			
合计	190 000	190 000	239 540	239 540		

任务与处理

1）通过以上示例，小林总结出编制会计分录的步骤：①分析经济业务，确定会计要素和账户；②分析是增加还是减少；③根据账户结构规定，确定借贷方向；④按分录格式要求编写成会计分录；⑤用“记账规则”检查分录的正确性。

2）利用前面所学公式，小林计算并填列表 2.18 中的期末余额。

任务巩固

训练一

目的：练习资金变化类型。

资料：某公司发生的部分经济业务如下：

1）以银行存款购买材料；

2）以银行存款支付前欠 B 公司货款；

3）企业会计以利润分配的形式向投资者分红；

4）向银行借入长期借款，存入银行；

5）收到所有者投入的装备；

6）进口设备，款项未付；

7）以银行存款归还长期借款；

8）企业以固定资产向 C 公司投资；

9）以银行借款归还 A 公司货款；

10）经批准某投资者投资；

11）企业所有者甲某代企业归还银行借款，并将其转为投入资本；

12）将盈余公积金转为资本。

要求：分析上述各项经济业务的类型，填入表 2.19 中。

表 2.19　训练一

类型	经济业务序号
一项资产增加，另一项资产减少	
一项负债增加，另一项负债减少	
一项所有者权益增加，另一项所有者权益减少	
一项资产增加，一项负债增加	
一项资产增加，一项所有者权益增加	
一项资产减少，一项负债减少	
一项资产减少，一项所有者权益减少	
一项负债减少，一项所有者权益增加	
一项负债增加，一项所有者权益减少	

训练二

目的：会计分录反映的经济业务。

资料：长城公司 2014 年 8 月有关会计分录如下：

会计分录		
1）借：银行存款	10 000	
贷：库存现金		10 000
2）借：应付账款	12 000	
贷：银行存款		12 000
3）借：原材料	20 000	
应交税费——应交增值税（进项税额）		3 400
贷：应付账款	23 400	
4）借：固定资产		100 000
贷：实收资本	100 000	
5）借：银行存款		500 000
贷：短期借款	500 000	
6）借：原材料——甲材料		5 000
——乙材料	4 000	
贷：应付账款——子午公司		9 000

要求：根据以上会计分录，分析经济业务的内容，试编写出发生的经济业务。

训练三

目的：练习账户对应关系及会计分录的编制。

资料：星海公司 2014 年 8 月份有关账户记录如图 2.30 所示。

库存现金

借		贷	
期初余额	150		
①	500	⑤	350
⑨	100		
期末余额	400		

原材料

借		贷	
期初余额	98 000		
②	82 000	④	150 000
⑦	58 600		
期末余额	88 600		

银行存款

借		贷	
期初余额	89 600	①	500
⑥	15 800	⑤	70 000
⑧	30 000	⑦	58 600
⑨	20 000	⑩	20 000
期末余额	6 300		

应收账款

借		贷	
期初余额	45 800		
		⑥	15 800
		⑨	20 100
期末余额	9 900		

图 2.30　账户记录

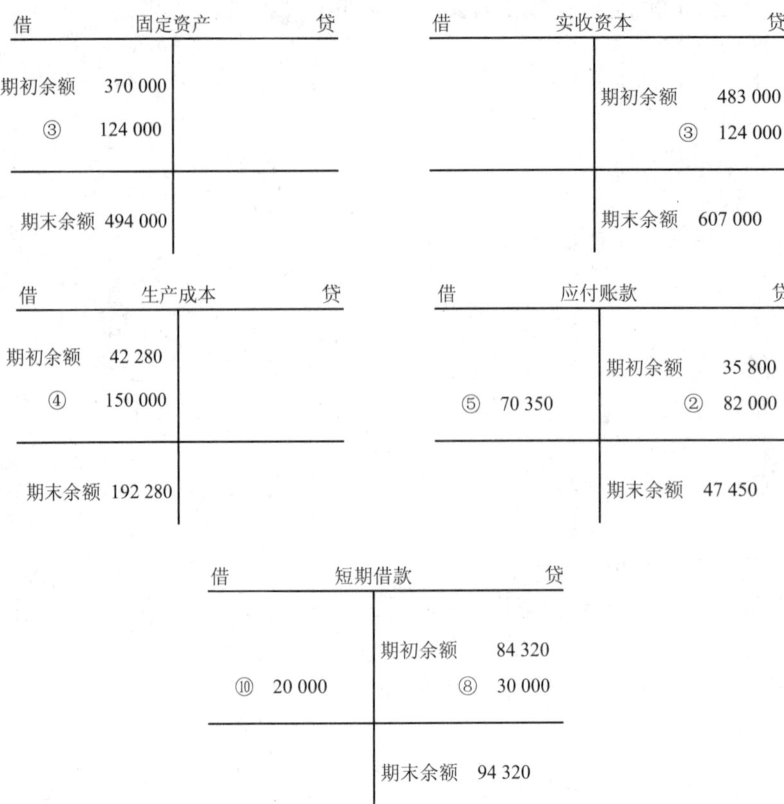

图 2.30　账户记录（续）

要求：根据上述账户记录，补编会计分录，并说明每笔经济业务的内容。

训练四

目的：练习简单会计分录编制。

资料：某公司 2014 年 1 月发生下列经济业务：

1）购入机器设备一台 200 000 元，银行存款支付；

2）将现金 3 650 元存入银行；

3）从银行借入半年期借款 150 000 元，存入该企业银行账户；

4）王力出差借款 2 000 元现金付讫；

5）领用材料 1 200 元投入生产；

6）以银行存款支付广告费 2 500 元；

7）收到投资者投入的材料 60 000 元；

8）以银行存款归还短期贷款 46 000 元；

9）收到天宏公司偿还的货款 7 200 元，存入银行；

10）用银行存款上缴税金 4 560 元。

要求：根据上述业务，编制会计分录。

任务提升

一、单项选择题

1. 我国的法定记账方法是（　　）。

A. 增减记账法　B. 收付记账法　C. 借贷记账法　D. 单式记账法

2. 复式记账法，指对每一笔经济业务事项都要在（　　）相互联系的账户中进行登记。

A. 两个　B. 三个　C. 一个　D. 两个或两个以上

3. 在借贷记账法下，“T”形账户的左边为（　　）。

A. 增加栏　B. 减少栏　C. 借方　D. 贷方

4. 资产类账户的借方登记（　　）。

A. 增加发生额　B. 减少发生额

C. 增加或减少发生额　D. 以上都不对

5. 负债类账户的贷方记录（　　）。

A. 增加发生额　B. 减少发生额

C. 增加或减少发生额　D. 以上都不对

6. 所有者权益类账户的借方记录（　　）。

A. 增加发生额　B. 减少发生额

C. 增加或减少发生额　D. 以上都不对

7. 费用（成本）类账户的借方登记（　　）。

A. 增加发生额　B. 减少发生额

C. 增加或减少发生额　D. 以上都不对

8. 负债类账户的期末余额一般在（　　）。

A. 借方　B. 贷方　C. 借方或贷方　D. 一般无期末余额

9. 资产类账户的期末余额一般在（　　）。

A. 借方　B. 贷方　C. 借方或贷方　D. 一般无期末余额

10. 期末一般无余额的账户是（　　）。

A. 管理费用　B. 银行存款　C. 应付账款　D. 原材料

11. “应收账款”账户的期末余额等于（　　）。

A. 期初余额 + 本期借方发生额 – 本期贷方发生额

B. 期初余额 – 本期借方发生额 – 本期贷方发生额

C. 期初余额 + 本期借方发生额 + 本期贷方发生额

D. 期初余额 – 本期借方发生额 + 本期贷方发生额

12. “应付账款”账户的期末余额等于（　　）。

A. 期初余额 + 本期借方发生额 – 本期贷方发生额

B. 期初余额 – 本期借方发生额 – 本期贷方发生额

C. 期初余额 + 本期借方发生额 + 本期贷方发生额

D. 期初余额 – 本期借方发生额 + 本期贷方发生额

13. 发生额试算平衡公式是（　　）。

A. 全部账户本期借方发生额合计 = 全部账户本期贷方发生额合计

B. 账户本期借方发生额合计 = 账户本期贷方发生额合计
C. 本期借方发生额合计 = 本期贷方发生额合计
D. 借方发生额合计 = 贷方发生额合计

14. “实收资本”账户的期末余额为（　　）。
A. 期初余额 + 本期借方发生额 – 本期贷方发生额
B. 期初余额 – 本期借方发生额 – 本期贷方发生额
C. 期初余额 + 本期借方发生额 + 本期贷方发生额
D. 期初余额 – 本期借方发生额 + 本期贷方发生额

15. 某企业本月销售产品获收入 200 万元，已收款 120 万元，月末结平“主营业务收入”账户，则该账户本月借方结转额为（　　）万元。
A.200　　B.120　　C.80　　D.0

二、多项选择题

1. 有关借贷记账法说法正确的是（　　）。
A. 采用“借”、“贷”作为记账符号
B. 以“资产 = 负债 + 所有者权益”这一会计等式作为理论依据
C. 记账规则是“有借必有贷，借贷必相等”
D. 是我国会计核算的法定记账方法

2. 应记入借方的有（　　）。
A. 资产的增加　B. 负债的减少　C. 费用的增加　D. 收入的增加

3. 应记入贷方的有（　　）。
A. 资产的减少　B. 负债的增加　C. 收入的增加　D. 费用的增加

4. 某项经济业务发生后，一个资产账户记借方，则有可能（　　）。
A. 另一个资产账户记贷方　B. 另一个负债账户记贷方
C. 另一个所有者权益账记贷方　D. 另一个资产账户记借方

5. 某项经济业务发生后，一个负债账户记贷方，则有可能（　　）。
A. 另一个资产账户记贷方　B. 另一个负债账户记贷方
C. 另一个所有者权益账；记借方　D. 另一个资产账户记借方

6. 借贷记账法作为一种科学的记账方法，它包括了（　　）等基本内容。
A. 记账符号　B. 记账规则　C. 账户设置　D. 试算平衡

7. 会计分录包括（　　）。
A. 简单会计分录　B. 复合会计分录　C. 单式分录　D. 混和分录

8. 试算平衡表无法发现的错误有（　　）。
A. 漏记某项经济业务　B. 重记某项经济业务
C. 颠倒记账方向　D. 漏记一个借方余额

9. 余额试算平衡法的公式是（　　）。
A. 全部账户的借方期初余额合计 = 全部账户的贷方期初余额合计
B. 全部账户的借方期末余额合计 = 全部账户的贷方期末余额合计
C. 全部账户本期借方发生额合计 = 全部账户本期贷方发生额合计
D. 全部账户的借方期初余额合计 = 全部账户的贷方期末余额合计

10. 借贷记账法的试算平衡方法有（　　）。

A. 发生额试算平衡法　　B. 余额试算平衡法

C. 增加额试算平衡法　　D. 减少额试算平衡法

三、判断题

1. 复式记账法，是对每项经济业务事项都必须以相等的金额在两个相互联系的账户中进行登记，借以全面反映资金运动的来龙去脉的一种科学的记账方法。（　　）

2. 借贷记账法是世界上通用的记账方法，也是我国的法定记账方法。（　　）

3. 负债类账户登记借方金额，表示该账户金额的增加；登记贷方金额，表示该账户金额的减少。（　　）

4. 一个复合分录可以分解为几个简单分录。（　　）

5. 编制试算平衡表，如果试算不平衡，则账户记录或计算一定有错误；如果试算平衡，可大体推断账户记录正确，但不能绝对肯定账户记录无误。（　　）

课外阅读

会计专业好素养——画思维导图法

初学会计年龄较小的中职生会感觉会计很生涩，不好理解不好记，教给大家一个非常好的很实用的方法——画思维导图。

思维导图学习法就是通过发散和聚合，把知识点连成线、结成网，用彩色的线条和图形画出来，从中心向四周不断扩散，在思维不断聚合与发散过程中，系统掌握知识架构，可以思考更好、记忆更多、回忆更快！

例如我们刚刚学习了会计六要素，画一个简单的思维导图（见图 2.31）。

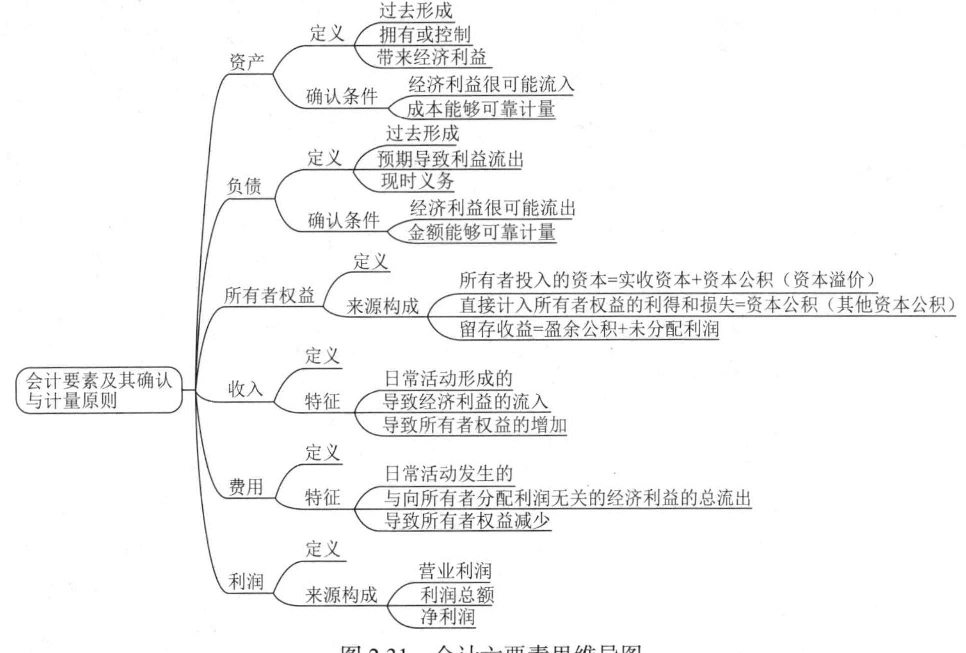

图 2.31　会计六要素思维导图

思维导图在生活，学习和工作等很多方面都可以应用。

1）笔记（阅读、课堂、学习、面试等只需要记录要点时）：用思维导图作记录．可帮助你迅速抓住信息重点。将要点用词语记下，把相关的意念用线连上，加以组织，方便记忆。用思维导图的好处是无论信息表达的次序是如何，都能放在适当位置上。每个信息都是以词语表达，容易记忆。

2）温习（备课、考试，演说等需要加深记忆时）：令记忆直观。将已知的资料或信息以思维导图画出来，只要温习以往画的思维导图，就能方便加深记忆，条理更清晰。

3）小组学习（头脑风暴、小组讨论等需要共同思考时）：小组共同创作思维导图。首先由各人自己画出自己已知的资料或想法，然后将各人的思维导图合并及讨论，并决定那些较为重要，再加入新想法，最后重组成为一个共同的思维导图。在这过程中，每个组员的意见都被考虑，提升团队归属感及合作。共同思考时，也可产生更多创意及有用的意念。最后的思维导图是小组共同的结晶，各组员有共同的方向及结论。

4）展示（演讲，教学，解说等需要向别人说出自己思想时）：当需要向别人讲解自己的想法时，思维导图可以协助我们理清自己的构思，做好预备，令演说更具清晰、更容易记忆。利用思维导图在演说时可令听众容易明白，不用长篇大论的文字。还可灵活地在思维导图上处理扩张，而且不会迷失思路。演说者及听众对所说内容都会印象更深刻。

思维导图学习法，可以帮学生发散思维，从不同方向、不同角度思考问题，在画图过程中，将零散思维点用线条联系起来，向不同层面纵横思维延伸，得出各种不同解决办法，头脑变得越来越聪明。

要体验思维导图的妙用，还是亲自动手尝试一下。

单元 3

会计凭证——原始凭证

学习目标

知识与技能目标

- 了解原始凭证的基本格式与内容；
- 掌握常用原始凭证的填制方法；
- 牢记审核原始凭证的要点 。

过程与方法

通过观看、讨论、尝试填制原始凭证，复述搜集到的业务信息，通过分析、总结，归纳出原始凭证的内容，以及填制和审核的要领。

情感、态度与价值观

体验原始凭证与生活和工作的关系，激发学习会计的兴趣。认真起步，从点滴做起。

任务 3.1 认识原始凭证

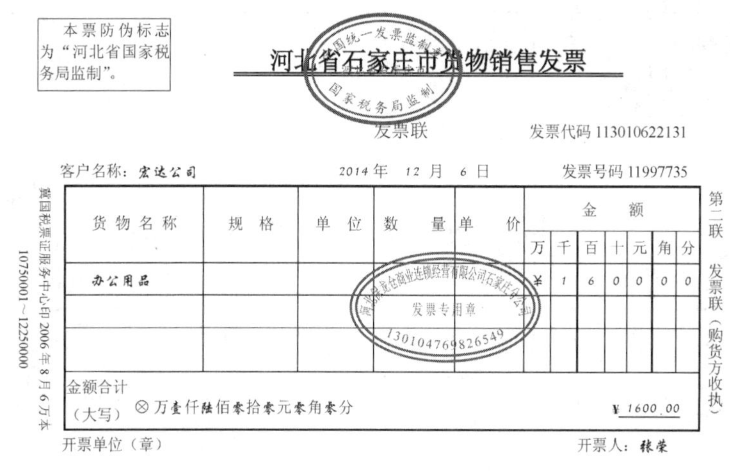

本票防伪标志为“河北省国家税务局监制”。

河北省石家庄市货物销售发票

发票联　　发票代码 113010622131

客户名称：宏达公司　　2014 年 12 月 6 日　　发票号码 11997735

货物名称	规格	单位	数量	单价	万	千	百	十	元	角	分
办公用品					¥	1	6	0	0	0	0
金额合计（大写） ⊗万壹仟陆佰零拾零元零角零分				¥ 1600.00							

开票单位（章）　　开票人：张荣

第二联 发票联（购货方收执）

冀国税票证服务中心印 2006 年 8 月 6 万本 10750001～12250000

图 3.1　河北省石家庄市货物销售发票

任务与要求

任务：老会计给小林拿来两张单据（见图 3.1 和图 3.2），要小林说说发生了什么业务。

要求：准确解读原始凭证。

收 料 单

2014 年 12 月 5 日　　　　收字第 38 号

来料单位：红都服装有限责任公司							发票 00167901 号							
编号	材料名称	规格	送验数量	实收数量	单位	单价	金额							
							十	万	千	百	十	元	角	分
	涤纶	300#	100	100	匹	300.00		3	0	0	0	0	0	0
备注		验收人	李强				合计 ¥30 000.00							

③交会计

会计　　出纳　　复核　　记账　　验收　　李强

图 3.2　收料单

知识讲解

3.1.1　原始凭证的概念

任何一项经济业务的发生都要取得相应的凭证，否则口说无凭。

原始凭证就是在经济业务发生或完成时取得或填制的，用以记录或证明经济业务发生或完成的情况、明确经济责任的书面证明。其作用如图 3.3 所示。

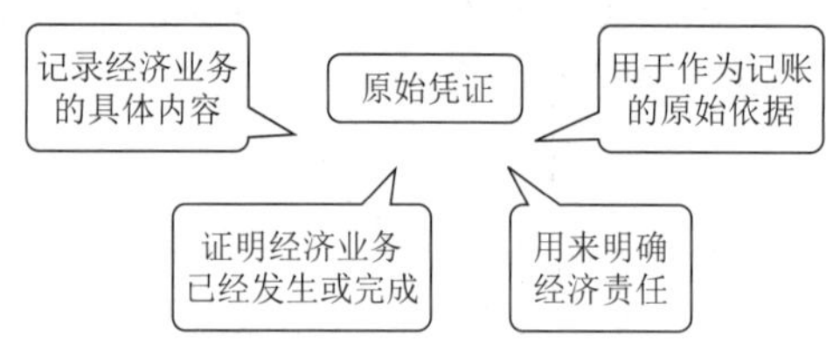

图 3.3　原始凭证的作用

想一想

根据原始凭证的概念判断生产计划和购货合同能证明经济业务的发生吗？可以作为原始凭证吗？为什么？

3.1.2　原始凭证的种类

原始凭证按其来源、用途、填制手续和格式的不同，可分为多种类型，如表 3.1 所示。

表 3.1　原始凭证的分类

按来源分类	自制原始凭证，是指由本单位内部经办业务的部门或个人，在执行或完成某项经济业务时自行填制的、仅供本单位内部使用的原始凭证，如收料单、领料单、限额领料单、产品入库单、产品出库单、借款单、工资发放明细表、折旧计算表等
	外来原始凭证，是指在经济业务发生或完成时，从其他单位或个人直接取得的原始凭证，如购买材料时取得的增值税专用发票、银行转来的各种结算凭证、对外支付款项时取得的数据、职工出差取得的飞机票和车船票等

续表

按照填制手续及内容不同	一次凭证，是指一次填制完成、只记录一笔经济业务的原始凭证。所有的外来原始凭证和大部分的自制原始凭证都属于一次凭证，如购货发票、销货发票、收据、领料单、收料单、借款单、银行结算凭证等
	累计凭证，是指在一定时期内多次记录发生的同类型经济业务的原始凭证。其特点是在一张凭证内可以连续登记相同性质的经济业务，随时结出累计数及结余数，并按照费用限额进行费用控制，期末按实际发生额记账。累计凭证是多次有效的原始凭证，这类凭证的填制手续是多次进行才能完成的。它一般为自制原始凭证，最具有代表性的累计凭证是“限额领料单”
	汇总凭证，也称原始凭证汇总表，是指对一定时期内反映经济业务内容相同的若干张原始凭证，按照一定标准综合填制的原始凭证。它合并了同类型经济业务，简化了记账工作量。常用的汇总原始凭证有发出材料汇总表、工资结算汇总表、销售日报、差旅费报销单等
按照格式不同	通用凭证，是指由有关部门统一印制、在一定范围内使用的具有统一格式和使用方法的原始凭证。通过凭证的使用范围，因制作部门不同而异，可以是某一地区、某一行业，也可以是全国通用。例如某省（市）印制的发货票、收据等，在该省（市）通用；由中国人民银行制作的银行转账结算凭证，在全国通用等
	专用凭证，是指由单位自行印制、仅在本单位内部使用的原始凭证。如领料单、差旅费报销单、折旧计算表、工资费用分配表等

知识窗

一次凭证、累计凭证和汇总凭证都属于自制原始凭证。经济合同、生产通知单、材料请购单、盘存单、银行存款余额调节表、银行对账单等不属于原始凭证。

3.1.3 原始凭证的内容

1. 原始凭证的基本内容

原始凭证的基本内容包括以下 7 个方面

1）原始凭证的名称及编号，如借据、收据、增值税专用发票等。

2）填制原始凭证的日期。

3）接受原始凭证单位的名称。

4）经济业务的内容（含单价、数量和金额等）。

5）填制单位签章。

6）经办人或责任人的签名或盖章。

7）原始凭证的附件。

2. 某些原始凭证应具备的特殊内容

对一些原始凭证，除具有其应有的基本内容外，还应具备以下特殊内容。

1）从外单位取得的原始凭证，应使用统一发票，发票上应印有税务专用章，必须加盖填制单位的公章。

2）自制的原始凭证，必须要有经办单位负责人指定的人员签名或者盖章。

3）支付款项的原始凭证，必须要有收款单位和收款人的收款证明，不能仅以支付款项的有关凭证代替。

4）购买实物的原始凭证，必须有验收证明。

5）销售货物发生退货并退还货款时，必须以退货发票、退货验收证明和对方的收款收据作为原始凭证。

6）职工公出借款的借款凭证，必须附在记账凭证之后。

7）经上级有关部门批准的经济业务事项，应当将批准文件作为原始凭证的附件。

任务与处理

1）小林学习了原始凭证的基本内容，对图 3.1 进行了仔细观看，工作完成情况如表 3.2 所示。

表 3.2　工作完成情况

序号	原始凭证的基本内容	具体内容
1	原始凭证的名称及编号	河北省石家庄市货物销售发票，发票代码 113010622131
2	填制原始凭证的日期	2014 年 12 月 6 日
3	接受原始凭证单位的名称	付款方名称：宏达公司
4	经济业务的内容（含单价、数量和金额等）	商品名称：办公用品
5	填制单位签章	开票单位：河北保龙仓商业连锁经营有限公司石家庄分公司
6	经办人或责任人的签名或盖章	开票人：张荣
7	原始凭证的附件	支票存根

2）小林认真看了老会计给的两张原始凭证，表述业务内容如下：

图 3.1：宏达公司的工作人员，2014 年 12 月 6 日到保龙仓购买办公用品，共 1 600 元，以支票付款，取得发票，开票人张荣。

图 3.2：红都服装有限公司，2014 年 12 月 5 日购入涤纶（发票号 00167901）300#。单价 300 元 / 匹，发票数量 100 匹，实际验收 100 匹，共计 30 000 元，验收人李强。

任务巩固

解读图 3.4 ～图 3.6 所反映的经济业务的内容。

河北省增值税普通发票　　　　No 03560256

发票联

开票日期：2014 年 01 月 18 日

购货单位	名　　称：石家庄学院 纳税人识别号：4633××××× 地 址 、电 话：0311××××× 开户行及账号：中国工商银行 ×× 支行 1148×××	密码区	*88+7*>41/<45+8<>4<+8 加密版本：01 061*6+86*<1*2**69*376　300061620 81-<396-7<62794>61/60　3560256 6—031>6+6723970<>>92				
货物或应税劳务名称	规格型号	单位	数量	单价	金额	税率	税额
签字笔		个	200	0.5	100.00	17%	17.00
合　计					¥100.00		¥17.00
价税合计（大写）	⊗壹佰壹拾柒元整　　（小写）¥117.00						
销货单位	名　　称：石家庄市厚普文化用品有限公司 纳税人识别号：130105601004744 地 址、电 话：和平西路 678 号 87720247 开户行及账号：中机支行 00429708091001	备注					

第二联　发票联　购货方记账凭证

收款人：　　复核：　　开票人：姜小敏　　销货单位：（章）

图 3.4　增值税普通发票

差旅费借款单

2014 年 4 月 1 日

部门	采购部		借款人	杨大虎	
借款原因	广州商品博览会				
借款金额	大写：贰仟元整　　2 000.00				
单位负责人	龚大庆	财务审核	金保才	出纳	张吉

现金付讫

图 3.5 差旅费借款单

红都服装有限公司工资结算汇总表

2014 年 3 月 15 日　　单位：元

车间或部门		应付职工薪酬			合计
		工资	奖金	津贴、补贴	
车间生产人员工资	西服	77 00	4 600	5 000	86 600
	运动装、休闲装	79 000	5 4000	6 000	90 400
车间管理人员		17 400	1 000	1 600	20 000
行政管理人员		30 000		2 000	32 000
专设销售机构人员		8 400	500	700	9 600
合 计		211 800	11 500	15 300	238 600

图 3.6 工资结算汇总表

要求：说明上述 3 张原始凭证的内容。

任务提升

一、单项选择题

1.（　　）属于外来原始凭证。

A. 购货发票　B. 领料单　C. 销货发票　D. 工资结算单

2.（　　）属于自制原始凭证。

A. 购货发票　B. 银行付款通知单

C. 销货发票　D. 上缴税金收据

3. “材料耗用汇总表”是一种（　　）。

A. 一次凭证　B. 累计凭证　C. 原始凭证汇总表　D. 复式凭证

4. 原始凭证是由（　　）取得或填制的。

A. 总账会计　B. 业务经办单位人员

C. 会计主管　D. 出纳人员

5. 不能作为会计核算的原始凭证的是（　　）。

A. 发货票　B. 合同书　C. 入库单　D. 领料单

6. 原始凭证是在（　　）时取得的。

A. 经济业务发生　B. 填制记账凭证

C. 登记总账　D. 登记明细账

7. 原始凭证的基本内容不包括（　　）。

A. 凭证的名称

B. 填制凭证的日期

C. 经济业务所涉及的会计科目和明细科目的名称
D. 经济业务内容

8. 用以记录和证明经济业务的发生或完成情况，明确经济责任的文字凭据是（　　）。
A. 原始凭证　　B. 收款凭证　　C. 记账凭证　　D. 付款凭证

二、多项选择题

1. 下列各项属于原始凭证内容必备的有（　　）。
A. 凭证名称、填制日期和编号　　B. 经济业务内容摘要
C. 对应的记账凭证号数　　D. 填制、经办人的签字、盖章

2. 原始凭证的作用是（　　）。
A. 记录经纪业务　　B. 明确经济责任
C. 作为登记的依据　　D. 作为编表的依据

3. 属于自制原始凭证的有（　　）。
A. 工资结算单　　B. 限额领料单
C. 发料凭证汇总表　　D. 销售货物时开出的增值税专用发票

4. 借款单按照原始凭证的种类不同，属于（　　）。
A. 外来原始凭证　　B. 自制原始凭证
C. 一次凭证　　D. 通用凭证

5. 属于具有法律效力的原始凭证是（　　）。
A. 银行收付款通知单　　B. 开工单
C. 生产通知单　　D. 经济合同

三、判断题

1. 自制原始凭证是由企业财会部门自行填制的原始凭证。（　　）
2. 企业每项交易或事项的发生都必须从外部取得原始凭证。（　　）
3. 一次凭证只能反映一项经济业务，累计凭证可以反映若干项经济业务。（　　）
4. 一张累计凭证可连续记录所发生的经济业务。（　　）
5. 原始凭证必须按规定的格式和内容逐项填写齐全，同时必须由经办业务的部门和人员签字盖章。（　　）

任务 3.2　填制原始凭证

任务与要求

任务：老会计给小林普通销售发票 1 张，转账支票 1 张，要求小林填制。
要求：会填制原始凭证。

知识讲解

3.2.1　填制原始凭证的要求

1. 记录要真实

原始凭证所填列的经济业务的内容和数字必须真实可靠，符合实际情况，不得歪曲经

济业务真相，弄虚作假。对实物的数量和金额的计算，要准确无误，不得以匡算和估计数填入。

2. 内容要完整

原始凭证所要求填列的项目必须逐项填列齐全，不得遗漏和省略。需要填一式数联的凭证，各联应当一次填列，内容应当相同。各有关经办单位、部门和人员要认真审核并签章，对凭证的真实性、合法性负责。

3. 手续要完备

单位自制的原始凭证必须有经办单位领导人或者其他指定的人员签名盖章；对外开出的原始凭证必须加盖本单位公章；从外部取得的原始凭证，必须盖有填制单位的公章；从个人取得的原始凭证，必须有填制人员的签名盖章。

4. 书写要清楚，规范

原始凭证按规定填写，文字要简要，字迹要清楚，易于辨认，不得使用未经国务院公布的简化汉字，同时应遵守以下技术要求：

小写金额用阿拉伯数字逐个书写，不得写连笔字。在小写金额前要填写人民币符号“¥”。用外币结算的凭证必须填写外币符号，如美元符号“$”等。货币符号与阿拉伯数字之间不得留有空白。以元为单位的金额数字一律填写到角、分，无角、分的位置，写“0”。

大写金额用汉字壹、贰、叁、肆、伍、陆、柒、捌、玖、拾、佰、仟、万、亿、元、角、分、零、整等，一律用正楷或行书字书写，不得任意自造简化字。

凡规定填写大写金额的各种凭证，如银行结算凭证、发票、运单、提货单等，都必须在填写小写金额的同时，也填写大写金额，大小写金额必须相符。大写金额数字前未印有货币名称的，应加写填货币名称（如“人民币”3个字），货币名称与和大写金额之间不得留有空白。阿拉伯数字中间有“0”或连续有几个“0”时，汉字大写金额只写一个“零”字即可。大写金额到元或角的，后面要写“整”字；到角为止的，可以不写“整”字；有分的，不写“整”字。例如小写金额为“¥1 008.00”，大写金额应写成“人民币壹仟零捌元整”。

5. 编号要连续

如果原始凭证已预先印定编号，在写坏作废时，应加盖“作废”标记，妥善保管，不得撕毁。

6. 不得涂改、刮擦、挖补

原始凭证有错误的，应当由出具单位重开或更正，更正处应当加盖出具单位印章。原始凭证金额有错误的，应当由出具单位重开，不得在原始凭证上更正。

7. 填制要及时

经办业务的有关部门必须按会计制度的规定，在经济业务实际发生或完成时，及时填制原始凭证，并按规定的程序及时送交会计机构、会计人员，由会计机构、会计人员审核后，据以编制记账凭证。

此外，出纳人员在办理收款或付款后，应在有关原始凭证上加盖“收讫”或“付讫”的戳记，以免重收重付。

3.2.2　填制原始凭证的方法

以下通过几种常用原始凭证说明其填制方法。

1. 领料单的填制

领用原材料需经领料部门负责人批准后，方可填制领料单。

领料部门按规定填写请领数量送交仓库，仓库对领料单审核后发料。为了便于分类汇总，领料单要“一料一单”地填制，即一种原材料只填写一张单据。领料单一般一式四联，一联存根仓库留底，二联仓库记账，三联会计记账，四联统计。

【例 3.1】2014 年 2 月 3 日，后勤处领用原材料水泥 10 吨，用于 2 号库维修。填制领料单如图 3.7 所示。

领 料 单

领用部门：后勤处

库　号：1　　　　2014 年 2 月 3 日　　　　领字第 38 号

编号	类别	名称	规格	单位	数量		金额	
					请领	实发	单价	总额
		水泥	300#	吨	10	10	300.00	3 000.00
合　计								¥3 000.00
用途	2 号仓库维修领用							

第三联　交会计

发料人：李莉　　　记账：徐娟　　　领料部门负责人：张承　　　领料人：王东

图 3.7　领料单

2. 普通发票的填制

普通发票是相对于增值税专用发票而言的，是指在从事经营活动时，所开具的除增值税专用发票以外的其他发票。普通发票形式多样，不同的行业有不同样式的发票。

普通发票一般一式两联：第一联为记账联，开票方作为记账的原始凭证；第二联为发票联，购货方作为付款的原始凭证。

【例 3.2】石家庄市厚普文化用品有限公司在 2014 年 1 月 18 日销售档案袋 200 个给河北经济管理学院，共计 80 元，开具增值税普通发票如图 3.8 所示。

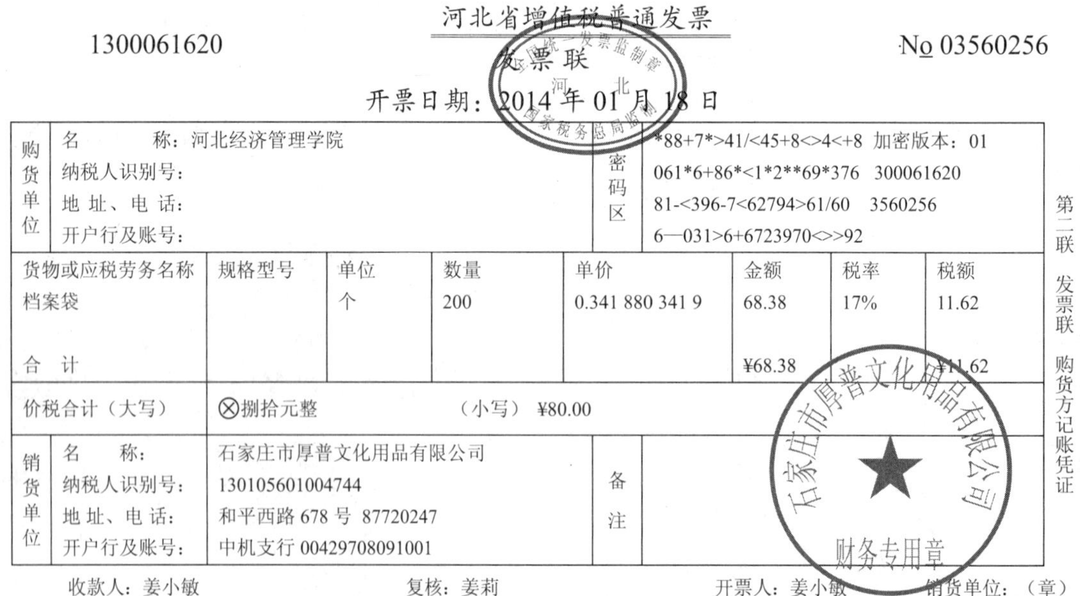

河北省增值税普通发票

1300061620　　　　发票联　　　　№ 03560256

开票日期：2014 年 01 月 18 日

购货单位	名　称：河北经济管理学院 纳税人识别号： 地 址、电 话： 开户行及账号：				密码区	*88+7*>41/<45+8<>4<+8　加密版本：01 061*6+86*<1*2**69*376　300061620 81-<396-7<62794>61/60　3560256 6—031>6+6723970<>>92		
货物或应税劳务名称	规格型号	单位	数量	单价	金额	税率	税额	
档案袋		个	200	0.341 880 341 9	68.38	17%	11.62	
合　计					¥68.38		¥11.62	
价税合计（大写）	⊗捌拾元整　　（小写）¥80.00							
销货单位	名　称：石家庄市厚普文化用品有限公司 纳税人识别号：130105601004744 地 址、电 话：和平西路 678 号 87720247 开户行及账号：中机支行 00429708091001				备注			

第二联　发票联　购货方记账凭证

收款人：姜小敏　　　复核：姜莉　　　开票人：姜小敏　　　销货单位：（章）

图 3.8　普通发票

知识窗

发票的种类繁多，主要是按行业特点和纳税人的生产经营项目分类，每种发票都有特定的使用范围。

1）增值税专用发票只限于增值税一般纳税人领购使用，主要用于工业、商业销售货物和加工修理修配劳务使用。

2）普通发票主要由营业税纳税人和增值税小规模纳税人使用，增值税纳税人在不能开具专用发票的情况下也可使用普通发票。

① 增值税纳税人使用的普通发票主要包括：工业企业产品销售、材料销售、加工产品、加工修理等统一发票；商业零售、商业批发、农林牧水产品收购、废旧物资收购等统一发票；机动车专项修理、电业局电力销售、自来水公司水销售、公共事业缴费等专用发票。

② 营业税纳税人使用的普通发票主要包括：建筑安装企业、旅店业、饮食业、广告业、社会服务业、代理购销业务等统一发票；产权交易、房屋出租专用发票；全国联运行业统一发票、水路货运结算发票等。

3）专业发票包括：金融、保险凭证；邮政、电信收据；铁路、民航和交通运输票据等。专用发票可由政府主管部门自行管理，不套用税务机关的统一发票监制章，也可根据税收征管的需要纳入统一发票管理。

3. 增值税专用发票的填制

增值税是就其货物或劳务的增值部分征税的一种税种。目前，我国将纳税人按其经营规模大小及会计核算是否健全分为一般纳税人和小规模纳税人。只有一般纳税人才有资格领购和使用增值税专用发票。

增值税专用发票持卡开票，一式三联：第一联为抵扣联，购货单位作抵扣税款凭证；第二联为发票联，购货单位记账；第三联为记账联，销货单位记账。

【例 3.3】东建公司为增值税一般纳税人，适用税率为 17%。2014 年 3 月 15 日，销售冰箱 20 台给星河商厦，每台不含税单价 2 000 元，要求填制增值税专用发票，如图 3.9 所示。

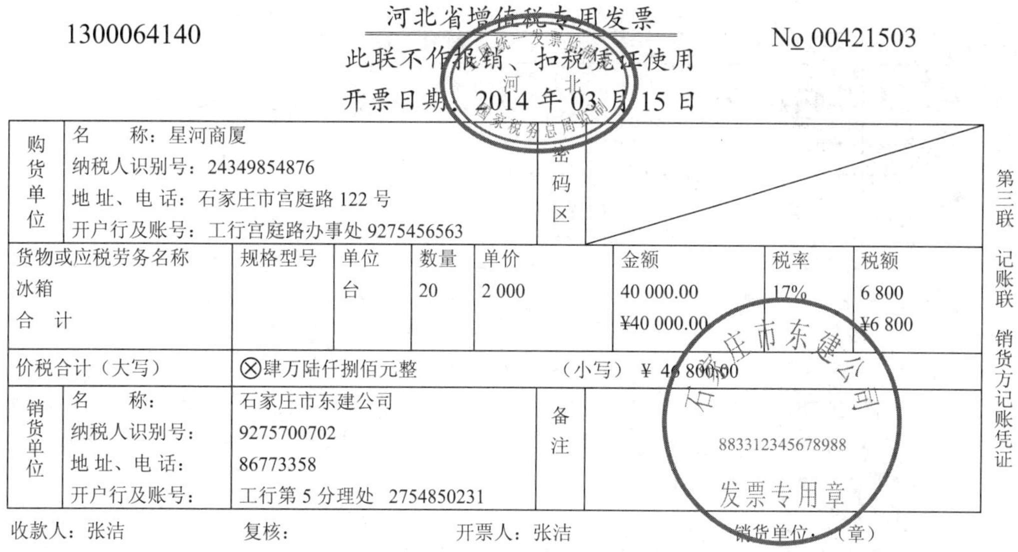

1300064140　　河北省增值税专用发票　　№ 00421503

此联不作报销、扣税凭证使用

开票日期：2014 年 03 月 15 日

购货单位	名　　称：星河商厦 纳税人识别号：24349854876 地 址、电 话：石家庄市宫庭路 122 号 开户行及账号：工行宫庭路办事处 9275456563				密码区			
货物或应税劳务名称	规格型号	单位	数量	单价	金额	税率	税额	
冰箱		台	20	2 000	40 000.00	17%	6 800	
合　计					¥40 000.00		¥6 800	
价税合计（大写）	⊗肆万陆仟捌佰元整			（小写）¥ 46 800.00				
销货单位	名　　称： 纳税人识别号： 地 址、电 话： 开户行及账号：	石家庄市东建公司 9275700702 86773358 工行第 5 分理处　2754850231			备注			

第三联　记账联　销货方记账凭证

收款人：张洁　　复核：　　开票人：张洁　　销货单位：（章）

图 3.9　增值税专用发票

4. 借款单（或借据）的填制

借款人经借款单位（或有关部门）领导人批准填写借款单，并交送财会部门办理借款手续。财会部门审核无误后准予借款，支付现金，或开现金支票由借款人去银行提取现金；借款人归还借款时，将借款回执退回借款人。

【例 3.4】2014 年 2 月 4 日，东建公司营业部汪明到上海出差，预借差旅费 2 000 元。填制借款单如图 3.10 所示。

<table>
<tr><th colspan="3">借款单</th></tr>
<tr><td colspan="3">借款单位：营业部</td></tr>
<tr><td colspan="3">借款理由：上海开会</td></tr>
<tr><td colspan="3">借款数额：人民币（大写）贰仟元整　　　　¥2 000.00</td></tr>
<tr><td colspan="3">部门负责人意见 尚达明　　　　借款人（签章）汪明</td></tr>
<tr><td>单位领导批示：
白琳</td><td>会计主管人员核批：
薛子</td><td>付款记录：　现金付讫
2014 年 2 月 4 日以第 8 号
支票或现金支出凭单付给</td></tr>
</table>

2014 年 2 月 4 日

图 3.10　借款单

5. 差旅费报销单的填制

差旅费报销单是企业派出人员返回单位报销时填制的凭证。报销单为单联式，由报销人填制，然后交财会做为现金退补的依据。

【例 3.5】东建公司汪明到上海开营销会，火车票 2 张 360 元，长途汽车费 80 元，市内交通费 12 元，住宿费 800 元，其他 28 元。出差 4 天，每天补助 30 元，原出差借款 2 000 元，余款退回。填制差旅费报销单如图 3.11 所示。

差旅费报销单

单位名称：东建公司　　　　出差起止日期由 2014 年 2 月 6 日至 2014 年 2 月 9 日

<table>
<tr><td colspan="2">出差人姓名</td><td>汪明</td><td>出差地点</td><td colspan="2">上海</td><td colspan="2">出差天数</td><td>4</td><td>事由 营销会议</td></tr>
<tr><td rowspan="8">车船及住宿费</td><td rowspan="2">种　类</td><td rowspan="2">票据张数</td><td rowspan="2">金　额</td><td rowspan="8">出差补助费</td><td rowspan="2">出差地点</td><td rowspan="2">天数</td><td rowspan="2">标准</td><td rowspan="2">金　额</td><td>报销结算情况</td></tr>
<tr><td>原出差借款 2 000 元，报销 1 400 元</td></tr>
<tr><td>火车费</td><td>2</td><td>360</td><td>上海</td><td>4</td><td>30</td><td>120</td><td>补发　元退还 600 元</td></tr>
<tr><td>长途汽车费</td><td></td><td>80</td><td></td><td></td><td></td><td></td><td rowspan="6">说　明
负责人　王佳
支领人　汪明
2014 年 2 月 9 日</td></tr>
<tr><td>市内电汽车费</td><td>6</td><td>12</td><td></td><td></td><td></td><td></td></tr>
<tr><td>住宿费</td><td>1</td><td>800</td><td></td><td></td><td></td><td></td></tr>
<tr><td>其　他</td><td></td><td>28</td><td></td><td></td><td></td><td></td></tr>
<tr><td>小　计</td><td>9</td><td>1 280</td><td></td><td></td><td></td><td></td></tr>
<tr><td>合计金额</td><td colspan="8">大写 壹仟肆佰零拾零元零角零分　小写 :¥1 400.00</td></tr>
</table>

图 3.11　差旅费报销单

6. 支票的填制

（1）支票的分类

支票是出票人签发的，委托办理支票存款业务的银行在见票时无条件支付确定的金额

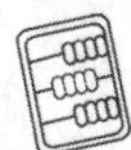

给收款人或者持票人。我国支票分为三类：现金支票、转账支票和普通支票。

1）支票上印有“现金”字样的为现金支票，现金支票只能用于支取现金，如图 3.12 所示。

2）支票上印有“转账”字样的为转账支票，转账支票只能用于转账，如图 3.13 所示。

3）支票上未印有“转账”或“现金”字样的为普通支票，普通支票可以用于支取现金，也可以用于转账。在普通支票左上角划两条平行线的为划线支票，划线支票只能用于转账。

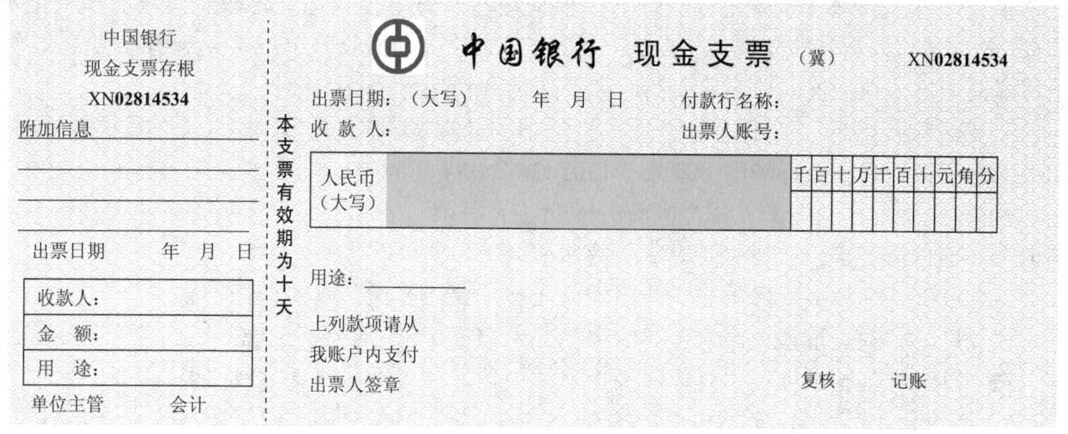
中国银行
现金支票存根
XN02814534
附加信息
出票日期　年　月　日
收款人：
金　额：
用　途：
单位主管　会计
本支票有效期为十天
中国银行　现金支票　（冀）　XN02814534
出票日期：（大写）　年　月　日　付款行名称：
收 款 人：　出票人账号：

人民币（大写）	千	百	十	万	千	百	十	元	角	分

用途：
上列款项请从
我账户内支付
出票人签章　复核　记账

图 3.12　现金支票

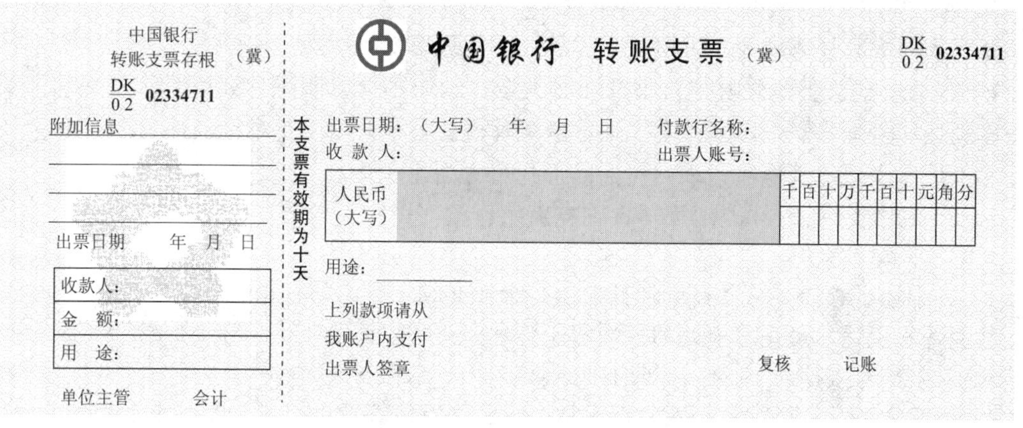
中国银行
转账支票存根　（冀）
DK/02　02334711
附加信息
出票日期　年　月　日
收款人：
金　额：
用　途：
单位主管　会计
本支票有效期为十天
中国银行　转账支票　（冀）　DK/02　02334711
出票日期：（大写）　年　月　日　付款行名称：
收 款 人：　出票人账号：

人民币（大写）	千	百	十	万	千	百	十	元	角	分

用途：
上列款项请从
我账户内支付
出票人签章　复核　记账

图 3.13　转账支票

（2）支票的填写

填写支票应使用碳素墨水或蓝黑墨水，将支票上的各要素填写齐全，并在支票上加盖其预留银行印鉴。

1）“出票日期”栏的填写。支票的出票日期必须使用中文大写。为防止变造票据的出票日期，在填写月、日时，月为壹、贰和壹拾，日为壹至玖和壹拾、贰拾、叁拾的，应在其前加零，日为拾壹至拾玖的，应在其前加壹，例如 1 月 15 日应写成“零壹月壹拾伍日”；2 月 10 日应写成“零贰月零壹拾日”；10 月 20 日应写成“零壹拾月零贰拾日”；11 月 30 日应写成“壹拾壹月零叁拾日”；12 月 8 日应写成“壹拾贰月零捌日”。

票据出票日期使用小写填写的，银行不予受理。大写日期未按要求规范填写的，银行可予受理，但由此造成的损失由出票人自行承担。

2）“收款人”栏的填写。现金支票中的“收款人”栏可写本单位名称，此时现金支票背面“被背书人”栏内加盖本单位的财务专用章和法人章，之后收款人可凭现金支票直接到开户银行提取现金。现金支票中的“收款人”栏可写收款人个人姓名，此时现金支票背面不盖任何章，收款人在现金支票背面填上身份证号码和发证机关名称，凭身份证和现金支票签字领款。转账支票中的“收款人”栏应填写对方单位名称。转账支票背面本单位不盖章。收款单位取得转账支票后，在支票背面被背书栏内加盖收款单位财务专用章和法人章，填写好银行进账单后连同该支票交给收款单位的开户银行委托银行收款。

3）“付款行名称”、“出票人账号”栏的填写。即为本单位开户银行名称及银行账号，如中国工商银行高新支行华南分理处，1202027409900088888，账号小写。

4）人民币大写。中文大写金额前应标明“人民币”字样，大写金额紧接“人民币”字样填写，不得留有空白，写法要规范。例如：

¥1 409.00，应写成人民币壹仟肆佰零玖元整（要写“正”或“整”）。

¥1 409.50，应写成人民币壹仟肆佰零玖元伍角整（可写可不写“正”或“整”）。

¥1 409.54，应写成人民币壹仟肆佰零玖元伍角肆分（不写“正”或“整”）。

5）人民币小写。最高金额的前一位空白格用“¥”字头封顶，数字填写要求完整清楚。

6）“用途”栏填写。现金支票有一定限制，一般填写“备用金”、“差旅费”、“工资”、“劳务费”等。

转账支票没有具体规定，可填写“货款”、“代理费”等。

7）盖章。支票正面盖财务专用章和法人章，缺一不可，印泥为红色，印章必须清晰，印章模糊只能将本张支票作废，换一张重新填写重新盖章。反面盖章见前述第二条。

（3）填制支票的其他注意事项包括以下几个方面。

1）支票正面不能有涂改痕迹，否则本支票作废。受票人如果发现支票填写不全，可以补记，但不能涂改。

2）大小写金额必须填写齐全，且大小写金额必须一致，如有错误不得更改，应另行签发，其他各栏填错，可在改正处加盖预留印鉴之一，予以证明。

3）支票的有效期为 10 天，日期首尾只算一天，节假日顺延。

4）出票人签章应按预留印鉴分别签章，缺漏签章或签章不符时，银行不予受理。

5）作废的支票不得扯去，应由签发单位自行注销，与存根一起保管，在结清销户时，连同未用空白支票一并缴还银行。

6）支票见票即付，不记名。丢了支票尤其是现金支票可能就是丢了相同数目的钱，银行不承担责任。所以一定要细心保管好支票。

【例 3.6】康力设备集团公司资料如下：

地址	天津市解放南路 306 号	开户行	中国工商银行承东支行
账号	430002183456	纳税人识别号	431018998878

欣欣百货有限公司资料如下：

地址	天津市卫津路 122 号	开户行	中国建设银行南与支行
账号	802845450459	纳税人识别号	385464688933

两家公司发生如下业务：

1）2014 年 1 月 3 日，康力设备集团公司提取现金 100 388.56 元，备发工资，开出现金支票。

2）2014 年 1 月 20 日，康力设备集团公司从欣欣百货有限公司购买墨水 100 瓶，打印纸一批，共计 1 035 元，康力设备集团公司开出转账支票。

第一笔业务填制的现金支票如图 3.14 所示。

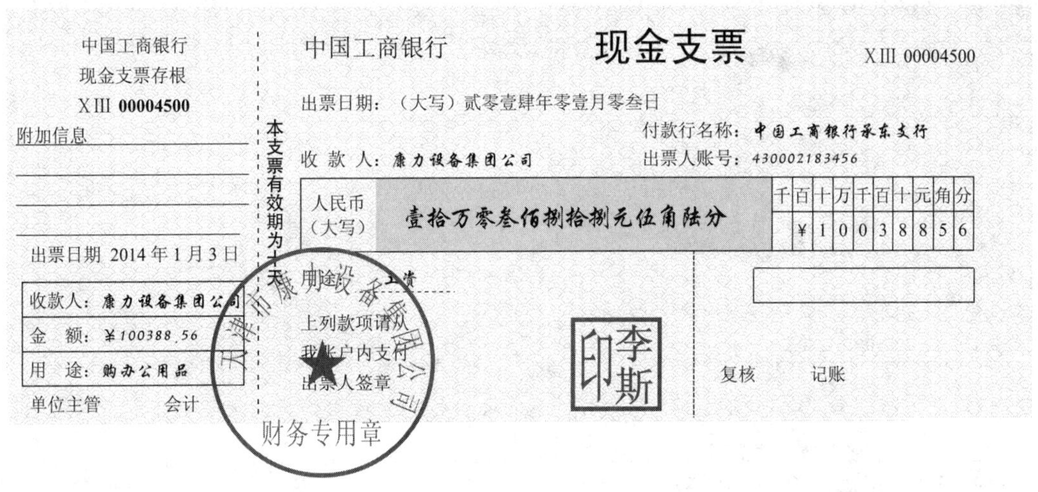

中国工商银行
现金支票存根
XⅢ 00004500
附加信息
出票日期 2014 年 1 月 3 日
收款人：康力设备集团公司
金　额：¥100388.56
用　途：购办公用品
单位主管　　会计

本支票有效期为十天

中国工商银行　现金支票　XⅢ 00004500
出票日期：（大写）贰零壹肆年零壹月零叁日
付款行名称：中国工商银行承东支行
收 款 人：康力设备集团公司
出票人账号：430002183456

人民币（大写）	壹拾万零叁佰捌拾捌元伍角陆分	千	百	十	万	千	百	十	元	角	分
			¥	1	0	0	3	8	8	5	6

用途：工资
上列款项请从
我账户内支付
出票人签章
天津市康力设备集团公司 财务专用章
李斯印
复核　　记账

图 3.14　现金支票

第二笔业务填制的转账支票如图 3.15 所示。

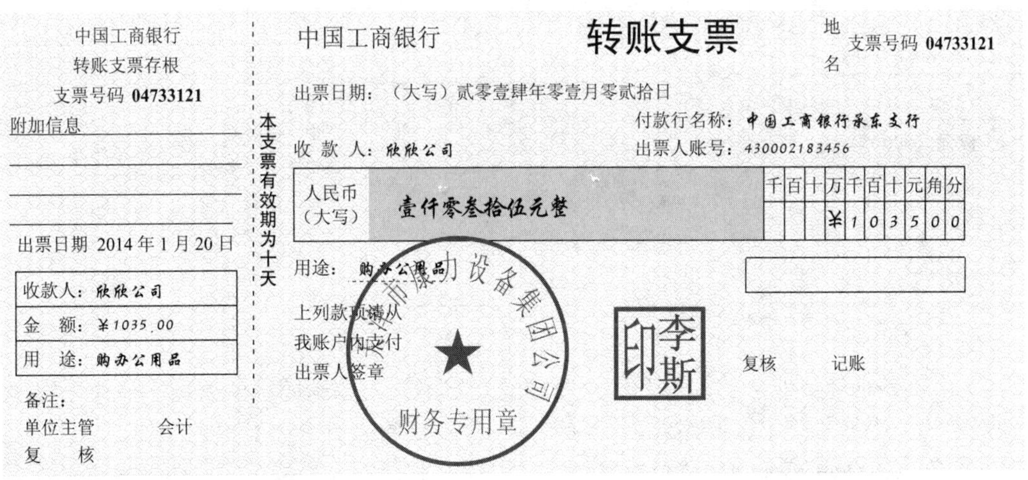

中国工商银行
转账支票存根
支票号码 04733121
附加信息
出票日期 2014 年 1 月 20 日
收款人：欣欣公司
金　额：¥1035.00
用　途：购办公用品
备注：
单位主管　　会计
复　核

本支票有效期为十天

中国工商银行　转账支票　地名　支票号码 04733121
出票日期：（大写）贰零壹肆年零壹月零贰拾日
付款行名称：中国工商银行承东支行
收 款 人：欣欣公司
出票人账号：430002183456

人民币（大写）	壹仟零叁拾伍元整	千	百	十	万	千	百	十	元	角	分
					¥	1	0	3	5	0	0

用途：购办公用品
上列款项请从
我账户内支付
出票人签章
天津市康力设备集团公司 财务专用章
李斯印
复核　　记账

图 3.15　转账支票

任务与处理

1）小林学习了填制原始凭证的方法，拿着老会计给的两张原始凭证（发票、支票）完成工作任务如下：

2014 年 4 月 4 日，河北保龙仓家乐福商业有限公司（开户银行：工商银行石岗办事处；账号 03154795443）到河北路迪文化传媒有限公司购买记录本 100 箱，单价 114.70 元。

填写机打销售发票 1 张（见图 3.16），开票人同华；开出转账支票一张（见图 3.17）。

识别码

3X5PFO　　河北省地方税务局通用机打发票（B）　　票代码 113001224220

5WVM25　　发票联　　发票号码 30429803

开票日期：2014 年 04 月 04 日　　行业分类：商业

（印章：全国统一发票监制章 河北省 国家税务局监制）

付款名称：河北普华盛世医疗器械有限公司

货物或劳务名称	规格型号	数量	单价	金额
记录本	箱	100	114.70	11 470

合计金额（大写）：壹万壹仟肆佰柒拾元整　　金额（小写）：¥11 470.00

收款单位名称：河北保龙仓家乐福商业有限公司柏林店

收款单位税号：13010556323023×　　开票人：同华

（印章：河北保龙仓家乐福商业有限公司 130105765165771 发票专用章）

第一联　发票联

（手写无效）

图 3.16　通用机打发票

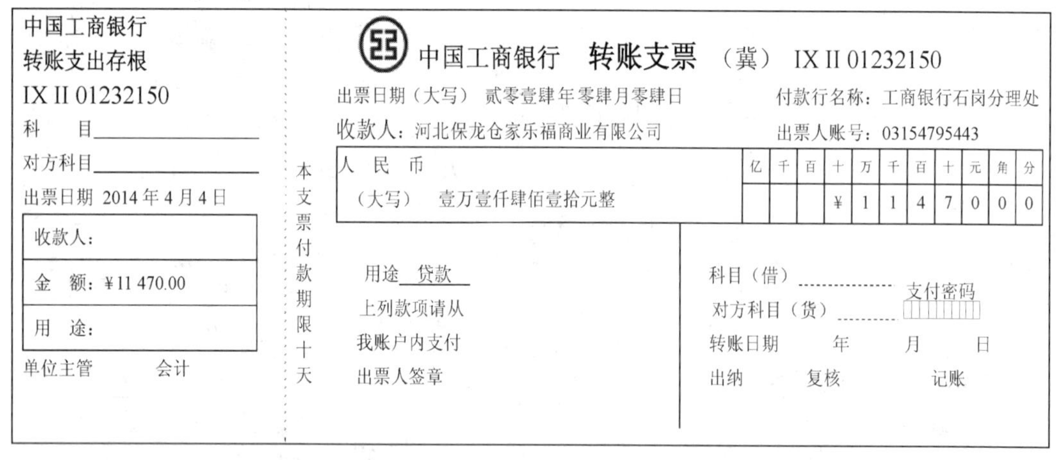

中国工商银行
转账支出存根
IX II 01232150
科　　目________
对方科目________
出票日期 2014 年 4 月 4 日
收款人：
金　额：¥11 470.00
用　途：
单位主管　　会计

本支票付款期限十天

中国工商银行　转账支票　（冀）　IX II 01232150

出票日期（大写）　贰零壹肆年零肆月零肆日　　付款行名称：工商银行石岗分理处

收款人：河北保龙仓家乐福商业有限公司　　出票人账号：03154795443

人民币（大写）	亿	千	百	十	万	千	百	十	元	角	分
壹万壹仟肆佰壹拾元整				¥	1	1	4	7	0	0	0

用途　贷款
上列款项请从
我账户内支付
出票人签章

科目（借）________　支付密码
对方科目（贷）________
转账日期　　年　　月　　日
出纳　　复核　　记账

图 3.17　转账支票

2）由于各种经济业务的内容和经营管理的要求不同，原始凭证的名称、格式和内容是多种多样的。小林总结出，原始凭证填制的依据和填制的人员主要有以下 3 种。

①以实际发生或完成的经济业务为依据，由经办业务人员直接填制，如“入库单”、“出库单”等；②以账簿记录为依据、由会计人员加工整理计算填制，如各种记账编制凭证；③以若干张反映同类经济业务的原始凭证为依据，定期汇总填制汇总原始凭证，填人员可能是业务经办人也可能是会计人员。

但无论哪种原始凭证，作为记录和证明经济业务的发生或完成情况、明确经办单位和

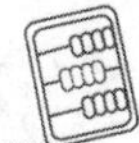

人员的经济责任的原始证据，基本含有的内容是一样的。

任务巩固

目的：熟悉原始凭证填制要领。

资料：2013 年 6 月 4 日，宏达公司（开户银行：工商银行石岗办事处；账号：03154795443）到九龙文化用品公司购买油墨 5 盒，单价 60 元；打印纸 10 包，单价 74 元。转账支票付讫。

要求：完成原始凭证的填制（见图 3.18 和图 3.19）。

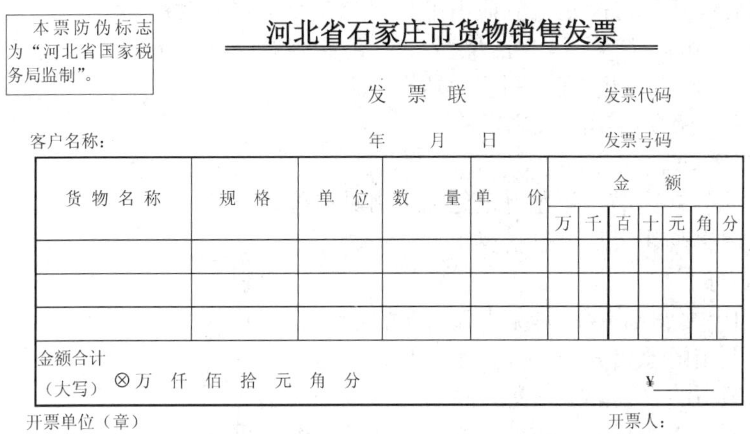

本票防伪标志为“河北省国家税务局监制”。

河北省石家庄市货物销售发票

发　票　联　　　　发票代码

客户名称：　　　　年　　月　　日　　　　发票号码

货物名称	规格	单位	数量	单价	金额						
					万	千	百	十	元	角	分
金额合计（大写）⊗万 仟 佰 拾 元 角 分					¥______						

开票单位（章）　　　　开票人：

图 3.18　货物销售发票

中国工商银行支票存根
转账支出存根
IX II 01232150
科　目__________
对方科目__________
出票日期　年　月　日
收款人：
金　额：
用　途：
单位主管　　会计

中国工商银行　**转账支票**　冀　　IX II 01232150
出票日期（大写）　年　月　日　　付款行名称：
收款人：　　　　出票人账号：

人民币（大写）	亿	千	百	十	万	千	百	十	元	角	分

本支票付款期限十天

用途__________
上列款项请从
我账户内支付
出票人签章

科目（借）..........
对方科目（贷）..........　支付密码
转账日期　年　月　日
出纳　　复核　　记账

图 3.19　转账支票

任务提升

一、单项选择题

1. 出票日期为 2010 年 12 月 11 日，则出票日期书写正确的是（　　）。

A. 贰零壹零年拾贰月壹拾壹日　　B. 贰零壹零年壹拾贰月壹拾壹日

C. 贰零壹零年壹拾贰月拾壹日　　　　D. 贰零壹零年拾贰月拾壹日

2. 原始凭证不得涂改、刮擦、挖补。对于金额有错误的原始凭证，正确的处理方法是（　　）。

A. 由出具单位重开

B. 由出具单位在凭证上更正并由经办人员签名

C. 由出具单位在凭证上更正并由出具单位负债人签名

D. 由出具单位在凭证上更正并加盖出具单位公章

3. 下列各项，符合原始凭证填制要求的是（　　）。

A. 从外单位取得的原始凭证，可以没公章，但必须有经办人员的签名或盖章

B. 原始凭证发生的错误，应该由出具单位在原始凭证上更正

C. 对外开出的原始凭证，可以没公章，但必须有经办人员的签名或盖章

D. 币种符号与金额数字之间不得留有空白

4. 原始凭证金额有错误的，应当（　　）

A. 由出具单位重开

B. 由出具单位更正，并在更正处加盖出具单位公章

C. 可以用涂改液涂改后重新更正

D. 自行更正

5. 下列关于原始凭证填制的说法，错误的是（　　）。

A. 对外开出的原始凭证必须加盖本单位公章

B. 凭证填写的手续必须完备，符合内部牵制要求

C. 原始凭证在填写的时候可以将错误凭证撕毁，重新编制一张

D. 需要填一式数联的凭证，各联内容应当相同

二、多项选择题

1. 填制原始凭证时，符合书写要求的是（　　）。

A. 阿拉伯金额数字前面应当书写货币币种符号

B. 币种符号与阿拉伯金额数字之间不得留有空白

C. 大写金额有分的，分字后面要写成“整”或“正”字

D. 汉字大写金额可以用简化字代替

2. 在原始凭证上书写阿拉伯数字，正确的是（　　）。

A. 金额数字一律填写到角、分

B. 无角分的，角位和分位可写“00”或者符号“－”

C. 有角无分的，分位应当写“0”

D. 有角无分的，分位也可以用符号“－”代替

3. 自制原始凭证根据填制手续和内容不同分为（　　）。

A. 一次凭证　　B. 累计凭证　　C. 汇总原始凭证　　D. 外来原始凭证

4. 符合填制会计凭证要求的有（　　）。

A. 汉字大小写金额必须相符且填写规范

B. 阿拉伯数字连笔书写

C. 阿拉伯数字前面的人民币符号写为“￥”

D. 大写金额有分的，分字后面不写“整”或“正”字

5. 填制原始凭证时，以下数字书写不符合要求的是（　　）。
A. 壹仟壹拾捌元　　B. 壹仟贰佰捌拾捌元捌角捌分整
C. 壹仟捌元整　　D. 壹仟零贰拾捌元整

三、判断题

1. 原始凭证的填制不得使用圆珠笔填写。（　　）
2. 自制原始凭证的填制，都应由会计人员填写，以保证原始凭证填制的正确性。（　　）
3. 如果原始凭证的金额有错误，应当由出具单位重开或更正，并在更正处加盖出具单位印章。（　　）
4. 原始凭证是在经济业务发生或完成时，由经办业务的部门、人员填制、取得的一种证明文件。（　　）
5. 如果原始凭证已预先印定编号，在写坏作废时，应加盖“作废”戳记，妥善保管，不得撕毁。（　　）
6. 原始凭证可以由任何业务经办人员填写，但记账凭证只能由财会部门人员填制。（　　）

任务 3.3　审核原始凭证

任务与要求

任务：老会计拿来 3 张原始凭证，见图 3.21～图 3.23，请小林看看有何问题。

要求：掌握原始凭证审核要领。

知识讲解

3.3.1　原始凭证审核的要求

会计法规定，会计机构、会计人员必须审核原始凭证，这是法定职责。会计机构、会计人员审核原始凭证时应当按照国家统一的会计制度的规定进行，对不真实、不合法的原始凭证有权不予接受，并向单位负责人报告，请求查明原因，追究有关当事人的责任；对记载不准确、不完整的原始凭证予以退回，并要求经办人按照国家统一的会计制度的规定更正、补充。

原始凭证的审核要求如图 3.20 所示。

图 3.20　原始凭证的审核要求

3.3.2　原始凭证审核的具体内容

1. 对形式的审核

对形势的审核主要是对原始凭证的填写方法、填写形式等进行技术上的审核。检查原始凭证的填制是否符合要求，项目是否填列齐全，数字是否计算正确，大小金额是否一致，日期是否相符，有无涂改，有关签名是否齐全等。

2. 对内容的审核

对内容的审核主要是对原始凭证反映的经济业务的审核。即根据有关政策、法令、制度、合同、计划等，审核经济业务活动是否合法、合理，是否符合有关规定，开支是否符合节约原则，有无弄虚作假、违法乱纪等行为；审核经济业务活动的内容是否符合规定的审批权限和手续，主管人员是否审批同意等。

原始凭证的审核是一项十分重要的工作，会计人员必须坚持原则，对内容不完整、手续不齐全、书写不清楚、计算不准确的原始凭证，应退回有关部门和人员及时补办或更正；对违反国家财经政策和制度的不合法的原始凭证，会计人员应拒绝受理，并及时报告管理部门予以处理。

3.3.3 原始凭证的错误更正

为了规范原始凭证的内容，明确相关人员的经济责任，防止利用原始凭证进行舞弊，《会计法》对原始凭证错误更改做了明确规定。

1）内容更改的原始凭证即为无效凭证，不能作为填制记账凭证或登记会计账簿的依据。

2）原始凭证记载的内容有错误的，应当由开具单位重开或更正，更正工作必须由原始凭证出具单位进行，并在更正处加盖出具单位印章；重新开具原始凭证当然也应当由原始凭证开具单位进行。

3）原始凭证金额出现错误的不得更正，只能由原始凭证开具单位重新开具。因为原始凭证上的金额，是反映经济业务事项情况的最重要数据，如果允许随意更改，容易产生舞弊，不利于保证原始凭证的质量。

4）原始凭证开具单位应当依法开具准确无误的原始凭证，对于填制有误的原始凭证，负有更正和重新开具的法律义务。

任务与处理

1）2013 年 12 月 3 日，红都服装有限公司到石家庄金都灯具厂购买照明灯泡 10 箱，每箱 60 元，以现金付款，填写发票如图 3.21 所示。

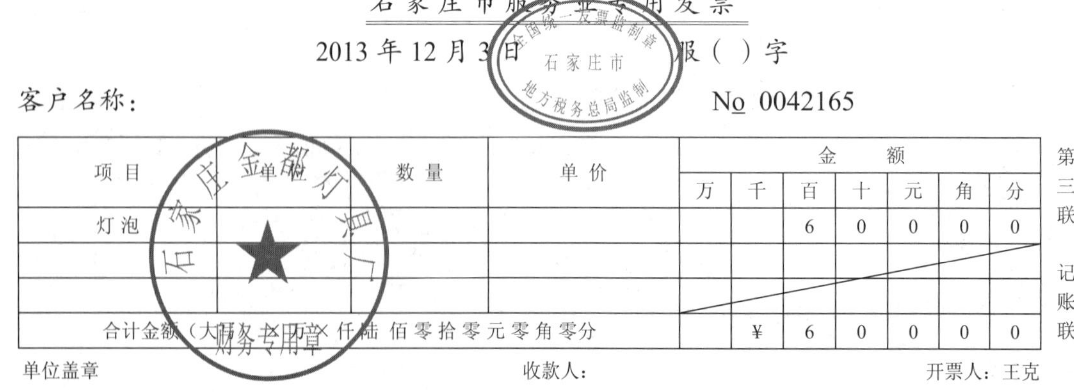

石家庄市服务业专用发票

2013 年 12 月 3 日　　服（ ）字

客户名称：　　No 0042165

项目	单位	数量	单价	金额						
				万	千	百	十	元	角	分
灯泡						6	0	0	0	0
合计金额（大写）× 万 × 仟 陆 佰 零 拾 零 元 零 角 零 分					¥	6	0	0	0	0

第三联　记账联

单位盖章　　收款人：　　开票人：王克

图 3.21　石家庄市服务业专用发票

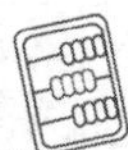

小林审核时发现以下问题：①无客户名称；②无数量、单价。

2）2013 年 7 月 12 日，石家庄市会计培训中心收到红都服装有限公司 3 名会计人员的培训费 1 500 元。开具收据，收款人王成，如图 3.22 所示。

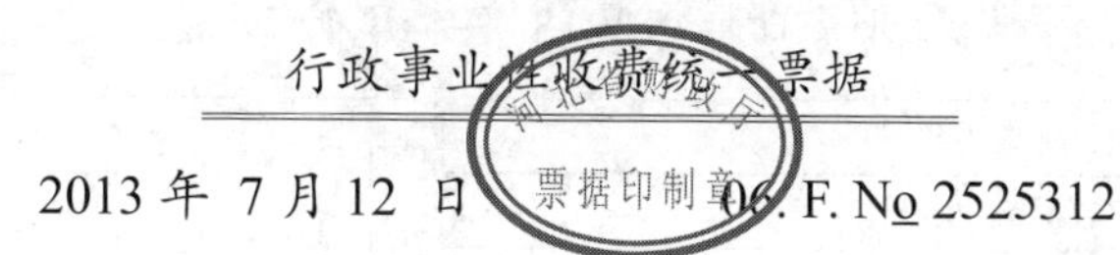

行政事业性收费统一票据

2013 年 7 月 12 日　　06. F. No 2525312

交款单位或交款人	红都服装有限公司			收款方式	支票
收费项目名称	收费标准	数 量	金 额	备 注	
培训费	500	3 人	1 500		
合 计			¥1 500		
	人民币（大写） ×佰×拾×万壹仟伍佰零拾零角零分				

第二联 报销联

石家庄市会计培训中心 业务专用章 2013年3月12日

收款单位（盖章）　　单位负责人（盖章）：　　经手人：

图 3.22　行政事业性收费统一票据

小林审核时发现以下问题：①无经手人；②章盖错，应为财务专用章。

3）黄海市新华有限公司为增值税一般纳税人，信息如表 3.3 所示。

表 3.3　新华有限公司资料

开户银行：中国工商银行黄海市真纬路分理处		账号：904244362
地址：黄海市环湖路 24 号	税务登记号：293578753	电话：9783753
其客户惠曼设备集团公司也为一般纳税人		
地址：天津市解放南路 306 号	开户行：中国工商银行天津市分行承东支行	
账号：430002183456	纳税人识别号：431018998878	

2013 年 6 月 1 日，新华有限公司向惠曼设备集团公司销售 B 产品 600 件，单价 100 元，销售价款 60 000 元，增值税税额为 10 200 元，产品已发出，填制增值税专用发票，如图 3.23 所示。

小林审核时发现以下问题：①销货单位纳税人识别号、开户行及账号写错；②价格写成含税价导致税金计算错误，导致合计填写错误。

总之，原始凭证的审核工作是一项严肃细致的重要工作，会计人员必须熟悉国家有关法规和制度以及本单位的有关规定，从而保证会计监督的有效性，避免违法违规的经济业务。

任务巩固

目的：练习原始凭证的审核。

内容：借款单（见图 3.24）和转账支票（见图 3.25）。

河北省增值税专用发票

1300085111　　　　　　发票联　　　　　　No033551100

开票日期：2013年6月1日

<table>
<tr><td rowspan="4">购货单位</td><td colspan="3">名　　称：天津惠曼设备集团公司</td><td rowspan="4" colspan="2">密码区</td><td rowspan="4" colspan="18"></td></tr>
<tr><td colspan="3">地 址、电 话：天津市解放南路306号</td></tr>
<tr><td colspan="3">纳税人识别号：431018998878</td></tr>
<tr><td colspan="3">开户行及账号：工商银行天津市承东支行　430002183456</td></tr>
<tr><td rowspan="2" colspan="2">货物或应税劳务名称</td><td rowspan="2">计量单位</td><td rowspan="2">数量</td><td rowspan="2">单价</td><td colspan="9">金额</td><td rowspan="2">税率%</td><td colspan="9">金额</td></tr>
<tr><td>百</td><td>十</td><td>万</td><td>千</td><td>百</td><td>十</td><td>元</td><td>角</td><td>分</td><td>百</td><td>十</td><td>万</td><td>千</td><td>百</td><td>十</td><td>元</td><td>角</td><td>分</td></tr>
<tr><td colspan="2">B产品</td><td>件</td><td>600</td><td>100</td><td></td><td></td><td>7</td><td>0</td><td>2</td><td>0</td><td>0</td><td>0</td><td>0</td><td>17</td><td></td><td></td><td>1</td><td>1</td><td>9</td><td>3</td><td>4</td><td>0</td><td>0</td></tr>
<tr><td colspan="2">合　计</td><td></td><td></td><td></td><td></td><td>¥</td><td>7</td><td>0</td><td>2</td><td>0</td><td>0</td><td>0</td><td>0</td><td></td><td></td><td>¥</td><td>1</td><td>1</td><td>9</td><td>3</td><td>4</td><td>0</td><td>0</td></tr>
<tr><td colspan="2">价税合计（大写）</td><td colspan="22">⊗仟⊗佰⊗拾捌万贰仟壹佰叁拾肆元零角零分　　¥82 134.00</td></tr>
<tr><td rowspan="4">销货单位</td><td colspan="3">名　　称：黄海市新华有限公司</td><td rowspan="4"></td><td rowspan="4" colspan="19"></td></tr>
<tr><td colspan="3">地 址、电 话：黄海市环湖路24号</td></tr>
<tr><td colspan="3">纳税人识别号：431018998878</td></tr>
<tr><td colspan="3">开户行及账号：430002183456</td></tr>
</table>

第二联　购货方记账凭证

收款人：　　　　复核：　　　　开票人：王力　　　　销货单位（章）：

（印章：全国统一发票监制章 国家税务总局监制；黄海市新华有限公司 783762345678965 发票专用章）

图3.23　增值税专用发票

借款单

2014年1月8日

<table>
<tr><td>单位</td><td colspan="2">销售科</td><td>姓名</td><td>李杨</td><td>财务部经理</td><td>陶明</td><td>审批</td><td>冯龙</td></tr>
<tr><td rowspan="3">项目</td><td>预付差旅费</td><td>出差事由</td><td></td><td></td><td>出差地点</td><td></td><td>部门经理</td><td></td></tr>
<tr><td rowspan="2">其他借款</td><td>借款事由</td><td colspan="6"></td></tr>
<tr><td>对方单位</td><td></td><td></td><td>账号开户行</td><td></td><td>付款方式</td><td></td></tr>
<tr><td colspan="9">人民币：（大写）壹仟伍佰元整　　　　¥1 500.00</td></tr>
</table>

图3.24　借款单

中国工商银行　转账支票 冀　　IX II 01232150

出票日期（大写）　贰零壹肆 年 零壹 月 零拾捌 日　　付款行名称：工行北京分行

收款人：北京寰宇科贸股份有限公司　　出票人账号：10023568468

本支票付款期限十天

人民币（大写）	亿	千	百	十	万	千	百	十	元	角	分
伍万捌仟伍佰元整				¥	5	8	5	0	0	0	0

用途________　　科目（借）________支付密码

上列款项请从　　对方科目（贷）________

我账户内支付　　转账日期　年　月　日

出票人签章　　出纳　复核　记账

图 3.25　转账支票

要求：对上述经济业务的原始凭证进行审核，指出存在的问题。

任务提升

一、单项选择题

1. 不符合原始凭证基本要求的是（　　）。

A. 从个人取得的原始凭证，必须有填制人员的签名盖章

B. 原始凭证不得涂改、刮擦、挖补

C. 上级批准的经济合同，应作为原始凭证

D. 大写和小写金额必须相等

2. 下列表示方法正确的是（　　）。

A. ¥501.00　　B. ¥ 81.00

C. 人民币伍拾陆元捌角伍分整　　D. 人民币　柒拾陆元整

3. 在审核原始凭证时，对于内容不完整、填制有错误或手续不完备的原始凭证，应该（　　）。

A. 拒绝办理，并向本单位负责人报告

B. 予以抵制，对经办人员进行批评

C. 由会计人员重新填制或予以更正

D. 予以退回，要求更正、补充，或者重新填制

二、多项选择题

1. 原始凭证审核的内容包括（　　）。

A. 经济业务内容是否真实　　B. 会计科目使用是否正确

C. 应借应贷方向是否正确　　D. 经济业务是否有违法乱纪行为

2. 对原始凭证发生的错误，正确的更正方法是（　　）。

A. 由出具单位重开或更正

B. 由本单位的会计人员代为更正

C. 金额发生错误的，可由出具单位在原始凭证上更正
D. 金额发生错误的，应当由出具单位重开

3. 原始凭证从形式上的审核主要包括（　　）。

A. 内容的完整性　　B. 计算的准确性
C. 手续的完备性　　D. 文字的清晰

三、判断题

1. 对不真实、不合法的原始凭证，会计人员有权不予接受，对记载不准确、不完整的原始凭证，会计人员有权要求其重填。（　　）

2. 由于自制原始凭证的名称、用途不同，其内容、格式也不相同，因而不需要对其真实性、合法性、完整性进行审核。（　　）

3. 只要是真实的原始凭证，就可以作为收付财物和记账的依据。（　　）

4. 对于真实、合法、合理但内容不够完善、填写有错误的原始凭证，会计机构和会计人员不予以接受。（　　）

课外阅读

会计专业与好素养——分类存档

存档是指把已经处理完毕的公文或稿件资料等存入档案，以备查考。

对于个人而言，衣着打扮要清爽利落，每天以一个精神饱满的工作面貌出现在工作场所，不仅对他人是一种尊重，也是对自己一种信心的体现。但作为一个职业会计，仅仅注重个人的形象不远远不够，还要尤其注重与自己工作有关的干净整洁。

很多会计人员由于经常有很多原始凭证需要处理，桌面上堆满了凭证、报表、办公文具、纸张等，看起来一片混乱，更别提隐蔽角落了。等他真正要找份资料的时候，就东翻西翻，都不知道放在何处。

所以，一个利索的会计人员，会将个人存档资料分门别类，在文件夹上贴上相应档案标签以便于查找外，对于大量 Word、Excel 文档也分别设立文件夹，如公司文件、规章制度、财务文档、报表数据、涉税资料等，加以保存并定期整理。

会计档案内容直接反映财政经济状况，对会计档案进行存档保管，有着十分重要的作用。会计档案可以作为经济决策者的参考依据，可以当作经济事项凭证，作为史料具有一定研究价值。正确对会计档案进行分类的意义，在于正确地认识会计档案，进而科学地整理、保管和开发利用会计档案。

结合学生的日常学习，把学习笔记、作业练习、会计字、凭证账簿、考试卷等按照来源、时间、内容和形式特征的异同点进行有层次的区分，并组成一定的归类，这对未来的会计工作会有很大帮助。

快快动手吧，等到毕业时你会有一份属于自己的、第一无二的完整“档案”。

单元 4

会计凭证——记账凭证

知识与技能目标

➢ 熟悉记账凭证的内容；

➢ 掌握记账凭证的填制；

➢ 掌握记账凭证的审核。

过程与方法

通过观看、讲解、尝试动手填制记账凭证。运用前面学习的借贷记账法，总结填制记账凭证的要领。

情感态度与价值观

填制记账凭证是会计的基本功。在这个过程中，一方面科目运用要正确，数字计算要准确，手续要清楚完备。另一方面要养成耐心细致、踏实认真的工作习惯，为成为职业会计人奠定基础。

任务 4.1　认识记账凭证

任务与要求

任务：老会计给小林拿来 3 种颜色的记账凭证，让他根据不同的经济业务选择不同的记账凭证。

要求：

1）说明记账凭证与原始凭证的区别。

2）牢记选择凭证的要领。

知识讲解

4.1.1　记账凭证的概念

记账凭证又称记账凭单，是会计人员根据审核无误的原始凭证或汇总原始凭证，按照经济业务事项的内容加以归类，并据以确定会计分录后所填制的会计凭证，它是登记会计账簿的直接依据。由于在记账凭证中具体指明了应借、应贷的会计科目和金额，为此，记账凭证也叫做分录凭证。记账凭证可以根据每一张原始凭证编制，也可以根据同类原始凭证汇总编制或根据原始凭证汇总表编制。

原始凭证和记账凭证都称为会计凭证，但就其性质来讲，却截然不同。原始凭证记录的是经济信息，是编制记账凭证的依据，是会计核算的基础；而记账凭证记录的是会计信息，是会计核算的起点。

原始凭证反映了经济业务的内容，是登记账簿的原始依据，但大多数情况下，不能作为登账的直接依据，因为单位的各种经济业务错综复杂，原始凭证的种类繁多，格式不一，大小各异，直接根据原始凭证登记账簿难免会发生差错。这就需要一种书面载体，将原始凭证所记录的经济业务用借贷记账法整理分类，再据以记账，这种书面载体就是记账凭证。在记账凭证的摘要栏说明经济业务的内容、确定应借应贷的账户名称和金额，并将原始凭证作为附件，然后根据记账凭证登记账簿。通过这个过程可以减少记账错误，便于核对和查账，保障会计工作的质量。

4.1.2 记账凭证的种类

记账凭证可以分别按经济业务的内容、填制方法的不同进行分类，如图 4.1 所示。

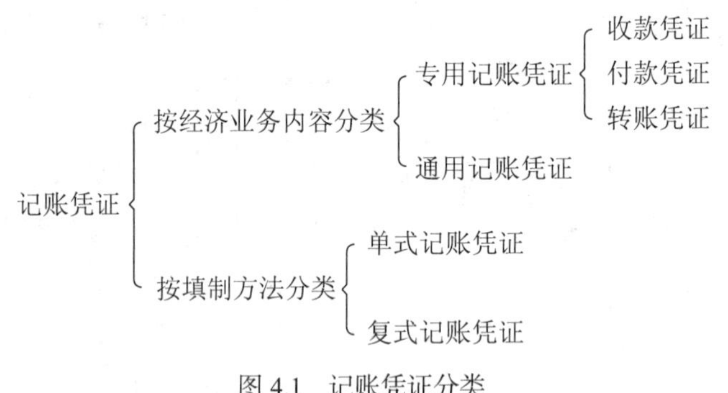

图 4.1 记账凭证分类

1. 按内容分类

记账凭证按内容，可以分为专用记账凭证和通用记账凭证。

（1）专用记账凭证

专用记账凭证又分为收款凭证、付款凭证、转账凭证。

1）收款凭证是指用于记录库存现金和银行存款的收款业务的会计凭证。它是出纳人员根据库存现金和银行存款收入业务的原始凭证编制的专用凭证，作为登记现金和银行存款等有关账簿的依据，如图 4.2 所示。

收　款　凭　证

借方科目：　　　　　　　　　　年　　月　　日　　　　　字第　　号

摘　要	贷方总账科目	明细科目	√	金额									
				千	百	十	万	千	百	十	元	角	分
合　计													

附单据　　张

财务主管　　　　记账　　　　出纳　　　　审核　　　　制单

图 4.2　收款凭证

2）付款凭证是指用于记录库存现金和银行存款的付款业务的会计凭证。它是出纳人员根据库存现金和银行存款付出业务的原始凭证编制的专用凭证，作为登记现金和银行存款等有关账簿的依据，如图 4.3 所示。

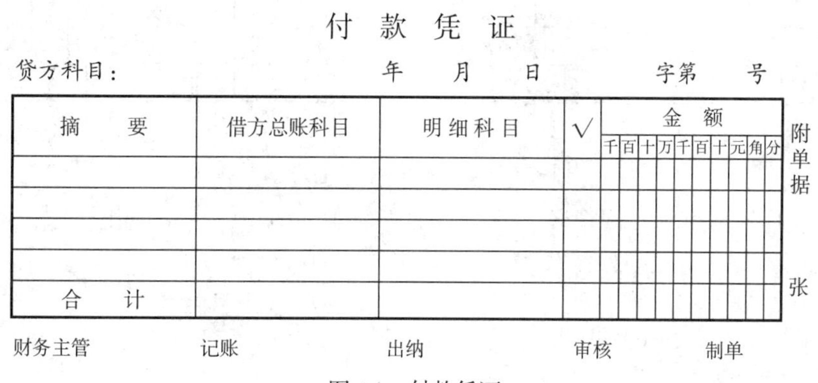

付　款　凭　证

贷方科目：　　　　　　　　　　年　　月　　日　　　　　字第　　号

摘　要	借方总账科目	明细科目	√	金额									
				千	百	十	万	千	百	十	元	角	分
合　计													

附单据　　张

财务主管　　　　记账　　　　出纳　　　　审核　　　　制单

图 4.3　付款凭证

3）转账凭证是指用于记录不涉及库存现金和银行存款业务的会计凭证。在经济业务中，凡是不涉及库存现金和银行存款收付的业务，称为转账业务，如计提固定资产折旧、期末结转成本等。会计人员根据转账业务的原始凭证编制的专用凭证，即转账凭证，如图 4.4 所示。

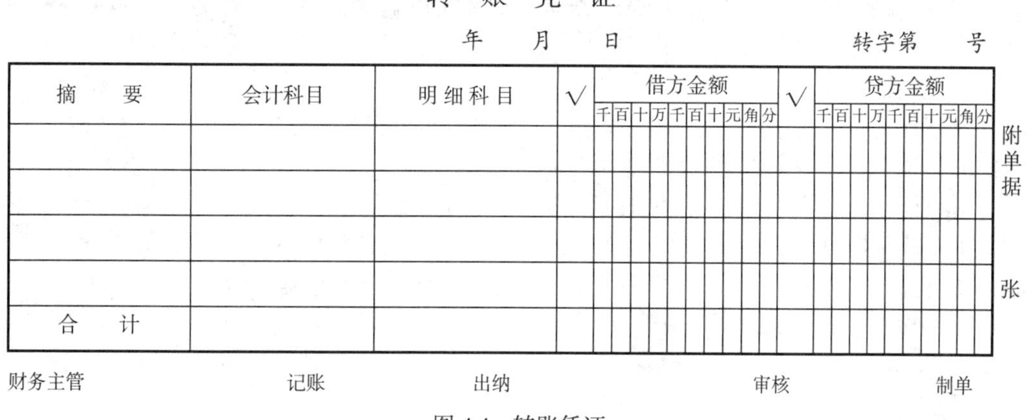

转　账　凭　证

年　　月　　日　　　　　　　　转字第　　号

摘　要	会计科目	明细科目	√	借方金额										√	贷方金额									
				千	百	十	万	千	百	十	元	角	分		千	百	十	万	千	百	十	元	角	分
合　计																								

附单据　　张

财务主管　　　　记账　　　　出纳　　　　审核　　　　制单

图 4.4　转账凭证

将记账凭证划分为收款凭证、付款凭证和转账凭证 3 种，便于按经济业务对会计人员进行分工,也便于提供分类核算数据,为记账工作带来方便,但工作量较大,适用于规模较大、收付款业务较多的单位。

（2）通用记账凭证

通用记账凭证是指对全部业务不再区分收款、付款和转账业务，而将所有经济业务统一编号，在统一格式的凭证中进行记录。通用记账凭证格式与专用记账凭证中的转账凭证相同，如图 4.5 所示。

记 账 凭 证

年 月 日　　　　字第　　号

摘　要	会计科目	明细科目	√	借方金额										√	贷方金额									
				千	百	十	万	千	百	十	元	角	分		千	百	十	万	千	百	十	元	角	分
合　计																								

附单据　　张

财务主管　　记账　　出纳　　审核　　制单

图 4.5　通用记账凭证

对于经济业务较简单、规模较小、收付业务较少的单位，为了简化核算，可以采用通用记账凭证来记录所以经济业务。

2. 按填制方式分类

记账凭证按填制方式可以分为复式记账凭证和单式记账凭证。

（1）复式记账凭证

复式记账凭证，是指将每一项经济业务所涉及的全部会计科目及其发生额均填制在同一张记账凭证中的记账凭证。它是实际工作中应用最普遍的记账凭证，如收款凭证、付款凭证和转账凭证，以及通用记账凭证均为复式凭证。

复式记账凭证全面反映了记账凭证经济业务的账户对应关系，能够降低编制凭证的工作量，减少记账凭证的张数，有利于检查会计分录的正确性，缺点是在使用中不便于传递、汇总，不便于会计岗位的分工记账。

（2）单式记账凭证

单式记账凭证，是指每一张记账凭证只填制经济业务事项所涉及的一个会计科目及其发生额的记账凭证。某项经济业务涉及几个会计科目就编制几张记账凭证。填列借方科目的称为借项记账凭证，填列贷方科目的称为贷项记账凭证。

采用单式记账凭证，内容单一，便于汇总计算每一会计科目的发生额，便于分工记账，但制证工作量大，且不能在一张凭证上反映经济业务的全貌，内容分散，也不便于查账，因此现实生活中一般都用复式记账凭证。

4.1.3　记账凭证的基本内容

尽管记账凭证的种类比较多，格式各异，但按《会计基础工作规范》的规定，记账凭证必须具备下列基本内容。

1）记账凭证的名称。

2）记账凭证的日期。

3）记账凭证的编号。

4）经济业务摘要。

5）经济业务事项所涉及的会计科目及记账方向。

6）经济业务的金额。

7）记账标记。

8）所附原始凭证张数。

9）填制凭证人员、稽核人员、记账人员、会计机构负责人、会计主管人员签名或者盖章。收款和付款记账凭证还应当由出纳人员签名或者盖章。

任务与处理

1）小林通过学习，找到了记账凭证与原始凭证的区别联系，完成任务如下：

记账凭证和原始凭证同属于会计凭证，两者的区别主要在以下几个方面：

①填制人员不同，即原始凭证大多数是由经办人员填制的，记账凭证则一律是由会计人员填制；②依据不同，即原始凭证是根据已发生或者完成的经济业务事项填制的，记账凭证是根据审核后的原始凭证填制的；③填制方式不同，即原始凭证只是记录，证明经济业务已经发生或完成，记账凭证则要依据会计科目对已经发生的或完成的经济业务进行分类；④作用不同，即原始凭证是填制记账凭证的依据，记账凭证则是登记会计账簿的依据。

原始凭证和记账凭证之间也存在着密切的联系。原始凭证是记账凭证的基础，记账凭证是对原始凭证的初步整理，使其系统化和规范化。原始凭证和记账凭证都是登记账簿的依据。它们之间的关系如图4.6所示。

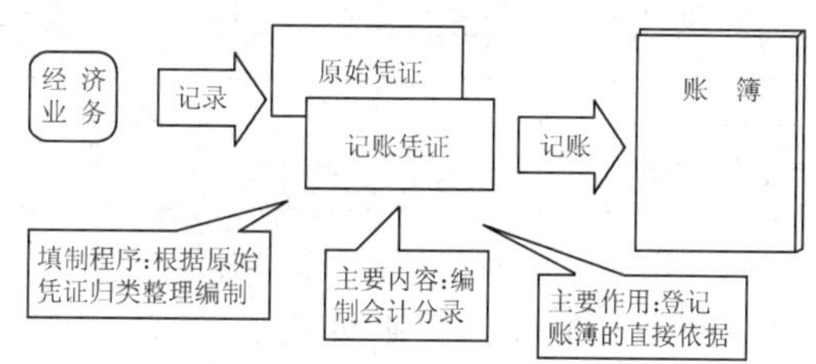

图4.6 原始凭证与记账凭证的关系

2）选择记账凭证的要领如下：

①收款凭证是指用以记录库存现金或银行存款收款业务的记账凭证，分为库存现金收款和银行存款收款凭证；②付款凭证是指用以记录库存现金或银行存款付款业务的记账凭证，分为现金付款凭证和银行存款付款凭证；③转账凭证是指用以记录不涉及库存现金和银行存款业务的会计凭证。对于经济业务较简单、规模较小、收付业务较少的单位，为简化核算，还可采用通用记账凭证来记录所有经济业务。

任务巩固

训练一

复述如图4.7所示记账凭证的种类和基本内容。

记 账 凭 证

201× 年 5 月 1 日　　　　字第 01 号

摘要	会计科目	明细科目	√	借方金额										√	贷方金额									
				千	百	十	万	千	百	十	元	角	分		千	百	十	万	千	百	十	元	角	分
材料验收入库	原材料	甲材料	√					8	0	4	0	0	0											
		乙材料	√					6	0	6	0	0	0											
	物资采购	甲材料												√					8	0	4	0	0	0
		乙材料												√					6	0	6	0	0	0
合　计							¥	1	4	1	0	0	0					¥	1	4	1	0	0	0

附单据 1 张

财务主管：张号　　记账：陈林　　出纳：　　审核：周红　　制单：高翔

图 4.7　记账凭证

训练二

资料：红都服装有限公司汪明到广州参加商品交易会，原出差借款 3 000 元，余款退回，填制差旅费报销单如图 4.8 所示。

差旅费报销单

单位名称：红都服装有限公司　　出差起止日期由 2014 年 3 月 7 日至 2014 年 3 月 11 日

出差人姓名	汪明	出差地点	广州	出差天数	5	事由 营销会议			
车船及住宿费	种　类	票据张数	金　额	出差补助费	出差地点	天数	标准	金　额	报销结算情况
									原出差借款 3 000 元，报销 2 210 元
	火车费	2	760		广州	5	30	150	补发　元退还 790 元
	长途汽车费		180						说　明
	市内电汽车费	6	20						
	住宿费	1	1 000						负责人 王佳
	其 他		100						支领人 汪明
	小 计	9	2 060						2014 年 3 月 11 日
合计金额	大写 贰仟贰佰壹拾零元零角零分　小写 :¥2 210.00								

图 4.8　差旅费报销单

要求：说明这张原始凭证需要填制哪种记账凭证？

任务提升

一、单项选择题

1. 关于专用记账凭证的说法中错误的是（　　）。

A. 专用记账凭证可以分为收款凭证、付款凭证和转账凭证

B. 若该凭证已登记账簿，应在“记账”栏内标记如“√”，以防止经济业务重记或漏记

C. 借贷记账法下，收款凭证的设证科目是借方科目

D. 付款凭证在凭证内反映的是贷方科目，应填列与“库存现金”或“银行存款”相对应的科目

2. 下列业务中应该编制收款凭证的是（　　）。
A. 购买原材料用银行存款支付　　B. 收到销售商品的款项
C. 购买固定资产，款项尚未支付　　D. 销售商品，收到商业汇票 1 张
3. 可以不附原始凭证的记账凭证是（　　）。
A. 更正错误的记账凭证　　B. 从银行提取现金的记账凭证
C. 以现金发放工资的记账凭证　　D. 职工临时性借款的记账凭证
4. 现金收款凭证的填制日期应当是（　　）。
A. 原始凭证注明的日期　　B. 编制收款凭证的日期
C. 收取现金的日期　　D. 登记现金总账的日期
5. 关于原始凭证和记账凭证，下列说法正确的是（　　）。
A. 记账凭证是记录和证明经济业务发生或完成情况的文字凭据
B. 原始凭证不可以作为登记账簿的依据
C. 原始凭证是编制记账凭证的依据
D. 记账凭证是编制原始凭证的依据

二、多项选择题

1. 记账凭证按照填列方式不同，可以分为（　　）。
A. 专用记账凭证　B. 通用记账凭证　C. 复式记账凭证　D. 单式记账凭证
2. 下列人员中应在记账凭证上签章的有（　　）。
A. 单位负责人　B. 会计主管　C. 记账人员　D. 制单人员
3. 收款凭证的借方科目可能有（　　）。
A. 应收账款　B. 库存现金　C. 银行存款　D. 应付账款
4. 下列经济业务中，应填制付款凭证的有（　　）。
A. 提现金备用　　B. 购买材料预付订金
C. 购买材料未付款　　D. 以银行存款支付前欠单位货款
5. 下列说法正确的是（　　）。
A. 记账凭证上的日期指的是经济业务发生的日期
B. 对于涉及“库存现金”和“银行存款”之间的经济业务，一般只编制收款凭证
C. 出纳人员不能直接依据有关收、付款业务的原始凭证办理收、付款业务
D. 出纳人员必须根据经会计主管或其指定人员审核无误的收、付款凭证办理收、付款业务

三、判断题

1. 所有的记账凭证都必须附有原始凭证，否则，不能作为记账的依据。（　　）
2. 记账凭证填制经济业务事项后，如有空行，应当自“金额”栏最后一笔金额数字下的空行处至合计数上的空行处划线注销。（　　）
3. 记账凭证所附原始凭证的张数计算，一般以原始凭证的自然张数为准。（　　）
4. 填制记账凭证时若发生错误，应当进行更正，不得重新填制。（　　）

任务 4.2　填制与审核记账凭证

任务与要求

任务：老会计拿来差旅费报销单（见图 4.8），要求小林填制记账凭证。

要求：掌握填制记账凭证的要领

知识讲解

4.2.1　填制记账凭证的基本要求

1. 会计科目的填写

会计人员必须根据经济业务的内容，采取会计制度规定的会计科目，正确编制会计分录，会计科目不能任意用科目的编号或简称来代替。为了便于登记日记账和明细账，还应填写明细科目。

2. 日期的填写

记账凭证是在哪一天编制的，就写上哪一天。记账凭证的填制日期与原始凭证的填制日期可能相同，也可能不同。记账凭证应及时填制，但一般会稍晚于原始凭证的填制。

3. 记账凭证的编号

填制记账凭证时，应当对记账凭证进行连续编号。以分清会计业务处理的先后顺序，便于装订保管记账凭证和登记会计账簿，同时确保凭证记录完整无缺。记账凭证的编号以月份为基础，根据记账凭证的数量，采用适当的方法按经济业务发生的先后顺序连续编号。

一笔经济业务需要填制两张以上记账凭证的，可以采用分数编号法编号。例如一项转账业务，凭证的顺序号为第 8 号，需要填制 2 张记账凭证，这两张记账凭证的编号应为转字 $8\frac{1}{2}$和转字$8\frac{2}{2}$。

4. 记账凭证的“摘要”栏

“摘要”栏是对经济业务的简要说明，摘要应与原始凭证内容一致，能正确反映经济业务的主要内容，表达简短精练。具体要求如下。

1）现金、银行存款的收付款项要写明收付对象、来源渠道及用途。

2）财产物资的收付事项要写明物资名称和收付单位等。

3）往来款项应写明对方单位及款项内容。

4）预提、待摊事项要写明摊销期限及内容。

5）待处理财产损益要写明对象的内容、发生的时间或原因。

5. 凭证右侧“附件”的填写

附件指所附原始凭证，原始凭证是编制记账凭证的依据，缺少它，就无从审核记账凭证的正确与否。

记账凭证所附的原始凭证必须完整无缺，并在记账凭证上注明所附原始凭证的自然张数，与记账凭证中的经济业务事项记录有关的每一张证据都应当作为原始凭证的附件。

记账凭证可以根据每一张原始凭证填制，或者根据若干张同类原始凭证汇总填制，也可以根据原始凭证汇总表填制，但不得将不同内容和类别的原始凭证汇总填制在一张记账凭证上。

如果记账凭证中附有原始凭证汇总表，则应该把所附原始凭证和原始凭证汇总表的张数一起计入附件的张数内，但报销差旅费时，可以将汽车票、火车票等外形较小，较零散的票券粘贴在一张纸上，作为一张原始凭证，在粘贴单上应注明所粘贴原始凭证的张数和金额。

除结账和更正错误的记账凭证可以不附原始凭证外，其他记账凭证必须附有原始凭证。

如果一张原始凭证涉及几张记账凭证，可以把原始凭证附在一张主要的记账凭证后面，并在其他记账凭证的“摘要”栏上注明附有该原始凭证的记账凭证的编号或者附上该原始凭证复印件。

一张复始凭证所列支出需要几个单位共同负担的，应当将其他单位负担的部分，开给对方原始凭证分割单，进行结算。原始凭证分割单必须具备原始凭证的基本内容。例如凭证名称、填制凭证日期、填制凭证单位名称或者填制人姓名、经办人的签名或者盖章、接受凭证单位名称、经济业务内容、数量、单价、金额和费用分摊情况等。

将原始凭证附在记账凭证后面时要注意美观。对于纸张面积大于记账凭证的原始凭证，可按记账凭证的面积尺寸，折叠在记账凭证后。折叠后，注意应把凭证的左上角或左侧面让出来，以便装订后展开查阅；对于纸张面积过小的原始凭证，可先按分类和次序粘在一张同记账凭证大小相同的白纸上，再在一旁注明张数和合计金额，这样张数就只算一张。原始凭证平时可用回形针或大头针别在记账凭证后面，待装订凭证时，抽去回形针或大头针即可。

6. 金额的填写

填好会计科目后，将发生额对应填入右边的金额栏，前面不加“¥”，但合计栏中的合计数前要加“¥”，以示金额封顶，防止篡改。如果合计栏前无空位，则不加“¥”。金额书写占格空间的1/2，斜体书写，不得连笔。

7. 划线注销

在记账凭证中填制完经济业务事项后，如有空行，用直线或“S”线注销。所划的直线或“S”线应以金额栏最后一笔金额数字下的空行划到合计数行上面的空行。

8. 记账符号

当会计人员根据审核无误的记账凭证登记账簿后，应在“账页”栏打“√”，说明已登账，避免漏登和重登。

9. 记账凭证的改错

如果在填制记账凭证时发生错误，应当重新填制。

已经登记入账的记账凭证，在当年内发现填写错误时，可以用红字填写一张与原内容相同的记账凭证，在“摘要”栏注明“注销某月某日某号凭证”字样，同时再用蓝字重新填制一张正确的记账凭证，注明“订正某月某日某号凭证”字样。

如果会计科目没有错误，只是金额错误，也可以仅用正确数字与错误数字之间的差额，另编一张调整的记账凭证，调增金额用蓝字，调减金额用红字。

发现以前年度记账凭证有错误的，应当用蓝字填制一张更正的记账凭证。

10. 记账凭证的签章

制证、复核、出纳、记账、会计主管等各类人员在完成各自的职责以后均应签章，以明确经济责任，签字或盖章必须清晰、完备。

此外，实行会计电算化的单位，对于机制记账凭证要认真审核，做到会计科目使用正确，数字准确无误。打印出的机制记账凭证也要加盖制单人员、审核人员、记账人员及会计机构负责人、会计主管人员印章或者签名。

4.2.2 记账凭证的填制方法

1. 专用记账凭证的填制

企业经济业务可分为收款业务、付款业务和转账业务，相对应的记账凭证为收款凭证、付款凭证和转账凭证。

（1）收款凭证的填制方法

原始凭证见图 4.9 和图 4.10。

支票 EG 1465263
号码 02

中国工商银行 转账支票（ ）

出票日期：（大写）贰零壹叁年零壹拾月零贰拾日 付款行名称：中行中东支行

收款人：北京市红都服装有限公司 出票人账号：123456789

人民币（大写）	千	百	十	万	千	百	十	元	角	分
贰拾叁万肆仟元整		¥	2	3	4	0	0	0	0	0

用途：货款

上列款项请从我账户内支付

北京五一中学 财务专用章

清刘
印华

出票人签章 复核 记账

图 4.9 转账支票

中国工商银行进账单（回单或收账通知）

交款日期 2013 年 10 月 20 日

第 71 号

付款人	全称	北京五一中学	收款人	全称	北京市红都服装有限公司
	账号	12356789		账号	20081000830188
	开户银行	中行中东支行		开户银行	中国工商银行前进分理处

人民币（大写）贰拾叁万肆仟元整	千	百	十	万	千	百	十	元	角	分
		¥	2	3	4	0	0	0	0	0

票据种类	转账支票	
票据张数	1	
单位主管 会计 复核 记账		收款人开户行盖章

收款人的回单或收账通知
此联是收款人开户行交给

图 4.10 进账单

图 4.10 进账单分析：银行盖章的进账单证明将转账支票交存银行后，单位银行存款

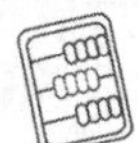

增加，原因是货款，即前欠货款收回。会计分录如下：

借：银行存款　　234 000

　　贷：应收账款——北京五一中学　　234 000

收款凭证的填制见图 4.11。

收　款　凭　证

借方科目：银行存款　　日期：2013 年 10 月 20 日　　收第 28 号

摘　要	贷方科目		金额										记账
	总账科目	明细科目	千	百	十	万	千	百	十	元	角	分	
销售商品	应收账款	五一中学					1	0	0	0	0	0	√
								1	7	0	0	0	
附单据 2 张	合　计					¥	1	1	7	0	0	0	

复核：　　记账：　　出纳：　　制单：

图 4.11　收款凭证

1）借方科目按收款的性质填写“库存现金”或“银行存款”。

2）日期：填写的是编制本凭证的日期，应当填写收款当日的日期；银行存款收款业务的记账凭证，实际收款日期可能和收到该凭证的日期不一致，则应按填制收款凭证的日期填写。

3）凭证编号：填写编制收款凭证的顺序号。

4）摘要：填写所收款的经济业务的简要说明。

5）贷方科目：填写与收入库存现金或银行存款相对应的会计科目。

6）记账：已登记账簿的标记，防止经济业务事项重记或漏记。

7）金额：经济业务事项的发生额。

8）附件张数：本记账凭证所附原始凭证的张数。

9）签章：有关人员签章，以明确经济责任。

（2）付款凭证的填制方法

原始凭证见图 4.12。

中国工商银行
现金支票存根
XIV 000000 25
附加信息
出票日期 2013 年 12 月 15 日
收款人：清河毛纺厂
金　额：￥15000.00
用　途：备零用
单位主管 王培军　会计　张鹏

图 4.12　现金支票存根

【分析】现金支票存根作为附件，证明企业库存现金增加，银行存款减少。会计分录如下：

借：库存现金　　15 000

　　贷：银行存款　　15 000

付款凭证的填制见图 4.13。

填制具体说明如下：

1）贷方科目：按付款的性质填写“库存现金”或“银行存款”。

付款凭证

贷方科目：银行存款　　　　日期：2013 年 12 月 20 日　　　　付第 10 号

摘要	借方科目		金额										记账
	总账科目	明细科目	千	百	十	万	千	百	十	元	角	分	
销售商品	主营业务收入	A 产品					1	0	0	0	0	0	√
	应交税费	应交增值税（销项税额）						1	7	0	0	0	√
附单据 2 张	合计					¥	1	1	7	0	0	0	

复核：　　记账：　　出纳：　　制单：

图 4.13　付款凭证

2）日期：填写的是编制本凭证的日期，一般以财会部门付出现金或开出银行付款结算凭证的日期填写；银行存款付款业务的记账凭证，实际付款日期可能和收到该凭证的日期不一致，则应按填制付款凭证的日期填写。

3）凭证编号：填写编制付款凭证的顺序号。

4）摘要：填写所付款的经济业务的简要说明。

5）借方科目：填写与付出库存现金或银行存款相对应的会计科目。

6）记账：该凭证已登记账簿的标记，防止经济业务事项重记或漏记。

7）金额：该项经济业务事项的发生额。

8）附件张数：本记账凭证所附原始凭证的张数。

9）签章：有关人员签章，以明确经济责任。

（3）转账凭证的填制方法

原始凭证见图 4.14。

北京市增值税专用发票

发票联

开票日期：　　2013 年 12 月 20 日

购货单位	名　　称：北京五一中学 纳税人识别号：244190000547757 地 址、电 话：北京市复兴路 99 号 开户行及账号：建设银行复兴支行　4400177780805			密码区	（略）		
货物或应税劳务名称	规格型号	单位	数量	单价	金额	税率	税额
运动装		件	1 000	200	200 000.00	17%	34 000.00
合　计					200 000.00		34 000.00
价税合计（大写）	贰拾叁万肆仟元整　　（小写）¥ 234 000.00						
销货单位	名　　称：北京市红都服装有限公司 纳税人识别号：1101086403086666 地址、电话：北京市海淀区增光路 35 号 开户行及账号：中国建设银行西四支行 0071239994567						

第一联　记账联　销货方记账凭证

（印章：北京市红都服装公司　发票专用章）

收款人：　　复核：　　开票人：　　销货单位（章）：

图 4.14　增值税专用发票

【分析】增值税专用发票证明北京红都服装有限公司销售运动装给五一中学，原始凭证里注明价款和税金，没有支付单据，说明款项未收到。会计分录如下：

借：应收账款——北京五一中学　　234 000

　　贷：主营业务收入　　200 000

　　　　应交税费——应交增值税（销项税额）　　34 000

转账凭证的填制见图 4.15。

转　账　凭　证

日期：2013 年 12 月 20 日　　第 10 号

摘　要	借方科目		借方金额										贷方金额										记账
	总账科目	明细科目	千	百	十	万	千	百	十	元	角	分	千	百	十	万	千	百	十	元	角	分	
赊销产品	应收账款	北京五一中学				2	3	4	0	0	0	0											√
	主营业务收入	A 产品														2	0	0	0	0	0	0	√
	应交税费	应交增值税（销项税额）															3	4	0	0	0	0	√
附单据 1 张	合　计				¥	2	3	4	0	0	0	0			¥	2	3	4	0	0	0	0	

复核：　　记账：　　出纳：　　制单：王林

图 4.15　转账凭证

填制具体说明如下：

1）日期：填写编制本凭证的日期，月末计提、分配费用、成本计算、转账等业务，大多是在下月初进行，但所填日期应当填写当月最后一日的日期。

2）凭证编号：填写编制转账凭证的顺序号。

3）摘要：填写所转账的经济业务的简要说明。

4）会计科目：将经济业务事项中所涉及全部会计科目按照先借后贷的顺序记入“会计科目”栏中的“一级科目”和“明细科目”。

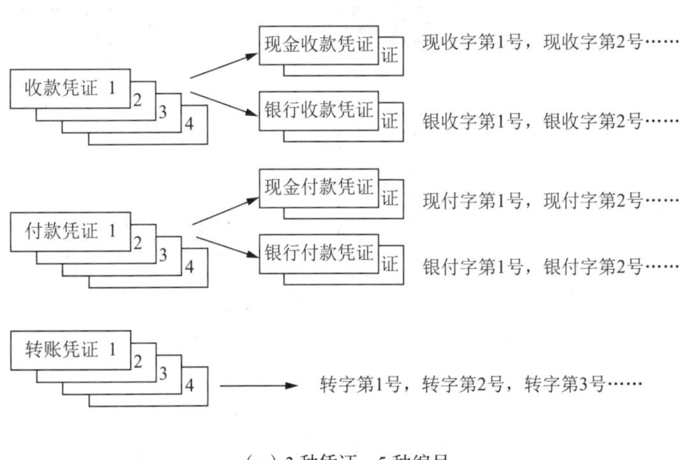

（a）3 种凭证，5 种编号

5）记账：是指该凭证已登记账簿的标记，防止经济业务事项重记或漏记。

6）金额：按应借、应贷方向分别记入“借方金额”或“贷方金额”栏。

7）附件张数：本记账凭证所附原始凭证的张数。

8）签章：有关人员签章，以明确经济责任。

2. 专用记账凭证编号

专用记账凭证有两种编号方法（见图 4.16）。

3. 专用记账凭证的特殊情况

1）涉及现金和银行存款之间相互划转的经济业务企业在采用专用记账凭证时，对于此类业务，为了避免重复记账，通常只编制付款凭证，不编制收款凭证。

例如从银行提取现金和将现金存入银行时，这两种业务均只编制付款凭证。编制会计分录如下：

借：库存现金　　　　　　借：银行存款
　　贷：银行存款　　　　　　贷：库存现金

收款凭证 1 2 3 4　收字第1号，收字第2号，收字第3号……

付款凭证 1 2 3 4　付字第1号，付字第2号，付字第3号……

转账凭证 1 2 3 4　转字第1号，转字第2号，转字第3号……

（b）3 种凭证，3 种编号

图 4.16　凭证编号方法

2）一项经济业务既涉及收付款业务又涉及转账业务。企业在采用专用记账凭证时，对于此类业务，应对收付款业务部分填制一张收款凭证或付款凭证，对转账业务部分填制一张转账凭证。例如购买小轿车一部，一部分款项用银行存款支付，余款暂欠。编制一张付款凭证：

借：固定资产
　　贷：银行存款

同时，编制一张转账凭证：

借：固定资产
　　贷：应付账款

4. 通用记账凭证的填制方法

通用记账凭证的填制方法同转账凭证，其中涉及货币资金收付业务的记账凭证可由出纳员填制，涉及转账业务的记账凭证可由会计人员填制。凭证编号按月按业务发生的时间先后顺序编制（见图 4.17）。

记　账　凭　证

日期：2013 年 12 月 20 日　　　　记第 17 号

摘　　要	借方科目		借方金额										贷方金额										记账
	总账科目	明细科目	千	百	十	万	千	百	十	元	角	分	千	百	十	万	千	百	十	元	角	分	
赊销产品	应收账款	北京五一中学				2	3	4	0	0	0	0											√
	主营业务收入	A 产品														2	0	0	0	0	0	0	√
	应交税费	应交增值税（销项税额）															3	0	0	0	0	0	√
附单据 1 张	合　　计				¥	2	3	4	0	0	0	0			¥	2	3	4	0	0	0	0	

复核：　　　记账：　　　出纳：　　　制单：

图 4.17　通用记账凭证

4.2.3　记账凭证的审核

为了保证会计信息的质量，保证账簿记录的正确性，在记账之前，应由专人对记账凭

证进行严格的审核。记账凭证的审核内容主要包括以下几个方面。

1）内容是否真实。审核记账凭证所记录的经济业务是否符合后附的原始凭证所反映的内容，内容是否真实。

2）项目是否齐全。记账凭证审核人员应检查记账凭证中有关项目的填列是否完备，如日期、凭证编号、摘要、会计科目、金额、所附原始凭证张数及有关人员签章等。

3）科目是否正确。审核记账凭证的应借、应贷科目是否正确，是否有明确的账户对应关系，所使用的会计科目是否符合国家统一的会计制度的规定等。

4）金额是否正确。在记账凭证上列示的金额有总分类科目金额，也有明细分类科目的金额，记账凭证审核人员应根据借贷记账法的基本原理检查填列的金额的正确性。

5）书写是否正确。记账凭证的填写有特定的要求，编制记账凭证必须遵守这些规定，因此，记账凭证审核人员应检查记账凭证的书写是否正确。

在记账凭证审核中如发现错误，应立即查明原因，按规定加以更正。只有审核无误的记账凭证才能作为登记账簿的依据。

任务与处理

小林根据原始单据“差旅费报销单”（见图4.18）做记账凭证。

差旅费报销单

单位名称：红都服装有限公司　　　　出差起止日期由2014年2月6日至2014年2月9日

<table>
<tr><td colspan="2">出差人姓名</td><td>汪明</td><td>出差地点</td><td colspan="2">北京</td><td colspan="2">出差天数</td><td>4</td><td>事由　营销会议</td></tr>
<tr><td rowspan="7">车船及住宿费</td><td>种　类</td><td>票据张数</td><td>金　额</td><td rowspan="7">出差补助费</td><td>出差地点</td><td>天数</td><td>标准</td><td>金　额</td><td>报销结算情况
原出差借款 2 000 元报销 1 400 元</td></tr>
<tr><td>火车费</td><td>2</td><td>360</td><td>北京</td><td>4</td><td>30</td><td>120</td><td>补发　　元退还 600 元</td></tr>
<tr><td>长途汽车费</td><td></td><td>80</td><td></td><td></td><td></td><td></td><td rowspan="6">说　　明

负责人王佳　支领人汪明

2014年 2 月9日</td></tr>
<tr><td>市内电汽车费</td><td>6</td><td>12</td><td></td><td></td><td></td><td></td></tr>
<tr><td>住宿费</td><td>1</td><td>800</td><td></td><td></td><td></td><td></td></tr>
<tr><td>其　他</td><td></td><td>28</td><td></td><td></td><td></td><td></td></tr>
<tr><td>小　计</td><td>9</td><td>1 280</td><td></td><td></td><td></td><td></td></tr>
<tr><td>合计金额</td><td colspan="8">大写　壹仟肆佰零拾零元零角零分　　小写：　¥1 400.00</td></tr>
</table>

图4.18　差旅费报销单

汪明出差前借款2 000元，报销1 400元，需退还600元现金，需要编制两张记账凭证，一张转账凭证，一张收款凭证（见图4.19和图4.20）。

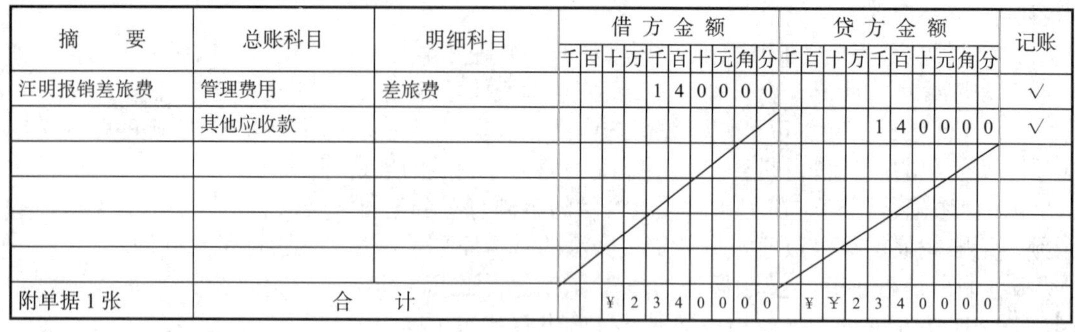

转 账 凭 证

日期：2014 年 2 月 10 日　　　　　　第 10 号

摘　　要	总账科目	明细科目	借方金额										贷方金额										记账
			千	百	十	万	千	百	十	元	角	分	千	百	十	万	千	百	十	元	角	分	
汪明报销差旅费	管理费用	差旅费					1	4	0	0	0	0											√
	其他应收款																1	4	0	0	0	0	√
附单据 1 张	合　　计				¥	2	3	4	0	0	0	0		¥	¥	2	3	4	0	0	0	0	

复核：　　　　记账：　　　　出纳：　　　　制单：王林

图 4.19　转账凭证

收 款 凭 证

借方科目：库存现金　　　　日期：2014 年 2 月 10 日　　　　收第 28 号

摘　　要	贷方科目		金　额										记账
	总账科目	明细科目	千	百	十	万	千	百	十	元	角	分	
汪明退还多余现金	其他收账款	汪明						6	0	0	0	0	√
附单据 1 张	合　　计						¥	6	0	0	0	0	

复核：　　　　记账：　　　　出纳：　　　　制单：王林

图 4.20　收款凭证

任务巩固

训练一

目的：熟悉记账凭证的填制要求。

资料：图 4.21 为某公司出纳人员就公司的一笔业务所做的相关记账凭证。

付款凭证

贷方科目：银行存款　　　　2013 年 9 月 10 日　　　　付字第　号

摘 要	借方科目		记账	金额	附件张
	一级科目	二级和明细科目			
	应付账款	M 公司		8 000 000	
	应付账款			500 000	
	合　　计			830 000	

会计主管：　　　　记账：　　　　出纳：　　　　复核：王红　　　　填制：赵娟

图 4.21　付款凭证

要求：指出记账凭证中存在错误（假定原始凭证审核无误）。

训练二

目的：熟悉记账凭证的填制。

资料：甲公司 2014 年 1 月对账时发现下列错误：

1）8 日，开出转账支票，缴纳上月应交所得税 4 000 元。记账凭证如下：

借：利润分配——应交所得税　　4 000

　　贷：银行存款　　4 000

2）10 日，销售商品 20 000 元，收到转账支票存入银行。记账凭证如下：

借：银行存款　　29 250

　　贷：其他业务收入　　29 250

3）15 日，支付办公费 5 000 元。记账凭证如下：

借：销售费用　　5 000

　　贷：银行存款　　5 000

4）22 日，以银行存款归还短期借款本金 10 000 元及已计提的利息 300 元。记账凭证如下：

借：短期借款　　10 300

　　贷：银行存款　　10 300

5）23 日，开出转账支票 3 500 元，偿还上月未付红星工厂的材料款。记账凭证如下：

借：预付账款——红星工厂　　3 500

　　贷：其他货币资金　　3 500

要求：编制正确的记账凭证。

任务提升

一、单项选择题

1. 关于记账凭证审核的表述不正确的是（　　）。
   A. 如果在填制记账凭证时发生错误，应当重新填制
   B. 发现以前年度记账凭证有错误的，应当用红字填制一张更正的记账凭证
   C. 必须审核会计科目是否正确
   D. 必须审核记账凭证项目是否齐全
2. 下列业务中应该编制收款凭证的是（　　）。
   A. 购买原材料用银行存款支付　　B. 收到销售商品的款项
   C. 购买固定资产，款项尚未支付　　D. 销售商品，收到商业汇票一张
3. “把现金 500 元存入银行”。这项业务应编制的记账凭证是（　　）。
   A. 收款凭证　B. 付款凭证　C. 转账凭证　D. 原始凭证
4. 下列凭证中，不能作为编制记账凭证依据的是（　　）。
   A. 收货单　B. 发票　C. 发货单　D. 购销合同

二、多项选择题

1. 有关会计凭证的表述正确的有（　　）。
   A. 会计凭证是记录经济业务的书面证明

B. 会计凭证可以明确经济责任
C. 会计凭证是编制报表的依据
D. 会计凭证是登记账簿的依据

2. 下列说法正确的是（　　）。
A. 记账凭证上的日期指的是经济业务发生的日期
B. 对于涉及“库存现金”和“银行存款”之间的经济业务，一般只编制收款凭证
C. 出纳人员不能直接依据有关收、付款业务的原始凭证办理收、付款业务
D. 出纳人员必须根据经会计主管或其指定人员审核无误的收、付款凭证办理收、付款业务

3. 收款凭证的借方科目可能有（　　）。
A. 应收账款　B. 库存现金　C. 银行存款　D. 应付账款

4. 关于记账凭证的说法正确的是（　　）。
A. 收款凭证是指用于记录现金和银行存款收款业务的会计凭证
B. 收款凭证分为现金收款凭证和银行存款收款凭证两种
C. 从银行提取库存现金的业务应该编制现金收款凭证
D. 从银行提取库存现金的业务应该编制银行存款付款凭证

三、判断题

1. 所有的会计凭证都是登记账簿的直接依据。（　　）
2. 原始凭证和记账凭证都是具有法律效力的证明文件。（　　）
3. 记账凭证填制经济业务事项后，如有空行，应当自金额栏最后一笔金额数字下的空行处至合计数上的空行处划线注销。（　　）
4. 记账凭证所附原始凭证的张数计算，一般以原始凭证的自然张数为准。（　　）

课外阅读

会计专业好素养——随手记下重要事项

俗话说，好记性不如烂笔头。唐代诗人李贺搜集灵感，总是将平时想到的诗句记录下来，最终组织成完整且精彩的诗章。会计工作需要面对的是烦冗、复杂、枯燥的数据，如果不能记下关键数据，就会有遗忘或记错的时候。

不是每个人都具有过目不忘的本领。会计在工作过程中，面对会议内容、上级工作安排、当日工作完成情况乃至待处理的文字材料时，都应养成好的习惯，用笔记形式记录下来，并且每日日毕都进行检查。要记好笔记，随身携带纸、笔是基本要求。一旦看到了重要的事物，听到了重要的信息，就要迅速打开笔记本记下来。如此，既能记载自己每日的工作情况，防止遗漏，又能时常翻阅，温故而知新。

据说，那些有着经济头脑的犹太商人，很喜欢在用过的烟盒纸背面做随手记录，然后回头整理成记事簿。从事财务经济工作的人员，应该向这些优秀的商人学习，养成随手进行记录的好习惯。

记录的过程就是一个资料积累的过程，随手记下的内容，都可以进行整理，成为以后

工作中制表或做账的参考依据。记录内容也有助于防止自己无意识地遗忘，日后回顾当时的内容也有系统、切实的书面依据。

用笔进行记忆，有助于集中注意力。在听、说、读的过程中，大脑思维紧张运转，再用手协同合作进行记录，不仅完成了双重的记忆工作，而且将分散的注意力集中到眼下所记录的内容中。同时，记录的过程也是一个思考并理解的过程，有的时候单凭大脑进行思考处理很容易出差错，甚至耽误工作，必要的书面记录则可以有效地避免疏漏。

勤做笔记的人不容易忘事，工作漏洞少，会计工作本来就是一项信息管理工作，这样做可以主动地支配工作。

从现在开始准备一个记录本，随时记录突然出现的灵感、每天必须做的事及完成的情况，等毕业的时候，你就又多了一项非常好的习惯。

单元5

记账凭证——核算主要经济业务

知识与技能目标

➢ 清楚工业企业主要经济业务流程；

➢ 熟记工业企业主要经济业务的会计核算；

➢ 学会借贷记账法在主要经济业务中的运用。

过程与方法

通过现场观看、讲解、讨论、操作等方式熟悉工业企业的业务流程，掌握在核算过程中涉及的账户，并熟练运用借贷记账法对这些经济业务进行会计核算。

情感、态度与价值观

体验运用借贷记账法对经济业务进行初步处理，迈出会计核算的第一步，学会会计工作的方式。

企业的经营活动过程，也是企业资金循环周转和价值的增值过程。工业企业的生产经营活动从投入资源开始，经过建造厂房、购置机器设备和购买各种材料物资的生产准备过程，到使用生产设备、消耗材料物资、支付人工费用及其他间接生产费用的生产过程，最后生产出可供销售的产品，并经过产品销售过程和款项结算，收回货币资金，实现增值。

工业企业的经营过程是以生产过程为中心，依次经过资金筹集过程、生产供应过程、产品生产过程、产品销售过程、利润的形成和分配等业务。

资金的筹集过程是为产品的生产准备条件，是资金的投入，是企业经营的第一步。任何企业要从事生产经营活动，首先需要有一定数量的资金。在这个阶段，资金形式从货币资金转为储备资金。企业筹集的资金主要来源于投资者的投入和企业债权人提供的资金，企业筹集资金的来源主要有吸收投资、发行股票，以及向银行借款、发行债券等。企业投资者投入的资本是实际投入企业的各种经济资源，如货币资金、存货、固定资产、专利权、商标权等。从企业的角度讲，从债权人处筹集的资金，即企业的负债，主要包括银行借款、应付债券等。

生产供应过程是为生产产品准备条件，为了保证生产的正常进行，进行产品生产的前提条件是要有充分的生产资料，即企业首先要有一定的生产设备和劳动对象，包括生产设备、

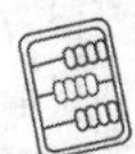

厂房建筑物和材料物资等。在这个阶段，资金形式从储备资金转为生产资金。

产品生产过程是产品制造企业经营过程的关键环节，是生产资料和劳动力结合，生产出符合社会需要的产品的过程。在这个阶段，资金形式从生产资金转为成品资金。在生产过程中，企业将原材料等劳动对象投入生产，经过工人的加工，制造出适合市场需要的产品。因此，生产过程企业核算的主要内容是反映和监督原材料、人工费用等直接生产费用的发生和分配，归集和分配间接制造费用，确定完工产品成本。

产品销售过程是将生产出来的产品对外销售，在这个阶段，资金形式从成品资金变成货币资金的过程。核算内容主要包括销售收入的确认、销售成本的结转、销售费用的支付及款项的结算等。

利润的形成过程是在产品销售以后，确定一定期间的最终财务成果。核算主要内容包括营业收入、营业成本、期间费用、利得和损失的结转，营业外收支的确认，所得税费用的计算，利润的形成。

利润的分配过程是对最终的财务成果进行分配，确定哪些分配投资者，哪些留在企业。核算主要内容包括本年利润结转利润分配、计提盈余公积金、分配投资者利润、将利润分配其他明细账余额结转未分配利润等。

从上述企业的生产经营活动中，企业用筹集的资金投入生产，随着企业生产经营活动的进行，资金的占用形态不断发生变化，周而复始，形成资金的循环和周转，表现为企业的资金运动。为了全面核算和控制企业的资金运动，企业必须根据管理的要求，设置账户，运用借贷记账法，对经济业务进行处理，以满足信息使用者对会计信息的需求。

任务 5.1　核算资金筹集业务

任务与要求

任务：红都服装有限公司发生有关资金筹集的业务：收到长丰实业公司的投资 1 000 000 元，向投资者发放现金分红 200 000 元，向银行借入 5 年期借款 200 000 元等交易，老会计带小林学习记账凭证的编制。

要求：核算公司资金筹集的业务。

知识讲解

企业为了进行正常的生产经营活动，必须拥有一定数量的经营资金，作为从事市场经营活动的物质基础。企业的资金来源主要有两条渠道：一是投资者的投入；二是从金融机构或其他单位借入的资金。投资者投入资金一般不需归还，但需支付股利或利润，借入资金则需还本付息。因此，企业在筹资过程中发生的主要经济业务包括企业接受投资者以固定资产、无形资产、银行存款等各种形式的资产进行投资并支付股利或利润，以及从金融机构借款并还本付息等业务。

5.1.1　投资者投入资金的核算

实收资本是指投资者按照企业章程或合同、协议的约定，实际投入企业的资本，是所有者权益的重要组成部分。所有者向企业投入的资本，在一般情况下无须偿还，可以长期周转使用。

实收资本或股本按其投资主体的不同，分为国家资本、法人资本、个人资本及外商资本；按照投入资本的形态不同，分为货币投资、材料投资、证券投资、固定资产投资、无形资产投资等。

1. 设置账户

（1）“银行存款”账户

“银行存款”账户属资产类账户，核算企业存入银行和其他金融机构的各种款项。企业收到款项存入银行时，按实际存入银行的款项借记“银行存款”账户；提取和支出存款时，按实际提取和支出数额贷记“银行存款”账户；期末借方余额表示存放在银行和其他金融机构的各种款项。

（2）“实收资本”账户

“实收资本”账户属所有者权益类账户，核算非股份制企业实收资本的增减变动情况及其结果。实际收到投资人投入资本时，贷记“实收资本”账户；投资人收回投资时，借记“实收资本”账户；期末贷方余额表示投资者投资的实有数额。

该账户应按投资者设置明细账，进行明细分类核算。

知识窗

股份制企业核算投资者投入资本的增减变动和结果，用“股本”账户，也是所有者权益类账户，其结构与内容同“实收资本”账户。

（3）“应付利润”账户

“应付利润”账户属负债类账户，核算非股份制企业经批准宣告分配的利润。贷方登记根据分配方案应付给投资者的利润；借方登记实际支付的利润。期末贷方余额反映尚未支付的利润。

该账户应按分配对象设置明细账，进行明细分类核算。

2. 投入资金的核算

（1）收到投资者投入货币资金

股份制企业核算经董事会、股东大会或类似机构决议并经批准分配的现金股利用“应付股利”账户，其结构与内容同“应付利润”账户。账务处理如下：

借：银行存款

　　贷：实收资本（或股本）

（2）收到投资者投入的非货币资金

企业接受非货币资产投资时，按投资合同或协议约定价值确定非现金资产价值，但投资合同或协议约定价值不公允的除外。账务处理如下：

借：固定资产、无形资产

　　贷：实收资本（或股本）

（3）向投资者分红

账务处理如下：

借：应付利润（或应付股利）

　　贷：银行存款

5.1.2　银行借款的核算

企业在生产经营活动过程中，为了弥补生产经营周转资金的不足，经常需要向银行或其他金融机构等债权人借入资金，从而形成企业的负债。企业借入的款项应该按期还本并付息。

1. 设置账户

（1）“短期借款”账户

“短期借款”账户属负债类账户，核算向银行或其他金融机构借入的期限在 1 年以下（含 1 年）的各项借款。企业借入短期借款时，贷记“短期借款”账户；归还短期借款时，借记“短期借款”账户；期末贷方余额反映企业尚未偿还的短期借款的本金。

（2）“长期借款”账户

“长期借款”账户属负债类账户，核算向银行或其他金融机构借入的期限在 1 年以上（不含 1 年）的各项借款。企业借入长期借款时，贷记“长期借款”账户；归还长期借款时，借记“长期借款”账户；期末贷方余额反映企业尚未偿还的长期借款。

（3）“财务费用”账户

“财务费用”账户属损益类账户，核算企业为筹集生产经营所需资金等而发生的各种筹资费用，包括利息支出（减利息收入）、佣金、汇兑损益（减汇兑损失）及相关的手续费、企业发生的现金折扣。借方登记应计入当期损益的利息费用，贷方登记转出数额。期末结转后，该账户一般无余额。

该账户应按费用类别设置明细账，进行明细分类核算。

（4）“应付利息”账户

“应付利息”账户属负债类账户，核算计算出来的应付未付银行的借款利息。贷方登记预提利息数，借方登记实际支付数。

2. 银行借款的核算

1）向银行借入 1 年期以上的借款，账务处理如下：

借：银行存款

　　贷：长期借款

2）向银行借入 1 年期以内的借款，账务处理如下：

借：银行存款

　　贷：短期借款

3）计提每月应付银行借款短期利息，账务处理如下：

借：财务费用

　　贷：应付利息

4）偿还长（短）期借款，账务处理如下：

借：长期借款（或短期借款）

　　贷：银行存款

任务与处理

小林跟着老会计学习相关理论知识后，对红都服装有限公司的投资、借款业务做以下处理。

【业务 5.1】红都服装有限公司收到长丰实业公司的投资 1 000 000 元，款项存入银行。试编制会计分录。

【分析】这项经济业务的发生，一方面使企业的银行存款增加，另一方面使企业的实收资本也在增加。银行存款增加是资产的增加，应借记“银行存款”账户，红都服装有限公司收到的投资款属于企业所有者权益的增加，应贷记“实收资本”账户。编制会计分录如下：

借：银行存款　　1 000 000

　　贷：实收资本——长丰实业　　1 000 000

附件：银行进账单回单、出资证明

【业务 5.2】红都服装有限公司收到华发有限公司作为资本投入的新设备一台，双方协议价 500 000 元，与公允价值相等。试编制会计分录。

【分析】企业收到实物形式投资，应按合同或协议约定的价值确定实收资本。这项经济业务的发生，一方面使企业的固定资产增加，另一方面使企业的实收资本也在增加。固定资产增加是资产的增加，应借记“固定资产”账户，红都服装有限公司收到的投资款属于企业所有者权益的增加，应贷记“实收资本”账户。编制会计分录如下：

借：固定资产　　500 000

　　贷：实收资本——华发有限公司　　500 000

附件：固定资产验收单、出资证明

【业务 5.3】红都服装有限公司以银行存款向投资者发放现金分红，计 200 000 元。试编制会计分录。

【分析】这项业务的发生，一方面使银行存款减少，另一方面使应付利润减少。银行存款减少，应贷记“银行存款”账户；应付利润减少，应借记“应付利润”账户。编制会计分录如下：

借：应付利润　　200 000

　　贷：银行存款　　200 000

附件：银行存款付款通知联

【业务 5.4】红都服装有限公司向银行借入 5 年期借款 200 000 元，借入款项存入银行。试编制会计分录。

【分析】这项经济业务的发生，一方面使企业的银行存款增加，另一方面使企业的负债长期借款增加。银行存款增加，应借记“银行存款”账户；长期借款增加，应贷记“长期借款”账户。编制会计分录如下：

借：银行存款　　200 000

　　贷：长期借款　　200 000

附件：银行借款收账通知联

【业务 5.5】红都服装有限公司向银行借入款项 50 000 元，期限为 6 个月，借入款项存入银行。试编制会计分录。

【分析】这项经济业务的发生，一方面使企业的银行存款增加，另一方面使企业的负债短期借款增加。银行存款增加，应借记“银行存款”账户；短期借款增加，应贷记“短期借款”

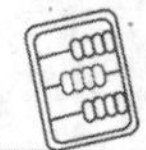

账户。编制会计分录如下：

借：银行存款 200 000

贷：短期借款 200 000

附件：银行借款收账通知联

【业务 5.6】红都服装有限公司预提本月银行短期借款利息 10 000 元。试编制会计分录。

【分析】这项经济业务的发生，一方面使企业的财务费用增加，另一方面使企业的负债应付利息增加。财务费用增加，应借记“财务费用”账户；应付利息增加，应贷记“应付利息”账户。编制会计分录如下：

借：财务费用 10 000

贷：应付利息 10 000

附件：银行利息计算单

【业务 5.7】红都服装有限公司以银行存款归还 3 年期借款 500 000 元。试编制会计分录。

【分析】这项经济业务的发生，一方面使银行存款减少，另一方面，使长期借款减少。银行存款减少，应贷记“银行存款”账户；长期借款减少，应借记“长期借款”账户。编制会计分录如下：

借：长期借款 500 000

贷：银行存款 500 000

附件：支票存根

【业务 5.8】红都服装有限公司以银行存款归还 6 个月的短期借款 100 000 元。试编制会计分录。

【分析】这项经济业务的发生，一方面使银行存款减少，另一方面使短期借款减少。银行存款减少，应贷记“银行存款”账户；短期借款减少，应借记“短期借款”账户。编制会计分录如下：

借：短期借款 100 000

贷：银行存款 100 000

附件：支票存根

任务巩固

训练一

目的：掌握记账凭证和原始凭证的对应关系。

资料：本节任务处理业务 5.1 ～业务 5.8。

要求：填制记账凭证，并说明附件原始凭证证明的对象。

训练二

目的：理解资金筹集业务账户之间的相互关系。

资料：资金筹集业务账户关系如图 5.1 所示。

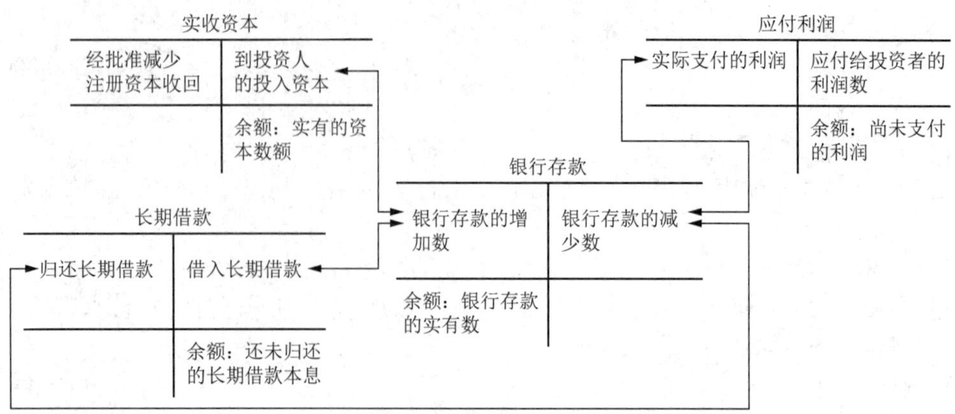

图 5.1　资金筹集业务账户关系

要求：根据资金筹集业务账户关系结构图，说出各账户间的对应关系

训练三

目的：掌握筹集资金过程中经济业务的核算。

资料：

1）2014 年 1 月 2 日，春兰公司收到王者发展公司的欠款 750 000 元，款项存入银行；

2）2014 年 1 月 3 日，春兰公司宣布向投资者发放上年度分红 120 000 元；

3）2014 年 1 月 10 日，春兰公司向银行借入款项 200 000 元（期限为 3 年，年利率为 10%，到期还本付息），借入款项存入银行；

4）2014 年 1 月 11 日，春兰公司接受南海公司的投资，收到作为投资的固定资产一台，双方的确认价为 95 000 元；

5）2014 年 1 月 12 日，春兰公司向银行借入流动资金借款 100 000 元（期限为 6 个月，年利率为 6%，到期还本付息），借入款项存入银行；

6）2014 年 1 月 20 日，春兰公司以银行存款向投资者发放上年度分红，计 120 000 元；

7）2014 年 1 月 31 日，春兰公司预提本期短期借款利息 500 元；

8）2014 年 1 月 31 日，以银行存款到期的长期借款，共 352 000 元。

要求：

1）编制记账凭证，写出业务发生时应取得的原始凭证；

2）用“T”形账户画出资金筹集过程的账户对应关系图。

任务提升

一、单项选择题

1. 长期借款是企业向银行或其他金融机构借入的偿还期在（　　）的资金。

A. 12 个月　　　　B. 6 个月

C. 1 年以上（不包括 1 年）　　　　D. 10 个月

2. 下列关于“实收资本”账户的说法不正确的有（　　）。

A. 实收资本属于所有者权益类账户

B. 该账户的贷方登记投资者对企业投资的增加额

C. 期末借方余额表示投资者对企业投资的实有数
D. 该账户应该按照投资者设明细

3. 下列业务中会导致实收资本增加的有（　　）。
A. 资本公积转增资本　　B. 分配现金股利
C. 计提盈余公积　　D. 企业按照法定程序减少注册资本

4. 企业预提短期借款利息应记入（　　）账户。
A. “应付股利”　　B. “财务费用”
C. “应付利息”　　D. “短期借款”

5. 股份有限公司发行股票筹集到的资金应该计入（　　）。
A. 实收资本　　B. 股本　　C. 盈余公积　　D. 未分配利润

二、多项选择题

1. 企业资金来源主要有（　　）。
A. 投资者投入　　B. 从其他单位借入
C. 接受捐赠　　D. 从金融机构借入的资金

2. 可以作为投资人出资的形式有（　　）。
A. 实物资产　　B. 无形资产　　C. 货币资金　　D. 原材料

3. 资本金按投资主体不同分为（　　）。
A. 国家投入资本　　B. 法人投入资本
C. 个人投入资本额　　D. 外商投入资本

4. 下列可以引起资产和所有者权益同时增加的有（　　）。
A. 收到投资款存入银行　　B. 将资本公积转增资本
C. 收到捐赠设备一台　　D. 取得短期借款存入银行

三、判断题

1. 企业的实收资本应当与注册资本相一致，企业不得擅自改变注册资本的数额或抽逃资金。（　　）

2. 企业收到的所有者投资都应该按实际投资数额入账，以货币资金投资的，应该按实际收到的款项作为投资者的投资入账，以实物形式投资的，按原来的账面成本作为实际投资额入账。（　　）

3. 短期借款的账面价值包含所计提的利息 。（　　）

4. 企业向银行借款，存入银行，这项业务引起资产增加，负债增加。（　　）

5. 实收资本到期也要归还。（　　）

任务 5.2　核算供应业务

任务与要求

任务：红都服装有限公司发生有关供应业务的核算：采购原材料、购买固定资产业务，其中涉及增值税的处理。老会计带小林学习这些业务记账凭证的编制。

要求：核算公司采购供应阶段的业务。

知识讲解

工业企业在筹集好资金以后，为了进行产品生产，还需要建造厂房、购置机器设备和进行材料采购，为生产产品做好物资准备，因此，生产准备业务的核算包括固定资产购建业务和材料采购业务的核算。

5.2.1 增值税的有关知识

1. 增值税

增值税，顾名思义是指对从事销售货物或者提供加工、修理修配劳务，以及进口货物的单位和个人取得的“增值额”为计税依据征收的一种税。凡在我国境内销售货物或提供加工、修理、修配劳务，以及进口货物的单位和个人，都是增值税的纳税人。

按照经营规模的大小和会计核算健全与否等标准，增值税纳税人可分为一般纳税人和小规模纳税人。不同类型的增值税纳税人在计算和核算增值税时，采用的方式不同，本书仅从一般纳税人角度讲解会计核算，所涉及的企业均为一般纳税人。

目前，一般纳税人增值税税率有基本税率 17%、低税率 13%。本书增值税税率一般指的是基本税率。

（1）增值税应纳税额

一般纳税人在计算增值税应纳税额的时候，应当先分别计算其当期销项税额和进项税额，然后以销项税额抵扣进项税额之后的余额为实际应纳税额。

增值税应纳税额的计算公式为

$$增值税应纳税额 = 当期销项税额 - 当期进项税额$$

（2）销项税额

纳税人销售货物或者应税劳务，按照销售额和规定的税率计算并向购买方收取的增值税额，为销项税额。销项税额的计算公式为

$$销项税额 = 销售额 \times 税率$$

（3）进项税额

纳税人购进货物或者接受应税劳务支付或者负担的增值税额，为进项税额。

下列进项税额准予从销项税额中抵扣：

1）从销售方取得的增值税专用发票上注明的增值税额。

2）从海关取得的海关进口增值税专用缴款书上注明的增值税额。

3）购进农产品，按照农产品收购发票或者销售发票上注明的农产品买价和 13% 的扣除率计算的进项税额。其计算公式为

$$进项税额 = 买价 \times 13\%$$

4）购进或者销售货物及在生产经营过程中支付运输费用的，按照运输费用结算单据上注明的运输费用金额和 7% 的扣除率计算的进项税额。其计算公式为

$$进项税额 = 运输费用金额 \times 扣除率$$

2. 账户设置

（1）“应交税费”总分类账户

“应交税费”账户属负债类账户，核算企业应计算交纳的各种税金，如增值税、消费税、营业税、所得税、资源税、教育费附加等。不需要预先计算应交数的税金，如印花税、耕

地占用税等不在本科目核算。该账户的贷方登记企业计算出的应交的各种税金；借方登记企业实际交纳的各种税金；期末贷方余额为未交的税金，借方余额为多交的税金。

该账户应按不同的税种设置明细账，进行明细分类核算。

（2）“应交税费——应交增值税”明细分类账户

“应交税费——应交增值税”账户属负债类账户，是“应交税费”的明细科目，核算企业应交和实缴增值税的情况。购买货物支付的增值税进项税额记入账户的借方。销售产品时向购买方收取的销项税额记入账户的贷方。期末将销项税和进项税相抵后，如为贷方余额，则表示应交未交的增值税；如为借方余额，则表示多交或尚未抵扣的增值税。

一般纳税人在“应交税费——应交增值税”账户下再设“进项税额”、“销项税额”、“已交税金”、“进项税额转出”等专栏进行核算。本书只介绍进项税额、销项税额的核算。

3.“应交税费——应交增值税”账户的核算

1）采购原材料时：

借：原材料（或在途物资）

　　应交税费——应交增值税（进项税额）

　　贷：银行存款、应付账款、应付票据等

2）销售产品时：

借：银行存款（或应收账款、应收票据等）

　　贷：主营业务收入（或其他业务收入）

　　　　应交税费——应交增值税（销项税额）

3）交纳当期增值税：

借：应交税费——应交增值税（已交税金）

　　贷：银行存款

5.2.2　固定资产

固定资产指为生产产品，提供劳务、出租或经营管理而持有的，使用年限超过一年，单位价值较高的资产，具体包括房屋、建筑物、机器、机械、运输工具。以及其他与生产、经营有关的设备、器具、工具等。工业企业要生产产品，必须具有一定的固定资产。

固定资产应按取得时的实际成本（即原始价值）入账。

外购不需安装的固定资产，应按实际支付的购买价款、相关税费及使用固定资产达到可使用状态前所发生的归属于该项资产的运输费、装卸费等作为固定资产的成本。

购入需要安装的固定资产，应在固定资产取得成本的基础上加上安装调试费等，要先通过“在建工程”账户核算，待达到可使用状态时，再转入“固定资产”账户。

1.账户设置

（1）“固定资产”账户

“固定资产”账户属资产类账户，核算企业固定资产的原价。该账户的借方登记增加的固定资产的原价；贷方登记减少的固定资产的原价；借方余额表示期末结存的固定资产的原价。

该账户应按固定资产类别、使用部门设置明细账，进行明细分类核算。

（2）“在建工程”账户

“在建工程”账户属于资产类账户，核算企业进行各项固定资产的新建、更新改造及机器设备的安装等工程所发生的实际支出。该账户的借方登记各项工程的实际支出；贷方登记完工工程转出的实际成本；余额在借方，表示期末尚未完工工程的实际成本。

该账户可按照在建工程项目进行明细核算。

2. 固定资产的核算

1）外购不需安装的固定资产：

借：固定资产

　　应交税费——应交增值税（进项税额）

　　贷：银行存款、应付账款等

2）购入需安装的固定资产：

① 在建工程发生支出时：

借：在建工程

　　应交税费——应交增值税（进项税额）

　　贷：银行存款、应付账款

② 完工后验收合格交付使用时：

借：固定资产

　　贷：在建工程

5.2.3 采购材料

材料是生产过程中必不可少的物质要素，工业企业要进行正常的生产经营活动，就必须购买和储备一定数量的材料物资，以保证生产的顺利进行。

企业在采购材料的过程中，既要通过支付货款从供应单位购进各种材料物资，同时要支付购进过程中发生的各种采购费用，因此，材料成本包括材料的买价和各种采购费用。材料的买价是指购入材料时发票上注明的货款，但不包括按规定可以抵扣的增值税进项税额。采购费用包括运杂费和相关税费。运杂费指购进材料时发生的运输费、装卸费、包装费、保险费、运输途中的仓储费、合理损耗等，以及购进材料验收入库前的整理挑选费用。相关税费指企业购进材料时发生的进口关税、消费税等。

原材料的日常核算可以采用实际成本核算，也可以采用计划成本核算。此处，只讲解实际成本核算。

1. 账户设置

（1）“在途物资”账户

“在途物资”账户属资产类账户，核算企业已支付货款但尚未运抵验收入库的材料或商品的实际成本。该账户借方登记外购物资的实际采购成本，贷方登记已验收入库物资的采购成本，借方余额表示已经购买但尚未入库的在途物资的实际采购成本。

该账户应按材料的类别、规格、品种等分别设置明细账户，进行明细分类核算。

（2）“原材料”账户

“原材料”账户属资产类账户，核算企业库存材料的收、发、存情况。在实际成本法下，材料验收入库时，按入库材料的实际成本借记“原材料”账户；领用和发出材料按发出材料的实际成本贷记“原材料”账户。其借方余额表示库存材料的实际成本。

该账户应按材料的类别、规格、品种等分别设置明细账，进行明细分类核算。

（3）“应付账款”账户

“应付账款”账户属负债类账户，核算企业因购买材料、商品和接受劳务供应等而应付给供应单位的款项。应付供应单位款项时，按实际应付款项，贷记“应付账款”账户；归还供应单位款项时，按实际归还的款项，借记“应付账款”账户；其贷方余额表示实际应付给供应单位的款项，如果有借方余额，其余额表示预付款项。

该账户应按供应单位设置明细账，进行明细分类核算。

（4）“应付票据”账户

“应付票据”账户属负债类账户，核算企业购买材料、商品和接受劳务供应等开出承兑的商业汇票，包括银行承兑汇票和商业承兑汇票。企业开出商业汇票时，贷记“应付票据”账户；应付票据到期，借记“应付票据”科目；期末贷方余额反映企业尚未到期的商业汇票的票面金额。

（5）“预付账款”账户

“预付账款”账户属资产类账户，核算企业因购买材料、商品和接受劳务供应等按照合同规定向供应单位预付的款项。预付供应单位款项时，借记“预付账款”账户；收到供应单位提供的材料、商品和劳务供应等，按实际应付的款项，贷记“预付账款”账户。期末，余额一般在借方，表示尚未结算的预付款的余额。如果有贷方余额，表示尚未付给给供应单位的款项。对于预付款不多的企业,也可不设“预付账款”账户,而将预付款业务并入“应付账款”核算。该账户应按供应单位设置明细账，进行明细分类核算。

2. 材料采购的核算

1）采购材料，收到发票，材料验收入库：

借：原材料料

　　应交税费——应交增值税（进项税额）

　　贷：应付账款（或银行存款等）

2）采购材料，收到发票，货物尚在运输途中：

借：在途物资

　　应交税费——应交增值税（进项税额）

　　贷：应付账款（或银行存款等）

3）预付款的核算：

① 预付款项：

借：预付账款

　　贷：银行存款

② 收到发票，结算货款：

借：原材料或在途物资

　　应交税费——应交增值税（进项税额）

　　贷：预付账款

③ 补付货款：

借：预付账款

　　贷：银行存款

退回多余货款，则分录方向相反。

任务与处理

小林跟着老会计学习后，对红都服装有限公司的采购供应阶段的业务作以下处理。

【业务 5.9】红都服装有限公司购入不需安装的生产用设备一台，收到增值税专用发票上注明货款 30 000 元，增值税税额 51 00 元，均以银行存款支付。试编制会计分录。

【分析】这项经济业务的发生，使企业的固定资产增加，应交增值税的进项税额增加，银行存款减少。固定资产增加，应借记"固定资产"账户；支付的增值税。应借记"应交税费——应交增值税（进项税额）"账户；银行存款减少，应贷记"银行存款"账户。编制会计分录如下：

借：固定资产　　30 000
　　应交税费——应交增值税（进项税额）　　5 100
　　贷：银行存款　　35 100

附件：固定资产设备入库单、支票存根、增值税专用发票

【业务 5.10】红都服装有限公司购入需安装的生产用设备一台，收到增值税专用发票上注明货款 50 000 元，增值税税额 8 500 元，以支票支付。安装过程中，耗用原材料 2 300 元，以现金支付临时聘用安装人员工资 500 元。试编制会计分录。

1）将购入的固定资产交付安装。

【分析】这项经济业务的发生，使企业的在建工程增加，应交增值税的进项税额增加，银行存款减少。固定资产增加，应借记"在建工程"账户；支付的增值税，应借记"应交税费——应交增值税（进项税额）"账户；银行存款减少，应贷记"银行存款"账户。编制会计分录如下：

借：在建工程　　50 000
　　应交税费——应交增值税（进项税额）　　8 500
　　贷：银行存款　　58 500

附件：支票存根、增值税专用发票

2）安装过程耗用材料和安装费。

【分析】这项经济业务的发生，使企业的在建工程成本增加，原材料减少，库存现金减少。在建工程成本增加，应借记"在建工程"账户；领用原材料，应贷记"原材料"账户；支付的现金，应贷记"库存现金"账户。编制会计分录如下：

借：在建工程　　2800
　　贷：原材料　　2300
　　库存现金　　500

附件：现金支付凭证、原材料领用单

3）安装完毕，交付使用。

【分析】这项经济业务的发生，使企业的固定资产增加，在建工程减少。固定资产增加，应借记"固定资产"账户；在建工程减少，应贷记"在建工程"账户。编制会计分录如下：

借：固定资产　　52 800
　　贷：在建工程　　52 800

附件：固定资产验收入库单

【业务 5.11】红都服装有限公司从北方公司购入甲材料一批，增值税专用发票上注明商品货款为 80 000 元，增值税税额为 13 600 元。材料尚未验收入库，款项已用银行存款支付。试编制会计分录。

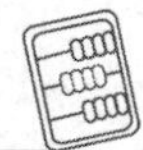

【分析】这项经济业务的发生，一方面使企业的在途物资增加，增值税的进项税额增加；另一方面也使企业的银行存款减少。在途材料的增加，应借记“在途物资”账户；支付的增值税。应借记“应交税费——应交增值税（进项税额）”账户；银行存款减少，应贷记“银行存款”账户。编制会计分录如下：

借：在途物资——甲材料　80 000

　　应交税费——应交增值税（进项税额）　13 600

　　贷：银行存款　93 600

附件：增值税专用发票联、支票存根

【业务 5.12】红都服装有限公司从北方公司购入的甲材料已运到并验收入库，甲材料的实际采购成本为 80 000 元。试编制会计分录。

【分析】这项经济业务的发生，一方面使在途物资减少，另一方面使库存材料增加。在途物资减少，应贷记“在途物资”账户；库存材料增加，应借记“原材料”账户。编制会计分录如下：

借：原材料——甲材料　80 000

　　贷：在途物资——甲材料　80 000

附件：材料入库单

【业务 5.13】红都服装有限公司从南方公司购入乙材料一批，收到对方开具的增值税专用发票，上面注明商品货款为 45 000 元，增值税税额为 7 650 元。同时，支付运杂费 1 110 元，未取得增值税扣税凭证。材料已验收入库。试编制会计分录。

【分析】这项经济业务的发生，一方面使库存材料增加，应交增值税进项税额增加，另一方面由于材料价款和增值税款尚未支付，使企业的负债（应付账款）增加。库存材料增加，应借记“原材料”账户；应交增值税进项税额增加，应借记“应交税费”账户；应付账款的增加，应贷记“应付账款”账户。运杂费 1 110 元，因未取得增值税扣税凭证，作为采购费用全额计入原材料成本。编制会计分录如下：

可以抵扣的增值税 =7 650（元）

采购成本 =45 000+1 110=46 110（元）

借：原材料——乙材料　46 110

　　应交税费——应交增值税（进项税额）　7 650

　　贷：应付账款——南方公司　53 760

附件：增值税专用发票联、材料入库单、货物运输业普通发票

想一想

红都服装有限公司从南方公司购入乙材料一批，收到对方开具的增值税专用发票，上面注明商品货款为 40 000 元，增值税税额为 6 800 元。材料已验收入库，同时对方代垫运费 1 110 元，收到转来的运输单位开具的货物运输业增值税专用发票，注明运费 1 000 元，增值税税额 110 元，款项均尚未支付。试编制会计分录。

提示：可以抵扣的增值税 =6800+110=6910（元）

【业务 5.14】红都服装有限公司从北方公司购入乙材料一批，收到对方开具的增值税专用发票，上面注明商品货款为 10 000 元，增值税税额为 1 700 元，以商业承兑汇票支付，

商品还未到达。试编制会计分录。

【分析】这项经济业务的发生，一方面使企业的在途材料增加，应交增值税进项税额增加；另一方面也使企业的负债应付票据增加。在采购时，在途材料的增加，应借记“在途物资”账户；支付的增值税，应借记“应交税费”账户；应付票据的增加，应贷记“应付票据”账户。编制会计分录如下：

借：在途物资——乙材料　10 000
　　应交税费——应交增值税（进项税额）　1 700
　　贷：应付票据　11 700

附件：增值税专用发票、商业承兑汇票存根联

【业务 5.15】红都服装有限公司向南方公司购进乙材料一批，收到的增值税专用发票上注明货款为 40 000 元，增值税税额为 6 800 元。材料已验收入库。之前已预付南方公司货款 20 000 元，材料收到后，又补付对方余款。试编制会计分录。

1）预付货款时。

【分析】这项经济业务的发生，一方面表明企业银行存款的减少，另一方面表明企业的预付账款增加。企业银行存款的减少，应贷记“银行存款”账户；预付账款的增加，应借记“预付账款”账户。编制会计分录如下：

借：预付账款——南方公司　20 000
　　贷：银行存款　20 000

附件：支票存根

2）材料验收入库，收到发票时。

【分析】这项经济业务的发生，一方面使库存材料增加，应交增值税进项税额增加；另一方面结算货款，使应付的账款增加。库存材料的增加，应借记“原材料”；应交增值税进项税额增加，应借记“应交税费”账户；结算货款，使应付的账款增加，因为货款结算前面用的是“预付账款”账户，这里依然继续用该账户，应贷记“预付账款”账户。编制会计分录如下：

借：原材料——乙材料　40 000
　　应交税费——应交增值税（进项税额）　6 800
　　贷：预付账款——南方公司　46 800

附件：增值税专用发票、材料入库单

3）补付对方余款时。

【分析】整笔交易，先预付 20 000 元，结算时应付 46 800 元，冲销原来预付的 20 000 元后，还要补付 26 800 元。这项经济业务的发生，一方面表明企业银行存款减少，另一方面表明企业补付的账款增加。企业银行存款的减少，应贷记“银行存款”账户；补付账款增加，还是依然通过“预付账款”账户核算，应贷记“预付账款”账户。编制会计分录如下：

借：预付账款——南方公司　26 800
　　贷：银行存款　26 800

附件：支票存根

任务巩固

训练一

目的：掌握记账凭证和原始凭证的对应关系。

资料：本节任务处理业务 5.9 ～业务 5.15。

要求：填制记账凭证，并说明会计分录下的附件原始凭证证明的经济事项。

训练二

目的：掌握采购供应阶段账户之间的对应关系。

资料：采购供应业务账户关系如图 5.2 所示。

要求：根据关系结构图，说明各账户间的对应关系，以及代表的会计分录。

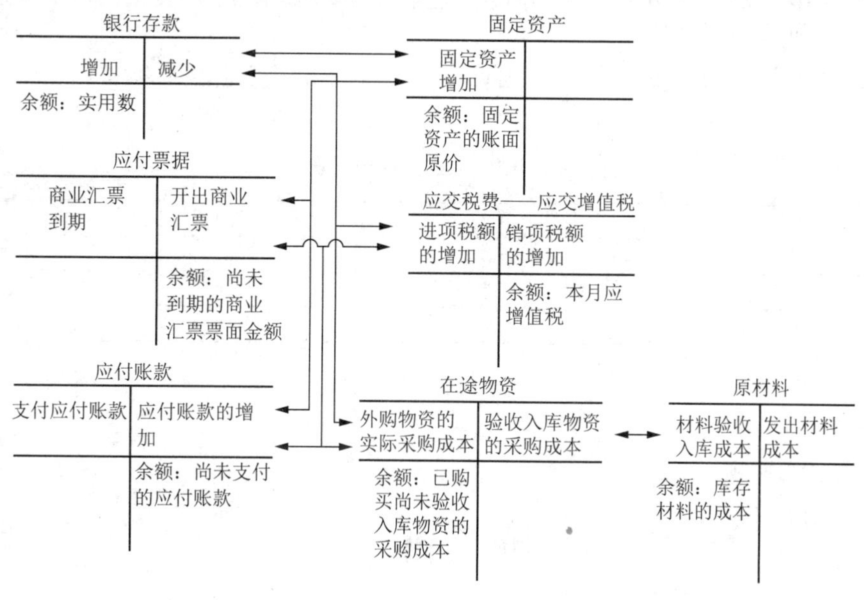

图 5.2　采购供应业务账户关系

训练三

目的：掌握采购过程中业务的处理。

资料：

1）2014 年 2 月 13 日，春兰公司购入生产用设备一台，价款 30 000 元，增值税税额 5 100 元，以银行存款支付。

2）2014 年 2 月 14 日，春兰公司从南方工厂购入甲材料一批，增值税专用发票上注明商品货款为 17 500 元，增值税税额为 2 975 元。材料尚未验收入库，款项已用银行存款支付。

3）2014 年 2 月 16 日，春兰公司从南方工厂购入的甲材料已运到并验收入库。

4）2014 年 2 月 17 日，春兰公司从北方工厂购入乙材料一批，增值税专用发票上注明商品货款为 7 500 元，增值税税额为 1 275 元。材料已验收入库，款项尚未支付。

5）2014 年 2 月 18 日，春兰公司从东方公司购入甲材料一批，增值税专用发票上注明商品货款为 22 500 元，增值税税额为 3 825 元，以支票支付。同时，以支票支付甲材料的运杂费 444 元，未取得增值税扣税凭证。商品已验收入库。

6）2014 年 2 月 28 日，春兰公司从北方工厂购入乙材料一批，增值税专用发票上注明商品货款为 7 000 元，增值税税额为 1 190 元，以商业承兑汇票支付，材料尚未验收入库。

要求：

1）根据以上经济业务编制会计分录；

2）用“T”形账户画出采购过程的账户对应关系图。

训练四

目的：掌握采购过程中的材料采购费用的分摊及材料采购成本的计算。

资料：2014 年 5 月 3 日，宏达公司从方圆五金公司购买甲材料 1 000 千克，单价为 5 元 / 千克；购买乙材料 500 千克，单价为 6 元 / 千克。增值税专用发票上注明：货款总计 8 000 元，增值税税额 1 360 元，一起运到并验收入库，支付的采购费用共计 300 元。同时，企业以商业汇票支付全部款项。

要求：按购入材料的重量作为分配标准计算两种材料应负担的采购费用（填写表 5.1），并作出分录。

表 5.1　采购费用分配表

材料名称	计量单位	数量	单价	买价	采购费用	总成本	单位成本
甲材料	千克						
乙材料	千克						
合计							

任务提升

一、单项选择题

1. 企业购入材料发生的运杂费，应计入（　　）。

A. 销售费用　　B. 生产成本　　C. 管理费用　　D. 在途物资

2. 为归集材料采购成本，应设置（　　）账户。

A.“管理费用”　　B.“销售费用”　　C.“制造费用”　D.“在途物资”

3. 某制造业企业为增值税一般纳税人，本期外购原材料一批，发票注明买价 20 000 元，增值税税额 3 400 元，入库前的整理挑选费用为 1 000 元，该批原材料的入账价值为(　　)元。

A. 20 000　　B. 23 400　　C. 21 000　　D. 24 400

4. 购买材料未付款，材料物资应作为企业的（　　）确认。

A. 资产　　B. 负债　　C. 销售收入　　D. 费用

5. 企业购入材料 5 000 元（不考虑增值税），以银行存款支付 4 000 元，余额未付，材料已入库。这一经济业务不涉及的科目是（　　）。

A.“原材料”　　B.“应收账款”　　C.“应付账款”　D.“银行存款”

二、多项选择题

1. 购进材料时，借记“在途物资”账户，可能贷记（　　）账户。

A.“银行存款”　　B.“应付账款”　　C.“预付账款”　D.“应交税费”

2. 企业误将当月发生的增值税进项税额计入材料采购成本，其结果会有（　　）。

A. 月末资产增加　　B. 月末利润增加

C. 月末负债增加　　D. 月末财务费用增加

3. 一般材料采购成本包括（　　）。

A. 买价　　B. 增值税

C. 运杂费　　D. 入库前的整理挑选费

4. 材料领用的核算可能涉及的账户有（　　）。

A.“生产成本”　B.“制造费用”　C.“管理费用”　D.“财务费用”

三、判断题

1. 用支票购买原材料，应用“应付票据”账户核算。（　　）

2. 增值税是企业销售收入的抵减项目。（　　）

3.“应交税费”账户的余额必定在贷方，表示应交未交的税金。（　　）

4. 企业收到供货单位提供的材料，如果价款大于企业已经预付的货款，表明企业负债增加。（　　）

5 . 在采购过程中支付的采购费用，应计入“管理费用”。（　　）

任务 5.3　核算生产业务

任务与要求

任务：红都服装有限公司发生有关服装生产业务的核算，具体有生产领用原材料、计算并支付员工工资、发生制造费用、计提折旧、完工产品入库等。老会计带小林学习这些业务记账凭证的编制。

要求：核算公司生产阶段的业务。

知识讲解

产品生产过程是企业资金运动的中心环节。在这个过程中，既要消耗物力，又要消耗人力。物力的耗费主要包括原材料、辅助材料、燃料和动力的消耗，以及厂房、机器等固定资产的磨损；人力的耗费主要是指生产工人的工资及福利费，生产管理者的工资及福利费等。这些都形成企业的生产费用。产品生产过程中所发生的各种费用称为生产费用。这些生产费用，有的是直接为生产产品而发生的，有的是间接为生产产品而发生的。它们最终应分配归集到各种产品中去，构成产品的生产成本（见图 5.3）。随着产品完工入库，生产成本转化为库存商品成本。

企业生产业务的核算主要包括材料费用的归集与分配、人工薪酬的归集与分配、制造费用的归集与分配、完工产品成本的计算与入库等。

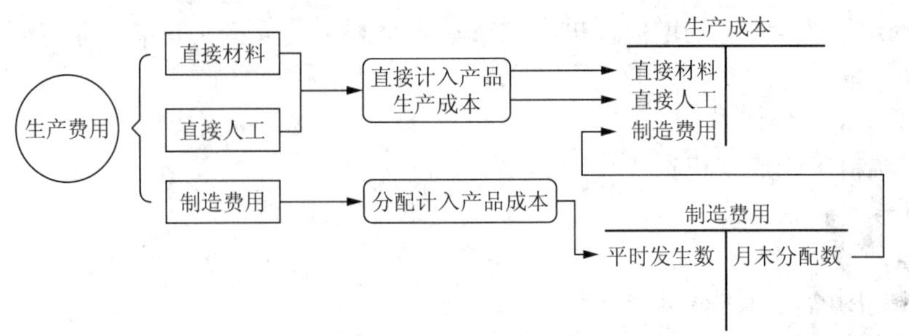

图 5.3　生产费用的组成内容及其计入产品生产成本的方式

5.3.1　归集与分配材料费用

工业企业购买材料的目的是为生产产品，在产品生产过程中，工人利用劳动手段对劳动对象进行加工，生产出各种产品。在生产产品过程中，要不断领用原材料，和其他成本费用一起构成产品的成本。其中，材料是构成产品的实体部分。产品成本要从产品销售收入中得到补偿，所以，只有正确计算产品成本，才能保证生产耗费的正常弥补和企业生产经营的不断进行。

1. 设置账户

（1）“生产成本”账户

“生产成本”账户属成本类账户，核算企业进行工业性生产，包括生产各种产品、自制半成品等所发生的生产费用。企业发生的各项生产费用应按成本对象和成本项目归集，属于直接材料、直接人工等费用，直接记入该账户；生产过程中车间发生的其他费用应先在“制造费用”账户归集，月度终了再结转到“生产成本”账户。“生产成本”账户借方登记当期发生的、应计入产品成本的生产费用；贷方登记期末结转的完工入库产品的实际生产成本。余额在借方。表示月末尚未完工产品的生产成本。

该账户应按成本计算对象设置明细账户，进行明细核算。

（2）“制造费用”账户

“制造费用”账户属成本类账户，核算企业为生产产品和提供劳务而发生的、应计入产品成本但未单设成本项目的各项费用，包括生产车间管理人员的工资及福利费、机器设备等生产用固定资产折旧费及修理费、车间的办公费、水电费、机物料消耗、劳动保护费、季节性和修理期间的停工损失等。上述费用的发生借记“制造费用”账户，贷记相关账户。如果车间同时生产多种产品，到月末还要按一定标准将其分配给各种产品负担，此时，借记“生产成本”账户，贷记“制造费用”账户。结转后月末一般无余额。

该账户应按不同车间设置明细账户，进行明细分类核算。

想一想

制造费用与生产成本的区别有哪些?

（3）“管理费用”账户

“管理费用”账户属损益类账户，核算企业行政管理部门为组织和管理生产经营活动而发生的各项费用，包括行政管理部门领用的材料费、人员的工资、折旧费、工会经费、业

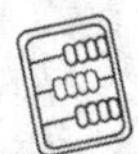

务招待费、房产税、技术转让费、无形资产摊销费等。发生各种管理费用时，借记“管理费用”账户。期末将该账户全部借方发生额从贷方结转到“本年利润”账户，结转后该账户无余额。

该账户应按费用类别设置明细账户，进行明细分类核算。

2. 材料费用的归集与分配的核算

各部门领用材料，按谁受益谁负担的原则，记入各账户。账务处理如下：

借：生产成本——某产品

　　制造费用

　　管理费用

　　销售费用

　　贷：原材料——某材料

5.3.2　归集与分配人工费用

在产品的生产过程中，必不可少地需要消耗人力资源，企业应当支付给职工劳动报酬，劳动报酬是企业生产成本的重要组成部分。职工薪酬是指企业为获得职工提供的服务而应支付给全体职工的劳动报酬，包括各种形式的工资、奖金、福利支出和社会保险等。

1. 设置账户

（1）“应付职工薪酬”账户

“应付职工薪酬”账户属负债类账户，核算企业根据规定应付给职工的各种薪酬。月末计算企业应付给职工的各种薪酬时，应贷记“应付职工薪酬”账户；实际发放职工薪酬时，应借记“应付职工薪酬”账户；期末贷方余额，表示尚未支付的应付职工薪酬。

该账户按“工资”、“职工福利”、“社会保险费”、“住房公积金”、“职工教育经费”、“工会经费”等项目设置明细账户，进行明细分类核算。

（2）“库存现金”账户

“库存现金”账户属资产类账户，核算企业库存现金的收、付、存情况。企业收到现金时，按实收金额借记“库存现金”账户；支出现金时，按实际支出金额贷记“库存现金”账户；其借方余额表示库存现金的实际数额。

2. 人工费用的归集与分配的核算

1）计提职工工资，按谁受益谁负担的原则，记入各账户。账务处理如下：

借：生产成本——某产品

　　制造费用

　　管理费用

　　销售费用

　　贷：应付职工薪酬——工资

2）计提职工福利，按谁受益谁负担的原则，记入各账户。账务处理如下：

借：生产成本——某产品

　　制造费用

　　管理费用

　　销售费用

　　贷：应付职工薪酬——职工福利

3）发放职工薪酬，账务处理如下：

借：应付职工薪酬——工资

　　贷：银行存款

4）支付职工福利，账务处理如下：

借：应付职工薪酬——职工福利

　　贷：银行存款

5.3.3 归集与分配制造费用

车间在生产产品的过程中发生的各项费用，这些费用都应计入产品生产成本。这些费用除材料费和工人费之外，还包括其他一些杂费，如生产车间管理人员的工资及福利费、机器设备等生产用固定资产折旧费及修理费、车间的办公费、水电费、机物料消耗、劳动保护费、季节性和修理期间的停工损失等，会计上把这些杂费统称为制造费用。在企业同时生产多种产品时，发生的制造费用，不能直接确认归属哪种产品时，须采用一定的标准分配计入不同产品的成本。"制造费用"账户的结构在前面已经讲过此处不再赘述。

制造费用的一项重要内容是固定资产折旧，固定资产在企业经营过程中必不可少，其价值较大，使用期限较长，在使用过程中，必然存在损耗，为了在日后固定资产报废不能使用时，有足够的资金购买新的固定资产，企业应根据固定资产的性质和使用情况，合理确定固定资产的使用寿命和预计净残值，并在寿命期内采用一定方法对固定资产计提折旧。企业计提的折旧，计入了费用，但并没有真正发生现金的流出，实质上是在固定资产使用中，以折旧的形式提前将更新固定资产的资金累积起来，到报废时，再一次性支出购买新的固定资产。

1. 设置账户

"累计折旧"账户属资产类账户，核算企业固定资产的价值损耗即累计折旧。月末按照一定的方法计算出固定资产价值的折旧额时，贷记"累计折旧"账户。因固定资产减少而引起累计折旧的减少时，借记"累计折旧"账户。其贷方余额表示固定资产的累计损耗的价值。

该账户只进行总分类核算，不进行明细分类核算。

知识窗

"累计折旧"账户和"固定资产"账户均属于资产类账户，但二者结果相反。因为在固定资产的核算中，要求"固定资产"账户始终保持其原始价值记录。这样，在现实中，就需要设置和运用"累计折旧"账户，单独反映固定资产因损耗减少的价值，它实质上是固定资产原始价值的减少。在资产负债表中，固定资产净值＝固定资产原值－累计折旧－固定资产减值准备，体现固定资产的现有生产能力，所以，"累计折旧"账户是"固定资产"账户的备抵账户，累计折旧越多，固定资产净值越少。从反映的经济内容角度看，"累计折旧"账户和"固定资产"账户一样，都属于反映资产要素的内容，因此，它仍属资产类。但在结构设计上，为体现"累计折旧"账户作为抵减账户的本质，就设计成与"固定资产"账户的记账方向相反的另一种结构，即借方减少，贷方增加。

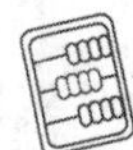

2. 制造费用归集与分配的核算

将平时发生的制造费用汇集起来后，分配计入不同产品生产成本，账务处理如下：

借：生产成本——某产品

贷：制造费用

5.3.4 完工产品成本的计算与结转

产品在生产过程中耗费了材料费、人工费、制造费用等，并计入了生产成本，在完成生产过程，产品完工并验收入库后，就应当把完工产品的成本结转出来，转入库存商品的成本。

1. 账户设置

"库存商品"账户属资产类账户，核算企业完工并验收入库产品的收、发、存情况。结转完工入库产品的实际成本时，借记"库存商品"账户。结转已售的各种产成品的实际成本时，贷记"库存商品"账户。月末借方余额反映库存商品的实际成本。

该账户应按库存商品的品种、规格设置明细账户，进行明细分类核算。

2. 结转完工产品成本的核算

1）产品入库，账务处理如下：

借：库存商品——某产品

贷：生产成本——某产品

2）结转已销商品成本，账务处理如下：

借：主营业务成本——某产品

贷：库存商品——某产品

任务与处理

小林跟着老会计学习相关理论知识后，对红都服装有限公司的生产业务作以下处理：

【业务5.16】红都服装有限公司2013年12月仓库发料汇总表见表5.2。试编制会计分录。

表5.2 红都服装有限公司原材料发出汇总表

2013年12月30日

项目	甲材料			乙材料			合计
	数量	单价	金额	数量	单价	金额	
生产领用材料：							
其中：西服	10 000	6.20	62 000	8 000	10	80 000	142 000
休闲装	6 000	6.20	37 200	5 000	10	50 000	87 200
车间一般耗用	2 000	6.20	12 400	1 000	10	10 000	22 400
管理部门领用	1 000	6.20	6 200	500	10	5 000	11 200
合计	19 000		117 800	14 500		145 000	262 800

【分析】仓库发出的材料应按不同的用途分别记入不同的账户。直接用于生产产品的材料，使生产成本增加，应借记"生产成本"账户；用于车间一般耗费的材料，使制造费用增加，应借记"制造费用"账户；用于管理部门的耗费，使管理费用增加，应借记"管理费用"账户。表3.1中所反映的业务也使原材料减少，应贷记"原材料"账户。编制会计分录如下：

借：生产成本——西服　　142 000

——休闲装 87 200
制造费用 22 400
管理费用 11 200
贷：原材料——甲材料 117 800
——乙材料 145 000

附件：仓库发料汇总表

【业务 5.17】红都服装有限公司结算本月应付职工工资 1 449 160 元，其中生产 A 产品工人工资 800 000 元，B 产品工人工资 500 000 元，车间管理人员工资 40 000 元，企业管理人员工资 59 160 元，销售部门人员工资 50 000 元。试编制会计分录。

【分析】这项经济业务的发生一方面使企业应付职工工资总额增加，应贷记“应付职工薪酬”账户；另一方面使生产费用中的工资费用增加，应按谁受益谁负担的原则分别记入有关账户。直接用于生产产品的工人工资，应借记“生产成本”账户；用于车间管理人员的工资，应借记“制造费用”账户；用于管理部门人员的工资，应借记“管理费用”账户；用于销售部门人员的工资，应借记“销售费用”。编制会计分录如下：

借：生产成本——西服 800 000
——休闲装 500 000
制造费用 40 000
管理费用 59 160
销售费用 50 000
贷：应付职工薪酬——工资 1 449 160

附件：工资结算汇总表

【业务 5.18】红都服装有限公司下设职工食堂，按职工人数，再根据历史经验计算需补贴食堂的金额为 23 300 元，其中，生产西服工人为 11 200 元，生产休闲装 工人为 10 000 元，车间管理人员为 560 元，企业管理人员为 840 元，销售部门为 700 元。试编制会计分录。

【分析】企业除了支付给职工工资以外，还可计提职工福利费，用于内设医务室、职工浴室、托儿所、职工食堂等福利机构的开支、职工因伤赴外就医路费、职工生活困难补助等。所提取的福利费与工资一样，根据职工的不同岗位，分别记入有关账户。

这项业务的发生一方面使应付福利费增加，应贷记“应付职工薪酬”账户；另一方面使企业的相关成本费用增加，按生产产品的工人人数计提的借记“生产成本”账户；按车间管理人员人数计提的借记“制造费用”账户;按管理部门人员人数计提的借记“管理费用”账户；按销售部门人员人数计提的借记”销售费用”账户。编制会计分录如下：

借：生产成本——西服 11 200
——休闲装 10 000
制造费用 560
管理费用 840
销售费用 700
贷：应付职工薪酬——职工福利 23 300

附件：职工福利费计算表

【业务 5.19】红都服装有限公司以现金补贴公司食堂 10 000 元。试编制会计分录。

【分析】这项经济业务的发生一方面使应支付给职工的福利减少，另一方面使现金减

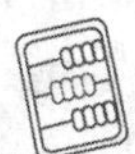

少，支付给职工的福利减少，应借记“应付职工薪酬”账户；使现金减少，应贷记“库存现金”账户。编制会计分录如下：

借：应付职工薪酬——职工福利　　10 000

　　贷：库存现金　　10 000

附件：现金支出凭单

【业务 5.20】红都服装有限公司开出现金支票，从银行存款中提取现金 90 000 元，备发工资。试编制会计分录。

【分析】这项经济业务的发生一方面使企业现金增加，另一方面使银行存款减少。企业现金增加，应借记“库存现金”账户；银行存款减少，应贷记“银行存款”账户。编制会计分录如下：

借：库存现金　　90 000

　　贷：银行存款　　90 000

附件：支票存根

【业务 5.21】红都服装有限公司以现金 90 000 元支付职工工资。试编制会计分录。

【分析】这项经济业务的发生一方面使应支付给职工的工资债务减少，另一方面使现金减少。支付给职工的工资债务减少，应借记“应付职工薪酬”账户；使现金减少，应贷记“库存现金”账户。编制会计分录如下：

借：应付职工薪酬——工资　　90 000

　　贷：库存现金　　90 000

附件：工资结算凭单、现金支出凭单

【业务 5.22】月末，红都服装有限公司按照规定计提本月固定资产折旧费，其中，生产车间的固定资产应提折旧 30 000 元，管理部门的固定资产应提折旧 6 000 元。试编制会计分录。

【分析】这项经济业务的发生一方面使企业的费用增加，另一方面使固定资产的磨损价值即折旧增加。企业的费用增加，应按受益部门分别记入有关账户。生产车间固定资产计提的折旧，借记“制造费用”账户，行政管理部门固定资产计提的折旧，借记“管理费用”账户。固定资产的磨损价值即折旧增加，应记入“累计折旧”的贷方。编制会计分录如下：

借：制造费用　　30 000

　　管理费用　　6 000

　　贷：累计折旧　　36 000

附件：固定资产折旧计算表

【业务 5.23】月末，红都服装有限公司本月应付电费 7 440 元，其中，管理部门负担 3 700 元，车间负担 3 740 元。试编制会计分录。

【分析】这项经济业务的发生一方面使费用增加，另一方面应付账款增加。银行存款减少，应记入“银行存款”账户的贷方；费用的增加，按受益部门，分别记入“管理费用”账户和“制造费用”账户的借方。编制会计分录如下：

借：管理费用　　3 700

　　制造费用　　3 740

　　贷：应付账款——供电公司　　7 440

附件：电费分摊计算表

【业务 5.24】月末，红都服装有限公司归集本月制造费用 96 700 元，在西服和休闲装间进行分配（见表 5.3），并结转。试编制会计分录。

【分析】制造费用最终要转入产品的成本。由于车间同时生产两种产品，所以应将制造费用在两种产品间进行分配。制造费用的分配标准一般有生产工人工时、生产工人工资、机器工时等，企业选择分配标准时，要考虑费用和分配标准之间的关联度，以保证成本计算的相对准确。此处以生产工时为比例，进行费用的分配。

这项经济业务的发生，一方面使制造费用减少，另一方面使生产成本增加。制造费用的减少，应记入“制造费用”账户的贷方；生产成本的增加，应记入“生产成本”账户的借方。

表 5.3　制造费用分配表

产品名称	分配标准（生产工时）	分配率	分配额
西服	600	96.7	58 020
休闲装	400	96.7	38 680
合计	1 000		96 700

编制会计分录如下：

借：生产成本——西服　58 020

　　　　　　——休闲装　38 680

　贷：制造费用　96 700

附件：制造费用分配表

知识窗

如果红都服装有限公司只生产一种产品，制造费用就不用分配，只用将汇总的制造费用直接转入“生产成本”账户的借方即可。编制会计分录如下：

借：生产成本——某产品　96 700

　贷：制造费用　96 700

【业务 5.25】月末，红都服装有限公司结转本月完工入库西服成本 1 011 220 元，休闲装成本 635 880 元。产品均无月初在产品，本月投产，本月全部完工。试编制会计分录。

【分析】这项经济业务一方面使库存商品增加，另一方面是生产成本减少。库存商品增加，应借记“库存商品”账户；生产成本减少，应贷记“生产成本”账户。编制会计分录如下：

借：库存商品——西服　1 011 220

　　　　　　——休闲装　635 880

　贷：生产成本——西服　1 011 220

　　　　　　　——休闲装　635 880

附件：产品成本计算单、产品入库单

任务巩固

训练一

目的：掌握记账凭证和原始凭证的对应关系。

资料：本节任务处理业务 5.16 ~业务 5.25

要求：填制记账凭证，并说明会计分录下的附件原始凭证证明的经济事项。

训练二

目的：掌握产品生产的核算各账户之间的对应关系。

资料：产品生产业务账户关系如图 5.4 所示。

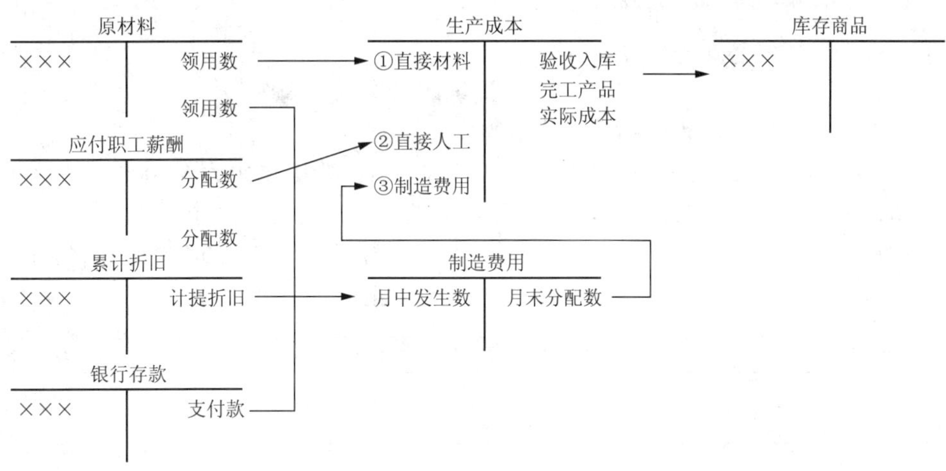

图 5.4　产品生产业务账户关系

要求：根据产品生产的结构图，说出各账户间的对应关系，以及每个会计分录。

训练三

目的：掌握在产品生产过程中对经济业务的处理方法。

资料：

1）2014 年 2 月 5 日，春兰公司从银行存款中提取现金 32 500 元，准备发放上月职工工资；

2）2014 年 2 月 6 日，春兰公司以现金 32 500 元支付上月职工工资；

3）2014 年 2 月 10 日，春兰公司以现金支付职工困难补助 225 元；

4）2014 年 2 月 28 日，春兰公司本月仓库发料汇总表如表 5.4 所示。

表 5.4　春兰公司原材料发出汇总表

项目	甲材料			乙材料			合计
	数量	单价	金额	数量	单价	金额	
A 产品耗用	7 000	3.00	21 000	3 000	4.5	13 500	34 500
管理部门领用	1 000	3.00	3 000	250	4.5	1 125	4 125
合计	19 000		28 500	7 500		1 6875	45 375

5）2014 年 2 月 28 日，春兰公司结算本月应付职工工资 38 750 元，其中生产 A 产品工人工资 25 000 元，企业管理人员工资 5 000 元，销售部门人员工资 3 750 元；

6）2014 年 2 月 28 日，春兰公司计提职工福利费，其中生产 A 产品工人福利费为 3 500 元，企业管理人员福利费为 700 元，企业销售部门人员福利费为 525 元；

7）2014 年 2 月 28 日，春兰公司按照规定计提本月固定资产折旧费 1 050 元，其中生产车间的固定资产应提折旧 625 元，管理部门的固定资产应提折旧 425 元；

8）2014 年 2 月 28 日，春兰公司应付本月电费 625 元，其中，生产车间 375 元，行政管理部门 250 元；

9）2014 年 2 月 28 日，春兰公司汇总本月制造费用 1 000 元，并进行结转；

10）2014 年 2 月 28 日，春兰公司结转本月完工入库 A 产品 100 件的成本。该产品月初无在产品，本月投产，本月全部完工。

要求：根据上述经济业务编制会计分录。

训练四

目的：熟练掌握生产过程中的制造费用的分配。

资料：2014 年 5 月 31 日，宏达公司汇总车间的制造费用总额为 64 000 元。该车间生产两种产品，A 产品生产工时为 110 小时，B 产品的生产工时为 210 小时。

要求：将汇总的制造费用按产品生产工时分配给两种产品（见表 5.5），并编制会计分录。

表 5.5　制造费用分配表

产品名称	分配标准（生产工时）	分配率	分配额
A 产品			
B 产品			
合计			

训练五

目的：练习生产业务的核算。

资料：

1）甲公司 2014 年 5 月 1 日，“生产成本——甲产品”账户借方余额为 16 000 元，“生产成本——乙产品”账户借方余额为 35 000 元。

2）甲公司 2014 年 5 月份发生以下部分经济业务：

① 5 月 2 日，生产甲产品领用 A 料一批，成本 200 000 元，领用 B 料一批成本 100 000 元。

② 5 月 5 日，生产乙产品领用 A 料一批，成本 300 000 元，领用 B 料一批 80 000 元。

③ 5 月 5 日，通过银行发放职工工资 150 000 元。

④ 5 月 10 日，用现金支付生产车间办公用品费 5 600 元。

⑤ 5 月 12 日，用银行存款支付生产车间水电费 12 850 元。

⑥ 5 月 16 日，以库存现金支付车间主任预借差旅费 5 000 元。

⑦ 5 月 20 日，车间主任出差回来，报销差旅费 4 650 元，交回多余现金 350 元。

⑧ 5 月 31 日，本月应负担的水电费 1 000 元，其中：生产车间负担 400 元，企业行政管理部门负担 600 元。

⑨ 5 月 31 日，计提本月固定资产折旧费 26 000 元，其中：车间固定资产折旧费 16 000 元，行政管理部门固定资产折旧费 10 000 元。

⑩ 5 月 31 日，结转本月应付职工工资 150 000 元，其中：生产甲产品工人工资 40 000 元，生产乙产品工人工资 70 000 元，车间管理人员工资 10 000 元，企业行政管理人员工资 30 000 元。

⑪ 5 月 31 日，将本月发生的制造费用按甲产品和乙产品生产工人工资的比例在两种产品之间进行分配，并结转到“生产成本”账户。

⑫ 5 月 31 日，本月生产的甲产品和乙产品全部完工，验收入库，结转完工产品生产成本。

要求：

1）根据上述经济业务编制会计分录。

2）登记“生产成本”、“制造费用”总账账户以及“生产成本——甲产品”和“生产成本——乙产品）明细账户（可采用“T”形账户）。

3）根据会计分录编制科目汇总表。

任务提升

一、单项选择题

1. 反映固定资产因磨损而减少的价值账户是（　　）。

A.“固定资产”　　B.“累计折旧”

C.“财务费用”　　D.“管理费用”

2.“生产成本”账户期末借方余额反映的是（　　）。

A. 完工产品成本　　B. 期末在产品

C. 本月生产费用合计　　D. 已入库产品成本

3. 对于产品生产过程中所发生的间接耗费，先归入（　　）账户，然后计入有关产品成本中去。

A.“生产成本”　　B.“制造费用”

C.“库存商品”　　D.“间接费用”

二、多项选择题

1. 企业在进行材料发出业务核算时，可能涉及的账户有（　　）。

A.“原材料”　B.“生产成本”　C.“制造费用”　D.“管理费用”

2. 月份终了，企业分配本月应付工资时，应借记（　　）账户，贷记“应付职工薪酬”账户。

A.“生产成本”　　B.“制造费用”

C.“管理费用”　　D.“应付利息”

3. 本期支付的下列费用中，不能计入本期产品生产成本的有（　　）。

A. 购置固定资产价款　　B 计提的折旧费

C. 生产工人薪酬　　D. 广告费

三、判断题

1.“累计折旧”账户属于资产类账户，所以其期末余额在借方。（　　）

2. 企业以现金支付职工医药费，应借记“应付职工薪酬”账户。（　　）

3. 企业支付本月的报刊订阅费，属于财务费用。（　　）

4. 基本生产车间管理人员的工资及福利费不属于直接人工费用。（　　）

任务 5.4　核算销售业务

任务与要求

任务：红都服装有限公司发生服装销售业务的核算，具体有销售商品并结转销售成本、销售材料并结转销售成本、发生销售费用、计算营业税金及附加等。老会计带小林学习这些业务记账凭证的编制。

要求：核算公司销售阶段的业务。

知识讲解

产品生产完工后，转入库存，形成库存商品。企业在生产产品过程中发生了各项耗费，只有通过对库存商品的销售，才能回收资金，弥补各项耗费，并实现利润，通过这个过程，企业获得进行下一轮生产的资金，继续进行生产经营。

销售过程的主要任务就是企业将生产出来的产品销售出去，以满足社会的需要，同时取得收入，补偿成本。因此，销售业务的核算主要包括确认主营业务和其他业务的销售收入、结转主营业务和其他业务的销售成本、结算货款，同时，还要支付为销售而发生的包装费、运费和广告费等销售费用，最后还要计算销售税金及附加。

5.4.1　主营业务的核算

主营业务是指企业经常性的、主要的业务，如销售产品、半成品和提供工业性劳务作业。主要销售业务在企业经营中所占的比重较大，它对企业的经济效益有着举足轻重的影响。

1. 设置账户

（1）“主营业务收入”账户

“主营业务收入”账户属损益类账户，核算企业在销售商品、提供劳务及让渡资产使用权等日常活动中所产生的收入。当确认本期实现的营业收入时，按确认的金额贷记“主营业务收入”账户；期末将该账户的余额转入“本年利润”账户时，借记“主营业务收入”账户。结转后，期末结转后，本账户一般无余额。

（2）“主营业务成本”账户

“主营业务成本”账户属损益类账户，核算企业因销售商品、提供劳务或让渡资产使用权等日常活动而发生的实际成本。月度终了，根据本月销售的各种商品及提供的各种劳务等的实际成本来计算结转主营业务成本时，借记“主营业务成本”账户；期末将该账户的余额转入“本年利润”账户时，贷记“主营业务成本”账户。期末结转后，本账户一般无余。

（3）“应收账款”账户

“应收账款”账户属资产类账户，核算企业因销售商品、提供劳务等经营活动应收取的款项。企业发生应收账款时，按应收金额借记“应收账款”账户，代购货单位垫付的包装费、运杂费也借记“应收账款”账户；收回应收账款时，贷记“应收账款”账户。该账户期末余额一般在借方，反映企业应收的账款；期末如果为贷方余额，则反映企业预收的账款。

该账户应按购货单位或接受劳务的单位分类，并按不同的债务人设置明细账户，进行明细核算。

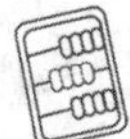

（4）“应收票据”账户

“应收票据”账户属资产类账户，核算企业因销售商品、提供劳务等而收到的商业汇票，包括银行承兑汇票和商业承兑汇票。企业收到商业汇票时，按票面金额借记“应收票据”账户；收回应收票据，按应收票据的账面余额贷记“应收票据”账户。该账户期末借方余额反映企业持有的商业汇票的票面金额。

（5）“预收账款”账户

“预收账款”账户属负债类账户，核算企业按合同规定预先向购货单位收取的款项。企业预收购货单位货款的时候，贷记“预收账款”账户。销售实现时冲减预收款，借记“预收账款”。本账户期末余额一般在贷方，反映企业预收的账款。期末余额如果在借方，则反映企业应收的账款。对于预收款不多的企业，也可不设“预收账款”账户，而将预收款业务并入“应收账款”账户核算。

该账户应按购货单位或接受劳务的单位分类，并按不同的债务人设置明细账户，进行明细核算。

2. 主营业务的核算

1）取得商品销售收入时：

借：银行存款

　　贷：主营业务收入

　　　　应交税费——应交增值税（销项税额）

2）结转商品成本时：

借：主营业务成本

　　贷：库存商品

5.4.2　其他业务收支的核算

企业在经营过程中，除了发生主营业务以外，还会发生一些非经常性的、具有兼营性的其他业务。其他业务指企业在经营过程中发生的除主营业务以外的其他销售业务，包括销售材料、出租包装物、出租固定资产、出租无形资产、债务重组等。不同的企业，主营业务和其他业务的划分一般是不同的，即使是同一企业，不同期间主营业务和其他业务的划分也不是固定不变的。按照重要性原则，对其他业务的核算，采用的是比较简单的方法，没有主营业务的核算严格。其他业务的核算，一般设置“其他业务收入”和“其他业务成本”账户。

1. 设置账户

（1）“其他业务收入”账户

“其他业务收入”账户属损益类账户，核算企业除主营业务收入以外的其他销售或其他业务的收入，如材料销售、包装物出租等收入。当企业实现了其他业务收入时，按确认的金额贷记“其他业务收入”账户；期末，将该账户余额转入“本年利润”账户时，借记“其他业务收入”账户。结转后该账户应无余额。

该账户应按其他业务的种类设置明细账户，进行明细分类核算。

（2）“其他业务成本”账户

“其他业务成本”账户属损益类账户，核算企业除主营业务成本以外的其他销售或其他业务所发生的支出，包括销售材料的成本、出租固定资产的折旧额、出租无形资产的摊销额等。企业在结转或发生其他业务支出时，借记“其他业务成本”账户；将本账户余额转入“本年利润”账户时，贷记“其他业务成本”账户。期末结转后，该账户一般无余额。

该账户应按其他业务的种类设置明细账户，进行明细分类核算。

2. 销售原材料的核算

1）取得原材料销售收入时：

借：银行存款（或应收账款等）

　　贷：其他业务收入

　　　　应交税费——应交增值税（销项税额）

2）结转材料成本时：

借：其他业务成本

　　贷：原材料

5.4.3 销售费用的核算

企业在销售业务中，经常会发生各种销售费用。销售费用是指企业在销售商品和材料、提供劳务过程中发生的各项费用，包括企业在销售商品过程中发生的包装费、保险费、展览费和广告费、商品维修费、运输费、装卸费等费用，以及为销售本企业商品而专设的销售机构的职工工资及福利费、折旧费、业务费等经营费用。

1. 设置账户

“销售费用”账户是损益类账户，用来核算企业销售商品过程中发生的各种销售费用。企业在销售商品过程中发生上述费用时，借记“销售费用”账户；将本账户的余额转入“本年利润”账户时，贷记“销售费用”账户。期末结转后，该账户一般无余额。

该账户应按费用项目设置明细账户，进行明细分类核算。

2. 销售费用的核算

发生销售费用时：

借：销售费用

　　贷：银行存款（或应付账款等）

5.4.4 销售税金的核算

按照现行税法，企业销售商品、提供工业性劳务等应负担销售税金及教育费附加。企业应通过“营业税金及附加”和“应交税费”账户核算。“应交税费”账户在前面已经做过介绍，这里只介绍“营业税金及附加”账户。

1. 账户设置

“营业税金及附加”账户属损益类账户，核算企业日常活动应负担的税金及附加，包括营业税、消费税、城市维护建设税、资源税、教育费附加等相关税费。企业按规定计算经营活动发生的营业税金及附加时，借记“营业税金及附加”账户；期末将该账户的余额转入“本年利润”账户时，贷记“营业税金及附加”账户。期末结转后，该账户一般无余额。

2. 营业税金及附加的核算

1）计算应交营业税、城市维护建设税和教育费附加时：

借：营业税金及附加
　　贷：应交税费——应交营业税
　　　　　　　　——应交城市维护建设税
　　　　　　　　——应交教育费附加

2）缴纳税费时：

借：应交税费——应交营业税
　　　　　　——应交城市维护建设税
　　　　　　——应交教育费附加
　　贷：银行存款

任务与处理

小林跟着老会计学习相关理论知识后，对红都服装有限公司的产品销售业务作以下处理：

【业务 5.26】红都服装有限公司向光华公司销售西服 300 件，每件售价 1 000 元，开出增值税专用发票，注明货款 300 000 元，增值税税额 51 000 元。产品已发出，委托银行收款，向银行办妥托收手续，货款尚未收到。试编制会计分录。

【分析】这项经济业务的发生，一方面表明销售收入及应交增值税的增加，另一方面表明应收账款增加。销售收入及应交增值税的增加，应贷记“主营业务收入”账户和“应交税费——应交增值税（销项税额）”账户；应收账款的增加，应借记“应收账款”账户。编制会计分录如下：

借：应收账款——光华公司　　351 000
　　贷：主营业务收入——西服　　300 000
　　　　应交税费——应交增值税（销项税额）　　51 000

附件：增值税专用发票、银行托收结算凭证回单

【业务 5.27】红都服装有限公司向华发公司销售休闲装 600 件，每件售价 600 元。开出增值税专用发票，注明货款 360 000 元，增值税税额 61 200 元。产品已发出，款项已收到，存入银行。试编制会计分录。

【分析】这项经济业务的发生，一方面表明销售收入及应交增值税的销项税额增加，另一方面表明银行存款的增加。销售收入及应交增值税的销项税额增加，应贷记“主营业务收入”账户和“应交税费——应交增值税（销项税额）”账户；银行存款的增加，应借记“银行存款”账户。编制会计分录如下：

借：银行存款　　421 200
　　贷：主营业务收入——休闲装　　360 000
　　应交税费——应交增值税（销项税额）　　61 200

附件：增值税专用发票、银行进账单回单

【业务 5.28】红都服装有限公司向南天公司销售西服 400 件，每件售价 1 000 元。开出增值税专用发票，注明货款 400 000 元，增值税税额 68 000 元。产品已发出，收到对方开出的商业汇票一张，票面金额为 468 000 元。试编制会计分录。

【分析】这项经济业务的发生，一方面表明销售收入、应交增值税的销项税额增加，另

一方面收到的商业汇票增加。销售收入和应交增值税的销项税额增加，应贷记“主营业务收入”账户和“应交税费——应交增值税（销项税额）”账户；收到的商业汇票增加，应借记“应收票据”账户。编制会计分录如下：

借：应收票据——南天公司　　468 000
　　贷：主营业务收入——西服　　400 000
　　　　应交税费——应交增值税（销项税额）　　68 000

附件：增值税专用发票、商业汇票复印件

【业务 5.29】 红都服装有限公司向西方公司销售休闲装 100 件，每件售价 610 元，开出增值税专用发票，注明货款 61 000 元，增值税税额 10 370 元。产品已发出，并向银行办妥托收手续。之前已预先收取西方公司货款 30 000 元，产品发出后收到对方补付的款项。试编制会计分录。

1）预收货款时。

【分析】这项经济业务的发生，一方面表明企业银行存款的增加，另一方面表明企业的负债预收账款增加。企业银行存款的增加，应借记“银行存款”账户；预收账款的增加，应贷记“预收账款”账户。编制会计分录如下：

借：银行存款　　30 000
　　贷：预收账款——西方公司　　30 000

附件：银行进账单回单

2）发出商品，销售实现时。

【分析】这项经济业务的发生，一方面表明销售收入及应交增值税（销项税额）的增加，另一方面表明企业偿还负债，使预收账款减少。销售收入及应交增值税（销项税额）的增加，应贷记“主营业务收入”账户和“应交税费——应交增值税（销项税额）”账户；预收账款的减少，应借记“预收账款”账户。编制会计分录如下：

借：预收账款——西方公司　　71 370
　　贷：主营业务收入——休闲装　　61 000
　　　　应交税费——应交增值税（销项税额）　　10 370

附件：增值税专用发票、银行托收凭证回单

3）收到对方补付货款时。

【分析】整笔交易，先预收 30 000 元，结算时应收 71 370 元，冲销原预收的 30 000 元后，现还应补收 41 370 元。这项经济业务的发生，一方面表明企业银行存款的增加，另一方面表明企业补收的账款增加。企业银行存款的增加，应借记“银行存款”账户；补收账款的增加，因为该笔业务货款的结算一直用“预收账款”账户，此时继续用该账户，则应贷记“预收账款”账户。编制会计分录如下：

借：银行存款　　41 370
　　贷：预收账款——西方公司　　41 370

附件：银行进账单回单

【业务 5.30】红都服装有限公司汇总结转本期已售西服的生产成本 506 500 元，休闲装的生产成本 255 000 元。试编制会计分录。

【分析】这项业务一方面使产品的销售成本增加，另一方面因产品已售出，使库存商品

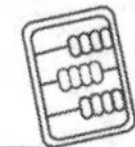

减少。产品的销售成本增加，应借记“主营业务成本”账户；库存商品减少，应贷记“库存商品”账户。编制会计分录如下：

借：主营业务成本——西服　　506 500
　　　　　　　　——休闲装　　255 000
　贷：库存商品——西服　　506 500
　　　　　　　——休闲装　　255 000

附件：产品出库单

【业务 5.31】红都服装有限公司上个月停产校服，出售生产校服用的丙材料一批，开出专用发票注明材料价款 8 000 元，增值税税额为 1 360 元。款项收到，存入银行。试编制会计分录。

【分析】工业企业购进材料的目的是满足市场经营的需要，但有时候也会因材料过剩或毁损、变质等原因而销售材料。这种销售应属于其他业务，而非主营业务。该业务的发生一方面使银行存款增加，另一方面使其他业务收入增加、应交增值税（销项税额）增加。银行存款的增加，应借记“银行存款”账户；其他业务收入增加、应交增值税（销项税额）增加，应贷记“其他业务收入”账户和“应交税费——应交增值税（销项税额）”账户。编制会计分录如下：

借：银行存款　　9 360
　贷：其他业务收入　　8 000
　　　应交税费——应交增值税（销项税额）　　1 360

附件：增值税专用发票、银行进账单回单

【业务 5.32】红都服装有限公司结转已售丙材料的成本 5 054 元。试编制会计分录。

【分析】这项经济业务属于其他业务，该业务发生一方面使库存材料减少，另一方面使其他业务成本增加。库存材料减少，应贷记“原材料”账户；其他业务成本的增加，应借记“其他业务成本”账户。编制会计分录如下：

借：其他业务成本　　5 054
　贷：原材料——丙材料　　5 054

附件：发出材料汇总表

【业务 5.33】红都服装有限公司用现金支付销售产品的广告费 600 元，取得广告费普通发票。试编制会计分录。

【分析】这项经济业务的发生一方面表明销售费用增加，另一方面表明库存现金减少。销售费用的增加，应借记“销售费用”账户；库存现金的减少，则应贷记“库存现金”账户。编制会计分录如下：

借：销售费用　　600
　贷：库存现金　　600

附件：现金支出凭单、广告费普通发票

【业务 5.34】月末，红都服装有限公司计算并结转本月销售业务应缴纳的城市维护建设税 10 952.2 元，应缴纳的教育费附加 4 693.8 元。试编制会计分录。

【分析】这项经济业务的发生一方面使企业销售产品应负担的税金支出增加，另一方面是应交税费增加，税金支出增加的应借记“营业税金及附加”；应交税费的增加应贷记“应交税费”。编制会计分录如下：

借：营业税金及附加　　14 858

　贷：应交税费——应交城市维护建设税　　10 400.6

　　　　　　——应交教育费附加　　4 457.4

任务巩固

训练一

目的：掌握记账凭证和原始凭证的对应关系。

资料：本节任务处理业务 5.26 ～业务 5.34。

要求：填制记账凭证，并说说会计分录下的附件原始凭证，证明是什么经济事项。

训练二

目的：掌握产品销售的核算过程。

资料：产品销售业务账户关系如图 5.5 所示。

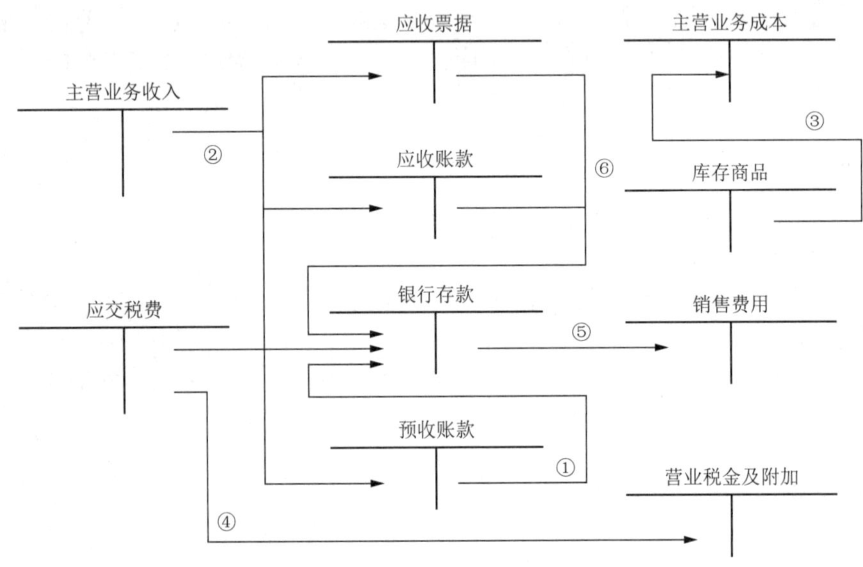

图 5.5　产品销售业务账户关系

要求：根据产品销售的账户关系，说明各账户间的对应关系，以及每个数字符号代表的会计分录。

训练三

目的：掌握产品销售过程中经济业务的处理方法。

资料：

1）2014 年 2 月 7 日，春兰公司向东方公司销售 A 产品 20 件，每件售价 1 000 元，开出增值税专用发票，注明货款 20 000 元，增值税税额 3 400 元。产品已发出，委托银行收款，向银行办妥托收手续，货款尚未收到。

2）2014 年 2 月 10 日，春兰公司向西方公司销售 A 产品 30 件，每件售价 900 元。开出增值税专用发票，注明货款 27 000 元，增值税税额 4 590 元。产品已发出，款项已收到

存入银行。

3）2014 年 2 月 25 日，春兰公司用银行存款支付销售产品的广告费 2 000 元。

4）2014 年 2 月 26 日，春兰公司向东方公司销售 A 产品 35 件，每件售价 950 元。开出增值税专用发票，注明货款 33 250 元，增值税税额 5 652.5 元。产品已发出，收到对方开出的银行承兑汇票一张，票面金额为 38 902.5 元。

5）2014 年 2 月 14 日，春兰公司因进货过多，决定出售生产用的丙材料一批，增值税专用发票注明材料货款 3 000 元，增值税税额 510 元。款项收到，存入银行。

6）2014 年 2 月 28 日，春兰公司汇总结转本期已售 A 产品 85 件的生产成本，共计 65 450 元。

7）2014 年 2 月 28 日，春兰公司结转已售丙材料的成本 2 000 元。

8）2014 年 2 月 28 日，春兰公司计算并结转本月销售应缴纳的城市维护建设税 966 元，应缴纳的教育费附加 414 元。

9）2014 年 2 月 28 日，春兰公司以支票支付本月销售应交的城市维护建设税和教育费附加，共计 1 380 元。

要求：根据所给资料，确定应填制专用记账凭证种类，写出摘要，编制会计分录。

训练四

目的：掌握销售过程中的预收账款的计算。

资料：

1）2014 年 3 月 2 日，红星公司预收北方公司货款 200 000 元，款存银行。

2）2014 年 3 月 17 日，红星公司销售给北方公司产品，增值税专用发票上所列的总价款 400 000 元，增值税税额 68 000 元，原已预收 200 000 元，现余款对方以支票支付。

3）2014 年 3 月 20 日，红星公司预收光明公司货款 30 000 元，款存银行。

4）2014 年 3 月 27 日，红星公司销售给光明公司产品，增值税专用发票上所列的总价款为 20 000 元，增值税税额为 3 400 元，原已预收 30 000 元，现多余款项以支票退回对方。

要求：根据所给资料编制会计分录。

任务提升

一、单项选择题

1. 已售产品成本的结转，从（　　）账户转入主营业务成本账户。

A.“制造费用”　B.“生产成本”　C.“材料采购”　D.“库存商品”

2. 企业期末结转已销售成本时，应贷记（　　）账户。

A.“生产成本”　B.“库存商品”　C.“本年利润”　D.“利润分配”

3. 按照合同规定，向购买单位预收的货款，应确认为企业的（　　）。

A. 资产　B. 负债　C. 其他收入　D. 销售收入

4. 某企业销售产品 6 万元，购买单位支付货款 4 万元，余款暂欠，本期实现的收入是（　　）万元。

A. 6　B. 3　C. 4　D. 10

5. 企业出售产品给甲单位，金额 10 万元，收到对方的转账支票一张 15 万元，其中 5

万元是对方预付下笔生意的货款，企业该笔交易实现的销售收入为（　　）万元。

A. 10　　B. 15　　C. 10　　D. 20

二、多项选择题

1. 企业核算城市维护建设税和教育费附加，应通过（　　）账户进行。

A. “营业税金及附加”　　B. “主营业务收入”

C. “应交税费”　　D. “其他应交款”

2. 下列项目中，属于企业债权的有（　　）。

A. 预收账款　　B. 预付账款　　C. 应收账款　　D. 应付账款

3. 下列费用中，属于销售费用的有（　　）。

A. 广告费　　B. 业务招待费　　C. 排污费　　D. 展览费

4. “营业税金及附加”账户是用来反映和监督应由企业销售产品和提供劳务负担的各种税金及附加，包括（　　）。

A. 增值税　　B. 印花税　　C. 教育费附加　　D. 业务招待费

5. 下列各项不能作为企业收入处理的有（　　）。

A. 企业代收的增值税　　B. 企业代收的消费税

C. 旅行社代客户购买机票收取的票款　　D. 提供劳务收入

三、判断题

1. 企业销售产品，预收的货款，可作为收入的实现，进行账务处理。（　　）

2. “主营业务成本”账户期末结转后的余额在借方。（　　）

3. “产品销售成本”是指全部产品的生产成本。（　　）

4. “管理费用”包括厂部固定资产的折旧费。（　　）

5. “制造费用”和“管理费用”都应当在期末转入“本年利润”账户。（　　）

任务 5.5　核算利润形成业务

任务与要求

任务：红都服装有限公司发生有关利润形成的核算：发生管理费用、发生销售费用、发生财务费用、营业外收支业务、损益类账户结转“本年利润”、计算并结转所得税等。老会计带小林学习这些业务记账凭证的编制。

要求：核算公司利润形成有关的业务。

知识讲解

5.5.1　利润的层次

利润是指企业在一定会计期间的经营成果。企业全部收入减去全部费用的结果，具体表现为实现利润或发生亏损。对利润进行核算，可以及时反映企业投入产出效果和经济效益，有助于投资者和债权人作出决策。

利润的构成包括三个层次，即营业利润、利润总额、净利润和综合收益总额。

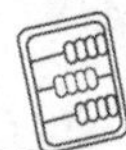

1. 营业利润

营业利润是企业利润的主要来源，是企业日常经验活动取得的利润。营业利润的计算公式为

营业利润 = 营业收入 – 营业成本 – 营业税金及附加 – 管理费用 – 销售费用 – 财务费用

其中：

营业收入 = 主营业务收入 + 其他业务收入

营业成本 = 主营业务成本 + 其他业务成本

知识窗

这里所讲的营业利润公式是简化公式，只涉及本书讲解的会计科目，随着学习知识的深入，掌握科目的增多，营业利润的内容会更加丰富：

营业利润 = 营业收入 – 营业成本 – 营业税金及附加 – 管理费用 – 销售费用 – 财务费用 – 资产减值损失 + 投资收益（– 投资损失）+ 公允价值变动损益（– 公允价值变动损失）

2. 利润总额

企业的利润总额是指营业利润加上营业外收入，减去营业外支出后的金额。利润总额的计算公式为

利润总额 = 营业利润 + 营业外收入 – 营业外支出

3. 净利润

企业实现的利润总额要按国家税法的规定计算缴纳企业所得税，税后的利润，即为企业的净利润。本书所涉所得税税率一般为 25%。净利润的计算公式为

净利润 = 利润总额 – 所得税费用

其中：

所得税费用 = 利润总额（税前利润）× 所得税税率

4. 综合收益总额

综合收益总额 = 净利润 + 其他综合收益税后净额

知识窗

其他综合收益，是指企业根据其他会计准则规定未在当期损益中确认的各项利得和损失。其他综合收益项目应当根据其他相关会计准则的规定分为下列两类列报：以后会计期间不能重分类进损益的其他综合收益项目；以后会计期间在满足规定条件时将重分类进损益的其他综合收益项目。

综合收益，是指企业在某一期间除与所有者以其所有者身份进行的交易之外的其他交易或事项所引起的所有者权益变动。综合收益总额项目反映净利润和其他综合收益扣除所得税影响后的净额相加后的合计金额。

【业务 5.35】红都服装有限公司 2013 年有关收入、费用金额如下：主营业务收入为 444 000 元，其他业务收入为 8 000 元，营业外收入为 700 元，主营业务成本为 277 837 元，其他业务成本为 5 051 元，营业税金及附加为 4 318 元，销售费用为 700 元，管理费用为 25 540 元，财务费用为 450 元，营业外支出为 200 元。所得税税率为 25%。

要求：计算营业利润、利润总额、所得税费用、净利润。

营业利润 =444 000+8 000–277 837–5 051–4 318–700–25 540–450=138 104（元）

利润总额 =138 104+8 000–200=145 904（元）

所得税费用 =145 904 × 25%=36 476（元）

净利润 =145 904–36 476=109 428（元）

5.5.2 期间费用的核算

1. 定义

企业在生产经营过程中，在发生筹资、购买、生产、销售等业务时，还会随之发生些期间费用。期间费用指的是企业本期发生的、不能够归入营业成本，而是直接计入当期损益的各项费用，包括销售费用、管理费用、财务费用等。这些费用容易确定其发生期间，但很难按受益对象归集到某种产品，即与产品的生产过程没有直接关系，所以，应从费用发生的当期损益中扣除，而不能计入产品的制造成本。

虽然前面已经讲过期间费用的内容，这里为方便学习，再将其核算内容回顾一遍。

管理费用是指企业行政管理部门为组织和管理生产经营活动而发生的各项费用，包括企业在筹建期间的开办费、董事会和行政管理部门在企业的市场经营中发生的或应该由公司统一负担的经费（包括行政管理部门职工工资和福利费、物料消耗、办公费和差旅费等）、工会经费、董事会费、咨询费、中介费、诉讼费、业务招待费、房产税、印花税、车船使用税、土地使用税、技术转让费、矿产资源补偿费等。

销售费用是指企业在销售商品和材料、提供劳务过程中发生的各项费用，包括企业在销售商品过程中发生的包装费、保险费、展览费和广告费、商品维修费、运输费、装卸费等费用，以及为销售本企业商品而专设的销售机构的职工工资及福利费、折旧费、业务费等经营费用。

财务费用是指企业为筹集生产经营所需资金等而发生的各种筹资费用，包括利息支出（减利息收入）、佣金、汇兑损益（减汇兑损失）以及相关的手续费、企业发生的现金折扣。

2. 账户设置

在对期间费用进行核算时，应设“管理费用”、“财务费用”、“销售费用”等账户，这三个账户结构在前面已经讲过，此处略。另外，有时候可能需要设置“其他应收款”账户。

“其他应收款”账户属资产类账户，核算企业除应收票据、应收账款和预付账款以外的各种应收暂付款项，主要包括应收的各种赔款、罚款、应收出租包装物租金、应向职工收取的各种垫付款项等。该账户借方登记发生的各种其他应收款；贷方登记企业收到的款项和结转情况；余额一般在借方，表示应收未收的其他应收款项。

该账户应按债务人设置明细账户，进行明细核算。

3. 期间费用的核算

1）发生期间费用时：

借：管理费用、财务费用、销售费用等

　　贷：银行存款、应付账款等

2）其他应收款的核算（以差旅费为例）。

① 预借差旅费时：

借：其他应收款——×××

　　贷：库存现金

② 报销差旅费时：

借：管理费用、销售费用等

　　贷：其他应收款——×××

差额借或贷记入“库存现金”账户

5.5.3 营业外收支的核算

1. 定义

企业的营业外收支是指与企业正常的生产经营业务没有直接关系的各项收入和各项支出，包括营业外收入和营业外支出。营业外收入是指企业发生的与其生产经营无直接关系的各项利得。这种收入的取得一般不需要企业付出代价，也无法找到相关的费用支出进行配比。营业外支出是指企业发生的与其生产经营无直接关系的各项支出，这种支出不属于企业的生产经营费用，这种支出也不会形成收入。从上面的表述我们可以发现，营业外收入和营业外支出两者之间是没有关联的，而且与企业的日常生产经营没有关联。

营业外收支虽然与企业的生产经营活动没有直接关系，但从企业角度考虑，营业外收支同样能够增加和减少企业的利润，所以在核算企业利润的时候，要考虑营业外收支。

2. 设置账户

（1）“营业外收入”账户

“营业外收入”账户属损益类账户，核算企业发生的与其生产经营无直接关系的各项收入，包括盘盈利得、处置固定资产利得、出售无形资产利得、罚款利得、接受捐赠等。企业取得营业外收入时，贷记“营业外收入”账户；期末，将该账户余额转入“本年利润”账户时，借记“营业外收入”账户。期末结转后，该账户一般无余额。

（2）“营业外支出”账户

“营业外支出”账户是损益类账户，用来核算企业发生的与其生产经营无直接关系的各项损失，如盘亏损失、处置固定资产损失、出售无形资产损失、罚款支出、捐赠支出、非常损失等。企业发生营业外支出时，借记“营业外支出”账户；期末，将该账户余额转入“本年利润”账户时，贷记“营业外支出”账户。期末结转后，该账户一般无余额。

知识窗

非常损失指企业对于客观因素（如自然灾害等）造成的损失，扣除保险公司赔款后，应计入营业外支出的净损失。

3. 营业外收支的核算

1）发生营业外收入时：

借：银行存款、其他应收款等

　　贷：营业外收入

2）发生营业外支出时：

借：营业外支出

贷：银行存款、其他应付款等

5.5.4 利润总额的形成

企业在生产经营过程中，有收入，也有支出，平时将这些收入和支出计入了相关的损益类账户中，怎么从账上知道企业一定会计期间实现的利润呢？这就需要设置“本年利润”账户，通过结转本期损益类账户到“本年利润”账户，从账户上确定本期实现的利润。

损益类账户结转到“本年利润”账户按结转时间的不同，分为表结法和账结法。

表结法是指各损益类账户的发生额在平时的 1 ～ 11 月的月末无须向“本年利润”账户进行结转，而是在年末一次性结转，每月实现的利润通过编制利润表计算，只需将每月损益类账户的发生额抄入利润表有关项目的“本期金额”栏即可。所以，在这种方法下，平时 1 ～ 11 月损益类账户月末应有余额，年终结转后无余额。

账结法是指各损益类账户的发生额在每个月的月末向“本年利润”账户进行结转，可以在“本年利润”账户上确定当月实现的利润额。所以，在这种方法下，损益类账户每月末结转后应无余额。

1. 设置账户

“本年利润”账户属所有者权益类账户，计算企业实现的净利润（或发生的净亏损）（见图 5.6）。期末，结转利润时，将各项收入账户的余额转入该账户，贷记“本年利润”账户；将各项成本、费用、支出等账户的余额转入该账户时，借记“本年利润”账户；年度终了，应将该账户余额转入“利润分配”账户。如是净利润，则借记“本年利润”账户；如为净亏损，则贷记“本年利润”账户。期末结转后，该账户一般无余额。

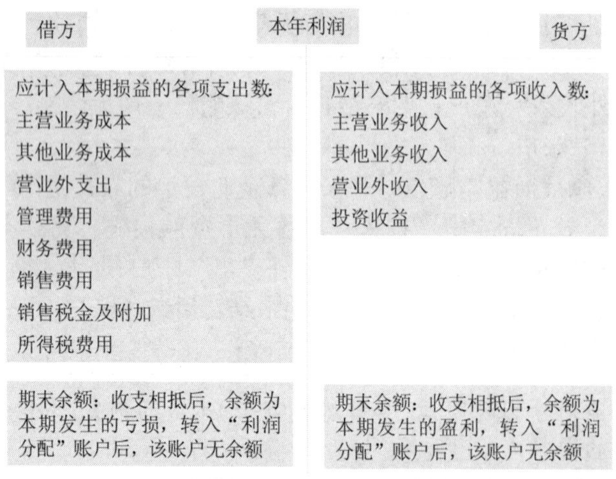

图 5.6 “本年利润”账户结构

2. 本年利润的核算

1）结转各项收入、利得类科目：

借：主营业务收入
　　其他业务收入
　　投资收益
　　营业外收入

贷：本年利润

2. 结转各项费用、损失类科目：

借：本年利润

贷：主营业务成本

其他业务成本

营业税金及附加

销售费用

管理费用

财务费用

营业外支出

5.5.5　净利润的形成

企业的净利润是由利润总额减去所得税费用后计算而得的。企业在一定时期内所实现的经营成果即利润或亏损总额的形成在前面已经讲述。

所得税费用是企业按照国家税法的有关规定，对企业某一经营年度实现的经营所得和其他所得，按照规定的所得税税率计算缴纳的一种税款。对企业而言，所得税是企业在生产经营过程中的一项费用支出，在未交纳之前，形成企业的一项负债，交纳的所得税在税前予以扣除，交纳所得税之后的剩余利润，称为净利润。

1. 设置账户

“所得税费用”账户属损益类账户，核算企业当期发生的所得税费用。计算出本期应交的所得税费用时，借记“所得税费用”账户；期末，将该账户的余额转入“本年利润”账户时，贷记“所得税费用”账户。期末结转后，该账户一般无余额。

企业当期应交所得税的计算公式为

应交所得税 = 应纳税所得额 × 所得税税率

在不存在纳税调整事项的情况下，应纳税所得额等于税前会计利润。

2. 所得税的核算

1）计算应交所得税时：

借：所得税费用

贷：应交税费——应交所得税

2）交纳所得税时：

借：应交税费——应交所得税

贷：银行存款

3）结转所得税费用时：

借：本年利润

贷：所得税费用

任务与处理

小林跟着老会计学习相关理论知识后，对红都服装有限公司的利润形成业务作以下处理：

【业务 5.36】厂部办公室主任方华出差，预借差旅费 1 000 元，以现金支付。试编制会计分录。

【分析】这里的差旅费 1 000 元属于暂付款性质，应用“其他应收款”账户核算。这项经济业务的发生一方面使其他应收款增加，另一方面使库存现金减少。其他应收款的增加，应借记“其他应收款”账户；库存现金的减少，应贷记“库存现金”账户。编制会计分录如下：

借：其他应收款——方华　　1 000
　　贷：库存现金　　1 000
附件：现金支出凭单

【业务 5.37】红都服装有限公司厂部办公室主任方华出差归来，报销差旅费 800 元，交回现金 200 元，结清原借款 1 000 元。试编制会计分录。

【分析】这项经济业务的发生，一方面使管理费用和现金增加，另一方面使其他应收款减少。管理费用和库存现金的增加，应借记“管理费用”、“库存现金”账户；其他应收款的减少，应贷记“其他应收款”账户。编制会计分录如下：

借：管理费用——差旅费　　800
　　库存现金　　200
　　贷：其他应收款——方华　　1 000
附件：现金收入凭单、差旅费报销单

想一想

如果方华出差归来，实际报销差旅费 1 300 元，和财务部门结清原借款 1 000 元，此时，财务以现金补其差旅费超支数 300 元。会计分录应如何编制？

【业务 5.38】红都服装有限公司支付金融机构利息 450 元。试编制会计分录。

【分析】这项经济业务的发生，一方面使财务费用增加，另一方面使应付利息增加。财务费用的增加，应借记“财务费用”账户；应付利息的增加，应贷记“应付利息”账户。编制会计分录如下：

借：财务费用——利息　　450
　　贷：应付利息　　450
附件：银行借款利息计算表

【业务 5.39】红都服装有限公司以支票支付业务招待费 3 450 元，取得普通发票。试编制会计分录。

【分析】业务招待费属管理费用，这项经济业务的发生，一方面使管理费用增加，另一方面开出支票使银行存款减少。管理费用的增加，应借记“管理费用”账户；银行存款的减少，应贷记“银行存款”账户。编制会计分录如下：

借：管理费用——业务招待费　　3 450
　　贷：银行存款　　3 450
附件：支票存根、餐费普通发票

【业务 5.40】红都服装有限公司以支票支付商品展览费 2 000 元，取得普通发票。试编制会计分录。

【分析】商品展览费属销售费用，这项经济业务的发生，一方面使销售费用增加，另一方面开出支票使银行存款减少。销售费用的增加，应借记“销售费用”账户；银行存款的减少，

应贷记“银行存款”账户。编制会计分录如下：

借：销售费用——展览费　　2 000

　　贷：银行存款　　2 000

附件：支票存根联、展览费普通发票

【业务 5.41】红都服装有限公司收到一笔罚款收入 1 700 元，存入银行。经领导批准，作为营业外收入。试编制会计分录。

【分析】这项经济业务的发生，一方面使银行存款增加，另一方面使营业外收入增加。银行存款的增加，应借记“银行存款”账户；营业外收入的增加，应贷记“营业外收入”账户。编制会计分录如下：

借：银行存款　　1 700

　　贷：营业外收入——罚款　　1 700

附件：领导批示，银行收款单证

【业务 5.42】红都服装有限公司以银行存款支付税收滞纳金 200 元。试编制会计分录。

【分析】这项支出与企业的生产经营没有直接关系，应作为营业外支出。这项经济业务的发生，一方面使银行存款减少，另一方面使营业外支出增加。银行存款的减少，应贷记“银行存款”账户；营业外支出的增加，应借记“营业外支出”账户。编制会计分录如下：

借：营业外支出——滞纳金　　200

　　贷：银行存款　　200

附件：税收通用缴款书、银行付款单证

【业务 5.43】期末，红都服装有限公司结转本期各损益类账户至“本年利润”账户。各损益类账户本期发生额如下：“主营业务收入”账户贷方发生额为 1 121 000 元；“其他业务收入”账户贷方发生额为 8 000 元；“营业外收入”账户贷方发生额为 1 700 元；“主营业务成本”账户借方发生额为 761 500 元；“营业税金及附加”账户借方发生额为 14 858 元；“其他业务成本”账户借方发生额为 5 054 元；“销售费用”账户借方发生额为 53 300 元；“管理费用”账户借方发生额为 85 150 元；“财务费用”借方发生额为 11 238 元；“营业外支出”账户借方发生额为 200 元。试编制会计分录。

【分析】对本月的经济业务填制记账凭证并登账后，就可以知道各损益类账户的发生额，将各损益类账户收入类贷方发生额结转到“本年利润”账户的贷方，将损益类账户中费用类借方发生额结转到“本年利润”账户借方，“本年利润”账户余额就是实现的利润或亏损。编制会计分录如下：

1）借：主营业务收入　　1 121 000

　　　其他业务收入　　8 000

　　　营业外收入　　1 700

　　　贷：本年利润　　1 130 700

2）借：本年利润　　931 300

　　　贷：主营业务成本　　761 500

　　　　　营业税金及附加　　15 646

　　　　　其他业务成本　　5 054

　　　　　销售费用　　53 300

　　　　　管理费用　　85 150

财务费用	10 450
营业外支出	200

本期利润总额 =1 121 000–931 300=189 700（元）

【业务 5.44】红都服装有限公司本期利润总额为 189 700 元，计算并结转本期应交所得税。假定红都服装有限公司使用企业所得税为 25%，无纳税调整事项，即应纳税所得额等于利润总额。试编制会计分录。

【分析】《中华人民共和国所得税法》规定，企业应当就其来源于中国境内和境外的所得缴纳企业所得税，因此，公司应当按照税法规定计算并缴纳所得税：

应纳所得税 = 应纳税所得额 × 所得税税率

=189 700 × 25%=47 425（元）

在没有实际缴纳税金之前，这项业务一方面使应交税费增加，另一方面使所得税费用增加。应交税费的增加，应贷记“应交税费”账户；所得税费用的增加，应借记“所得税费用”账户。编制会计分录如下：

借：所得税费用　47 425

　　贷：应交税费——应交所得税　47 425

附件：所得税计算表

同时，所得税作为费用，转入“本年利润”账户。编制会计分录如下：

借：本年利润　47 425

　　贷：所得税费用　47 425

年末“本年利润”账户为贷方余额 = 本期税后净利润

= 189 700 – 47 425

= 142 275（元）

任务巩固

训练一

目的：掌握记账凭证和原始凭证的对应关系。

资料：本节任务处理业务 5.36 ~业务 5.44

要求：填制记账凭证，并说明会计分录下的附件原始凭证证明的经济事项。

训练二

目的：掌握利润形成的过程。

资料：利润形成业务账户关系如图 5.7 所示。

要求：根据利润形成账户关系图，说出各账户间的

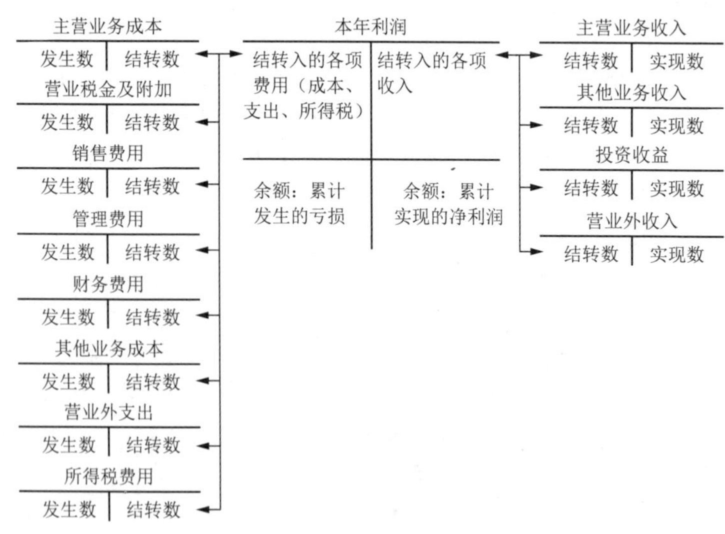

图 5.7　利润形成业务账户关系

对应关系，以及每个数字符号代表的分录。

训练三

目的：掌握利润形成过程中经济业务的处理方法。

资料：

1）2014 年 12 月 19 日，春兰公司以银行存款向红十字协会捐款 6 000 元；

2）2014 年 12 月 23 日，财务经理王明出差，预借差旅费 1 000 元，以现金支付；

3）2014 年 12 月 28 日，王明出差归来报销差旅费 900 元，将现金 100 元交财务，结清原借款 1 000 元；

4）2014 年 12 月 28 日，春兰公司收到一笔罚金 400 元，存入银行。经领导批准，作为营业外收入；

5）2014 年 12 月 28 日，春兰公司预提本月短期借款利息 300 元；

6）2014 年 12 月 31 日，春兰工厂将各损益类账户的余额转入“本年利润”账户。

期末结转前，各损益类账户余额如下：

“主营业务收入”账户贷方余额为 80 250 元；

“其他业务收入”账户贷方余额为 3 000 元；

“营业外收入”账户贷方余额为 400 元；

“主营业务成本”账户借方余额为 65 450 元；

“营业税金及附加”账户借方余额为 1 364.25 元；

“其他业务成本”账户借方余额为 3 017 元；

“销售费用”账户借方余额为 6 275 元；

“管理费用”账户借方余额为 11 400 元；

“财务费用”账户借方余额为 300 元；

“营业外支出”账户借方余额为 6 000 元。

要求：

1）根据上述经济业务编制的会计分录。

2）登记“本年利润”“T”形账户。

任务提升

一、单项选择题

1. 与企业生产经营没有直接关系的支出是（　　）。

A. 营业外支出　　B. 其他业务成本　　C. 主营业务成本　　D. 财务费用

2. “本年利润”账户的贷方余额表示（　　）。

A. 利润总额　　B. 未分配利润额

C. 亏损总额　　D. 本期实现的净利润额

3. 期末结转利润后，有余额的账户是（　　）。

A. “应交税费”　　B. “所得税费用”

C. “主营业务成本”　　D. “营业税金及附加”

4. 不属于营业利润构成要素的有（　　）。

A. 主营业务收入　　B. 其他业务收入
C. 营业外收入　　D. 主营业务成本

5. 企业取得的罚款收入，应计入（　　）。
A. 营业外收入　　B. 本年利润
C. 资本公积　　D. 管理费用

二、多项选择题

1. 管理费用包括（　　）。
A. 厂部办公费　　B. 厂部固定资产折旧费
C. 利息支出　　D. 职工报销医药费

2. 销售费用的内容包括（　　）。
A. 销售广告费　　B. 销售过程中的运杂费
C. 销售包装费　　D. 销售机构经费

3. 下列属于损益类账户的是（　　）。
A. “主营业务收入”账户　　B. “营业外收入”账户
C. “所得税费用”账户　　D. “应交税费”账户

4. 期末结转后，无余额的账户有（　　）。
A. “生产成本”　　B. “管理费用”
C. “财务费用”　　D. “制造费用”

5. 关于“本年利润”账户，下列说法正确的是（　　）。
A. 该账户的余额年终应该转入“利润分配”账户
B. 该账户年终结转之后没有余额
C. 该账户各个月末的账户余额可能在借方，也可能在贷方，还可能为零
D. 该账户期末借方余额表示自年初开始至当期期末为止累计实现的盈利

三、判断题

1. 企业利润总额等于企业所有收入减去所有费用。（　　）
2. “管理费用”账户的借方发生额，应于期末采用一定的方式计入产品成本。（　　）
3. 年末，“本年利润”账户的贷方余额 10 000 元，表示全年发生的亏损总额。（　　）
4. “生产成本”账户期末借方余额表示库存产成品成本。（　　）
5. 营业外支出是为实现营业收入而产生的。（　　）

任务 5.6　核算利润分配业务

任务与要求

任务：红都服装有限公司发生有关利润分配业务的核算：将“本年利润”账户期末数结转到“利润分配——未分配利润”账户、提取盈余公积、分配利润等。老会计带领小林熟悉这些业务并会做记账凭证。

要求：核算公司利润分配阶段的业务。

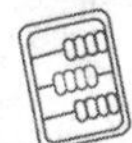

知识讲解

企业在生产经营过程中取得的各种收入，在补偿了各种耗费之后，形成盈利，按照国家规定缴纳企业所得税后，形成企业的净利润。对于企业实现的净利润，应按国家的有关规定进行合理的分配。

5.6.1 利润分配的顺序

利润的分配过程和结果，不仅关系到所有者的合法权益是否得到保护，而且关系到企业能否健康稳定的发展。在对企业的净利润进行分配时，一部分以盈余公积金的形式留归企业，用于企业未来的生产经营；一部分作为回报，分配给投资者；剩余部分尚未指定用途，保留在账上，作为企业可根据未来实际需要，再来动用的资金，称为未分配利润。

按照《中华人民共和国公司法》（以下简称公司法）的有关规定，利润分配应按下列顺序进行：

1. 弥补以前年度亏损

如果以前年度有亏损，对于以前年度的亏损，可以用下一年度的税前利润弥补，下一年度税前利润不足弥补的，可以在 5 年内连续弥补。

2. 计提法定盈余公积金

根据公司法的规定，法定盈余公积金的提取比例为当年税后利润（弥补亏损后）的 10%，当法定盈余公积金已达到注册资本的 50% 时，可不再提取。法定盈余公积金可用于弥补亏损、扩大公司生产经营或转增资本。

3. 计提任意盈余公积金

根据公司法的规定，公司从税后利润中提取法定公积金后，经股东会或者股东大会决议，还可以从税后利润中提取任意公积金。

4. 向股东（投资者）支付股利（分配利润）

根据公司法的规定，公司弥补亏损和提取公积金后所余税后利润，可以向股东（投资者）分配股利（利润），一般是按照持股比例或出资比例进行分配。

知识窗

可供投资者分配的利润 = 本期实现的净利润 – 弥补以前年度亏损 – 提取的法定盈余公积金 – 提取的任意盈余公积金 + 以前年度未分配利润。

5.6.2 未分配利润的计算

未分配利润是指企业留于以后年度分配的利润或待分配利润，是所有者权益的重要组成部分。其计算公式为

期末未分配利润 = 可供投资者分配的利润 – 分配投资者利润

【例 5.1】假定红都服装有限公司本年净利润为 750 000 元，期初未分配利润为 60 000 元，按净利润的 10% 计提法定盈余公积，按净利润的 5% 计提任意盈余公积，公司决定向给投资者分配利润 300 000 元。计算法定盈余公积金、任意盈余公积金、可供投资者分配的利润、期末未分配利润。

解：

提取的法定盈余公积 =750 000 × 10%=75 000（元）

提取的任意盈余公积 =750 000 × 5%=37 500（元）

可供投资者分配的利润 =60 000+750 000–75 000–37 500=697 500（元）

期末未分配利润 =697 500–300 000=397 500（元）

知识窗

留存收益是公司在经营过程中所创造的，但由于法定的原因或公司经营发展的需要等，没有分配给所有者而留存在公司的盈利。它来源于企业的生产经营活动所实现的净利润，包括企业的盈余公积和未分配利润两个部分。

5.6.3 利润分配业务的核算

1. 账户设置

（1）“利润分配”账户

“利润分配”账户属所有者权益类账户，核算企业利润的分配（或亏损的弥补）和历年分配（或弥补）后的积存余额。在实际工作中，一般是年度终了，企业才将全年实现的净利润或产生的净亏损自“本年利润”账户转入“利润分配”账户。如果是净利润,则贷记“利润分配”账户；如果是净亏损则借记“利润分配”账户。按规定从净利润中提取法定盈余公积和公益金或决定分配给投资者利润时，借记“利润分配”账户。年终贷方余额，表示历年累积的未分配利润；如为借方余额，则表示历年未弥补的亏损。

该账户应按利润分配的种类设置明细账，进行明细分类核算。

（2）“盈余公积”账户

“盈余公积”账户属所有者权益账户，核算企业从净利润中提取的盈余公积，包括法定盈余公积和任意盈余公积。从利润中提取盈余公积时，贷记“盈余公积”账户；使用盈余公积时，借记“盈余公积”账户。期末贷方余额反映企业提取的盈余公积余额。

该账户应按盈余公积的种类设置明细账户，进行明细分类核算。

2. 利润分配的核算

企业利润的分配（或亏损的弥补）应通过“利润分配”账户进行。

1）将“本年利润”账户年末余额转入“利润分配——未分配利润”账户时：

借：本年利润
　　贷：利润分配——未分配利润

如果是亏损，分录记账方向相反。

2）提取法定盈余公积、任意盈余公积时：

借：利润分配——提取法定盈余公积
　　　　　　——提取任意盈余公积
　　贷：盈余公积——法定盈余公积
　　　　　　　　——任意盈余公积

3）向投资者分配利润时：

借：利润分配——应付利润
　　贷：应付利润

4）将"利润分配"账户下的其他明细账户的余额转入"利润分配——未分配利润"账户时：

借：利润分配——未分配利润

　　贷：利润分配——提取法定盈余公积

　　　　　　　　——提取任意盈余公积

　　　　　　　　——应付利润

5）向投资者支付分配的利润时：

借：应付利润

　　贷：银行存款

任务与处理

小林跟着老会计学习相关理论知识后，对红都服装有限公司的利润分配业务作以下处理：

【业务5.45】年终，红都服装有限公司将本期"本年利润"账户贷方余额142 275元转入"利润分配"账户。试编制会计分录。

【分析】"本年利润"账户最终的余额表示本年实现的累计净利润或净亏损，年度终了，要将"本年利润"账户的余额转入"利润分配"账户。这样一方面可以反映企业未分配利润或未弥补的亏损的数额，另一方面也可以结清"本年利润"账户。编制会计分录如下：

借：本年利润　　142 275

　　贷：利润分配——未分配利润　　142 275

如果是亏损，则此处结转时编制相反的分录。

【业务5.46】年终，红都服装有限公司按全年税后利润的10%提取法定盈余公积金，按全年税后利润的5%提取任意盈余公积金。假设红都服装有限公司本年全年税后利润为142 275元。试编制会计分录。

【分析】企业要对税后的净利润进行分配，首先应按规定的比例提取法定盈余公积金。这项业务一方面使盈余公积增加，应贷记"盈余公积"账户；另一方面使利润分配增加，应借记"利润分配"账户。编制会计分录如下：

借：利润分配——提取法定盈余公积　　14 227.5

　　　　　　——提取任意盈余公积　　7 113.75

　　贷：盈余公积——法定盈余公积　　14 227.5

　　　　　　　　——任意盈余公积　　7 113.75

附件：利润分配计算表

【业务5.47】年终，红都服装有限公司经研究，决定本年向投资者分配利润30 000元。试编制会计分录。

【分析】这项业务的发生一方面使应支付的利润增加，另一方面使利润分配增加。应支付的利润的增加，应贷记"应付股利"账户；利润分配的增加，应借记"利润分配"账户。编制会计分录如下：

借：利润分配——应付利润　　30 000

　　贷：应付利润　　30 000

附件：企业股东会决议复印件

知识窗

如果是股份制企业，董事会决定分配股利时，则使用"应付股利"账户，结构、用途同"应付利润"账户。

【业务 5.48】年终，红都服装有限公司将"利润分配"账户下的其他明细账户的余额转入"利润分配——未分配利润账户"。试编制会计分录。

【分析】将利润进行分配后，要想知道公司账上还有多少利润剩下的话，必须将已经分配的利润额结转掉，即将本年已分配的各项目结转到"利润分配——未分配利润"账户的借方；结转后，"利润分配——未分配利润"账户余额反映企业历年积存的未分配利润。这样结转后，除"利润分配——未分配利润"明细账户外，本账户的其他明细账户应无余额。编制会计分录如下：

借：利润分配——未分配利润　　51 341.25
　　贷：利润分配——提取法定盈余公积　　14 227.5
　　　　　　　　——提取任意盈余公积　　7 113.75
　　　　　　　　——应付利润　　30 000

想一想

经过这一轮利润分配后，红都服装有限公司还剩下多少利润（即未分配利润）有多少？

任务巩固

训练一

目的：掌握期末会计业务的处理。

资料：本节任务处理业务 5.45 ～业务 5.48。

要求：填制记账凭证。

训练二

目的：掌握利润分配的核算知识。

资料：利润分配业务账户关系如图 5.8 所示。

要求：根据图 5.8，说出各账户间的对应关系。

训练三

目的：掌握利润分配过程中经济业务的处理方法。

内容：南华公司"利润分配——未分配利润"账户期初余额为 100 000 元。

1）2014 年 12 月 31 日，南华公司将全年实现的净利润 1 200 000 元从"本年利润"账户转入"利润分配"账户；

2）2014 年 12 月 31 日，南华公司按全年税后利润的 10% 提取法定盈余公积金，按 5% 提取法定公益金，全年税后利润为 1 200 000 元；

3）2014 年 12 月 31 日，南华公司经研究决定向投资者分配利润 150 000 元；

4）2014 年 12 月 31 日，南华公司将"利润分配"账户下的其他明细账户的余额转入"利

润分配——未分配利润”账户。

要求：

1）根据上述资料编制会计分录。

2）画出“利润分配——未分配利润”“T”形账户。

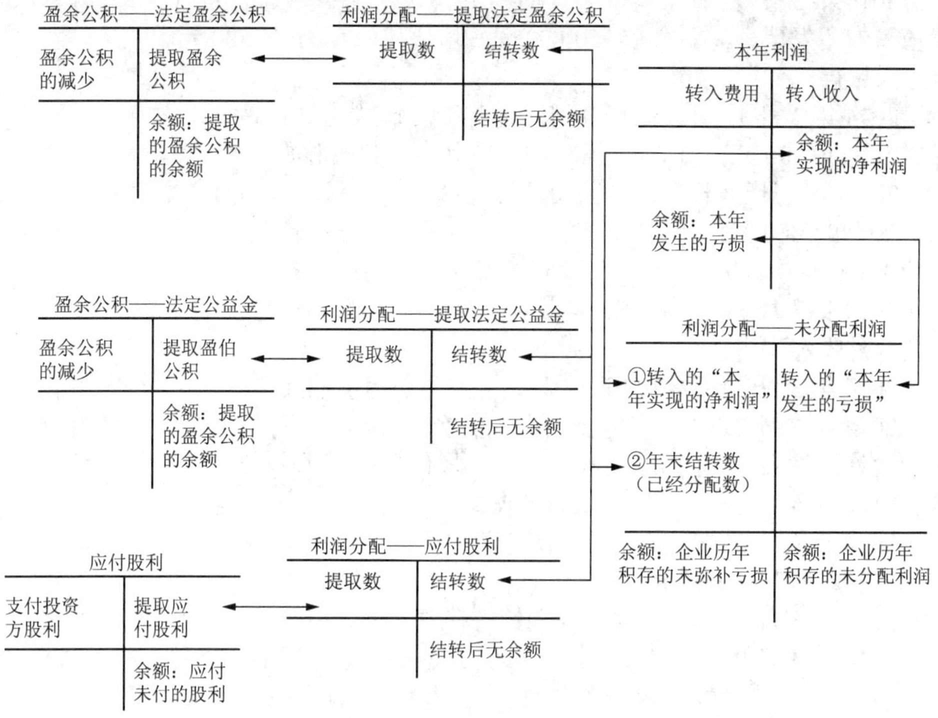

图 5.8　利润分配业务账户关系

训练四

目的：掌握企业经济业务的综合处理方法。

资料：

1）2014 年 3 月 1 日，南华公司收到北海发展公司的投资 3 000 000 元，款项存入银行。

2）2014 年 3 月 2 日，南华公司向银行借入款项 300 000 元（期限为 3 年，年利率为 14%），借入款项存入银行。

3）2014 年 3 月 3 日，南华公司接受北实公司的投资，收到作为投资的固定资产一台，双方的协议价 380 000 元。

4）2014 年 3 月 4 日，南华公司上个月停产 B 产品，出售生产 B 产品用的丙材料一批，增值税专用发票注明商品货款 5 000 元，增值税税额 850 元。款项收到，存入银行。

5）2014 年 3 月 7 日，南华公司以银行存款向红十字会捐款 5 000 元。

6）2014 年 3 月 8 日，南华公司从银行存款中提取现金 130 000 元，准备发放上月职工工资。

7）2014 年 3 月 9 日，南华公司以现金 130 000 元，支付上月职工工资。

8）2014 年 3 月 10 日，南华公司以银行存款向投资者发放上年度利润，计 150 000 元。

9）2014 年 3 月 11 日，总经理王光出差，预借差旅费 2 000 元，以现金支付。

10）2014年3月13日，南华公司购入生产用设备一台，货款120 000元，增值税税额20 400元，以银行存款支付。

11）2014年3月14日，南华公司从月华工厂购入甲材料一批，增值税专用发票上注明商品货款70 000元，增值税税额11 900元。材料尚未验收入库，款项已用银行存款支付。

12）2014年3月16日，南华公司向南方公司销售A产品300件，每件售价500元。开出增值税专用发票，注明货款150 000元，增值税税额为25 500元。产品已发出，款项已收到存入银行。

13）2014年3月17日，南华公司从金花工厂购入乙材料一批，增值税专用发票上注明商品货款为30 000元，增值税税额为5 100元。材料已验收入库，款项尚未支付。

14）2014年3月18日，南华公司从方能公司购入甲材料一批，增值税专用发票上注明商品货款为93 000元，增值税税额为15 810元，以支票支付。同时，以支票支付甲材料的运杂费1 800元，商品已验收入库（运杂费未取得扣税凭证）。

15）2014年3月19日，南华公司收到一笔违约赔偿金500元，存入银行。经领导批准，作为"营业外收入"。

16）2014年3月20日，南华公司以现金支付医务室购买药品的支出900元。

17）2014年3月21日，南华公司向北方公司销售A产品200件，每件售价550元，开出增值税专用发票，注明货款110 000元，增值税税额18 700元。产品已发出，委托银行收款，向银行办妥托收手续，货款尚未收到。

18）2014年3月22日，南华公司从月华工厂购入的甲材料已运到并验收入库，甲材料的实际采购成本为70 000元。

19）2007年3月25日，南华公司用银行存款支付销售产品的广告费1 700元。

20）2014年3月26日，南华公司向东方公司销售A产品350件，每件售价510元。开出增值税专用发票，注明货款178 500元，增值税税额30 345元。产品已发出，收到对方开出的银行承兑汇票一张，票面金额为208 845元。

21）2014年3月29日，王光出差归来报销差旅费2 200元，将现金200元补交王光，结清原借款2 000元。

22）2014年3月31日，红都服装有限公司从金花工厂购入乙材料一批，增值税专用发票上注明商品货款为20 000元，增值税税额为3 400元，以商业承兑汇票支付，材料已验收入库。

23）2014年3月31日，南华公司以银行存款归还一笔两年期长期借款，该借款属一次性还本付息，共240 000元。

24）2014年3月31日，南华公司结转已售丙材料的成本3 000元。

25）2014年3月31日，南华公司本月仓库发料汇总表如表5.6所示。

表5.6　南华公司原材料发出汇总表

2014年3月31日

项目	甲材料			乙材料			合计
	数量	单价	金额	数量	单价	金额	
A产品耗用	17 000	6.00	102 000	7 000	9	63 000	165 000
管理部门领用	2 000	6.00	12 000	500	9	4 500	16 500
合计	19 000		114 000	7 500		67 500	181 500

26）2014 年 3 月 31 日，南华公司结算本月应付职工工资 155 000 元，其中生产 A 产品工人工资 100 000 元，车间管理人员工资 20 000 元，企业管理人员工资 20 000 元，销售部门人员工资 15 000 元。

27）2014 年 3 月 31 日，南华公司据公司实际情况，按工资总额的 10% 计提职工福利费。

28）2014 年 3 月 31 日，南华公司按照规定计提本月固定资产折旧费，其中，生产车间的固定资产应提折旧 2 500 元，管理部门的固定资产应提折旧 1 700 元。

29）2007 年 3 月 31 日，南华公司支付本月的水电费，其中，生产车间 3 500 元，行政管理部门 1 000 元。

30）2014 年 3 月 31 日，南华公司汇总本月制造费用 28 000 元，并进行结转。

31）2014 年 3 月 31 日，南华公司结转本月完工入库 A 产品 600 件的成本。该产品月初无在库产品，本月投产，本月全部完工。600 件产品总成本为 303 000 元。

32）2014 年 3 月 31 日，南华公司汇总结转本期已售 A 产品 850 件的生产成本。

33）2014 年 3 月 31 日，南华公司计算并结转本月销售应缴纳的城市维护建设税 1 346.45 元，应缴纳的教育费附加 577.05 元。

34）2014 年 3 月 31 日，南华公司以支票支付本月销售应交的增值税、城市维护建设税和教育费附加，共计 19 235 元。

35）2014 年 3 月 31 日，南华公司预提本月短期借款利息 500 元。

36）2014 年 3 月 31 日，南华公司将本期各损益类账户的余额转入“本年利润”账户。

37）2014 年 3 月 31 日，南华公司计算并结转本期应交所得税。假定南华公司适用企业所得税税率为 25%，没有纳税调整事项，即应纳税所得额等于利润总额。

要求：

1）制作记账凭证，编制分录，并写出业务发生时应取得的原始凭证；

2）“T”形账户画出企业主要经济业务的账户对应关系图。

任务提升

一、单项选择题

1. 甲公司 2010 年年初“利润分配——未分配利润”账户的余额在借方，数额为 50 万元；2010 年实现净利润 200 万元，提取盈余公积 20 万元，分配利润 50 万元。2010 年年末，未分配利润的数额为（　　）万元。

A. 130　　B. 150　　C. 80　　D. 180

2. 利润分配账户的年末借方余额表示（　　）。

A. 本期实现的净利润　　B. 本期发生的净亏损

C. 企业的未分配利润　　D. 累计尚未弥补的亏损

3. 企业年初未分配利润为 200 万元，本年净利润为 2 000 万元，按 10% 计提法定盈余公积，按 5% 计提任意盈余公积，宣告发放现金股利为 160 万元，该企业期末未分配利润为（　　）万元。

A. 1 710　　B. 1 734　　C. 1 740　　D. 1 748

4. 年末结转后，“利润分配”账户的贷方余额表示（　　）。

A. 未分配利润　　B. 利润分配额

C. 利润实现额　　D. 未弥补亏损

5. 利润分配按其账户反映的经济内容应属于（　　）账户。

A. 资产类　　B. 所有者权益类　　C. 损益类　　D. 负债类

二、多项选择题

1. 关于利润分配，下列说法正确的有（　　）。

A. 公司制企业的法定盈余公积应该按照税后利润的 10% 计提

B. 法定盈余公积可以转增资本

C. 任意盈余公积的计提比例由企业自己决定

D. 未分配利润是没有指定用途的利润

2. 下列各项中会引起年末未分配利润数额变化的有（　　）。

A. 用盈余公积转增资本　　B. 用资本公积转增资本

C. 本年利润转入　　D. 提取盈余公积

3. 所有者权益由（　　）构成。

A. 实收资本　　B. 资本公积　　C. 盈余公积　　D. 未分配利润

4. 下列说法不正确的有（　　）。

A. 年末结转后，“利润分配”账户的贷方余额表示利润分配总额

B. 年末结转后，“利润分配”账户的贷方余额表示实现的利润总额

C. 年末结转后，“利润分配”账户的贷方余额表示未分配利润

D. 年末结转后，“利润分配”账户的贷方余额表示未弥补亏损

三、判断题

1. 未分配利润有两层含义：一是留待以后年度分配的利润；二是未指定用途的利润。（　　）

2. “利润分配－未分配利润”账户年末贷方余额表示未弥补的亏损数。（　　）

3. “利润分配”账户期末既可能出现借方余额，也可能出现贷方余额。（　　）

4. 盈利企业，在年度中间“利润分配”账户的期末余额在借方；年末，该账户余额在贷方。（　　）

5. 企业对实现的净利润进行分配时，可以直接在“本年利润”账户的借方反映利润分配的实际数，也可以单独设置“利润分配”账户反映。（　　）

课外阅读

会计专业好素养——细心

在日常生活和工作中，时常有上学时忘了带做好的作业本，开门进屋后忘了把钥匙拔下来，自己的东西总是丢三落四，到用的时候满世界找也找不到等问题，我们常说是粗心。对于学生来讲粗心影响学习成绩，特别是关键的考试会影响人生轨迹；对于走上社会的人员来说，粗心会造成严重的损失，甚至会造成家破人亡、违法犯罪。

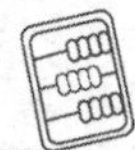

会计工作与钱物打交道，需要对数字敏感，账和实物一分不能差，需要培养细心和细致的工作态度，不论做什么事情，都需要一丝不苟，不容得半点马虎，一点的失误就会导致前功尽弃。细心不是一朝一夕能养成的，关键还是要日积月累。

心理学家认为，人们对较难的问题心理上比较重视，在大脑皮层上形成的兴奋灶比较强烈，不易受其他兴奋灶的干扰，因而不易出现差错；反之，对较易的问题心理上不太重视，在皮层上形成的兴奋灶比较微弱，易受其他兴奋灶的干扰，因而较易出现差错。会计工作面对的不是深刻的文字，而是反复出现的阿拉伯数字，很容易产生疲倦的感觉。一旦注意力不集中，就会导致账目记录、登录错误，计算的错误等问题。正因为这样，加强对工作和学习的重要性的认识，提高责任心，静下心来，高度集中注意力，不分心，不心浮气躁，粗心就会远离我们。

还有很重要的一条就是学会细心观察关心身边的小事。平时的工作、学习和生活过程中，要有意识地进行自我教育，在做事之前自我提醒、自我调节、自我控制，对身边所发生的事情，要常常思考它们的因果关系，时刻注意自己的一言一行，尽最大可能做到严格按照规范行事，做到手、口、脑、耳、眼俱到，对于做不到位的执行问题，要挖掘它们的症结所在。对于习以为常的做事方法，要有改进或优化的建议，要随时随地对不足的地方补位。时间长了，慢慢就会进而形成习惯。

细心的人在各种竞争中总是先人一步，高人一分，高人一档。

单元 6
账　簿

学习目标

知识与技能目标

- 清楚会计账簿的种类和设置要求；
- 明了会计账簿的基本格式；
- 学会账簿登记方法及错账更正的方法；
- 牢记对账和结账的要点。

过程与方法

通过观看、尝试会计账簿登记工作，分析、总结归纳出会计账簿的设置和登记的要领，在练习中注意按规范记账、更正错账和结账，理解会计账簿在会计核算工作中所处的关键位置。

情感态度与价值观

会计信息失真已成为上至国家领导人、下至普通投资人深恶痛绝的“陋习”，通过学习体验账簿与生活和工作的关系，循序渐进，培养认真细致的职业习惯。“不做假账，不做错账”。

任务 6.1　认 识 账 簿

任务与要求

任务：老会计给小林看了一些账簿，如图 6.1 所示，请小林说说这是什么账，它的用途是什么。

图 6.1　日记账

要求：懂得账簿的意义，学会账簿设置。

知识讲解

6.1.1 账簿的定义

今天的账各式各样，门类齐全，每一种账都从一个方面反映着企业经济活动变化的全过程，相互配合，构成能够反映企业经营活动记录的完整体系。

会计账簿（简称账簿）就是由一定格式账页组成的，以会计凭证为依据，全面、系统、连续地记录各项经济业务的簿籍。

小林学习了账簿的有关知识，理解了账簿的意义。

1）通过账簿的设置和登记记载储存会计信息。将会计凭证所记录的经济业务记入有关账簿，可以全面反映会计主体在一定时期内所发生的各项资金运动，储存所需要的各项会计信息。

2）通过账簿的设置和登记分类汇总会计信息。账簿由不同的相互关联的账户所构成，通过账簿记录，一方面可以分门别类地反映各项会计信息，提供一定时期内经济活动的详细情况；另一方面可以通过发生额、余额计算，提供各方面所需要的总括会计信息，反映财务状况及经营成果。

3）通过账簿的设置和登记检查校正会计信息。账簿记录是会计凭证信息的进一步整理。

4）通过账簿的设置和登记编表输出会计信息。为了反映一定日期的财务状况及一定时期的经营成果，应定期进行结账工作，进行有关账簿之间的核对，计算出本期发生额和余额，据以编制会计报表，向各方提供所需要的会计信息。

6.1.2 账簿的种类

1. 按用途不同分类

账簿按其用途，可分为序时账簿、分类账簿和备查账簿。

（1）序时账簿

序时账簿又称日记账簿，是按照经济业务发生和完成时间的先后顺序逐日逐笔进行登记的账簿。

序时账簿可以用来记录全部经济业务的完成情况，也可以用来记录某一类经济业务的完成情况。由于日记账的登记是逐日逐笔进行的，记账的工作量大，所以在实际工作中，各个单位通常只是对现金、银行存款的收、付款业务，才设置日记账簿登记，目的是为了加强对货币性资产的管理，保护其安全完整和合理使用。

（2）分类账簿

分类账簿是按照账户对经济业务进行分类核算和监督的账簿。按照总分类账户进行分类登记的账簿，称为总分类账簿；按照明细分类账户进行分类登记的账簿，称为明细分类账簿。

总分类账簿是按照总分类账户设置和登记的，用来分类登记全部经济业务，提供各种资产、负债、所有者权益、收入、费用及利润等总括核算资料的分类账簿，简称总账。明细分类账是按照明细分类账户设置和登记的、用来分类登记某一类经济业务，提供较其总账更为详细的核算资料的分类账簿，简称明细账。明细账对总账起着补充、说明作用，是总账的辅助账簿。

（3）备查账簿

备查账簿又称辅助账簿，是对某些在日记账和分类账等主要账簿中不予登记或登记不够详细的经济业务事项进行补充登记时使用的账簿。它不是根据会计凭证登记的账簿，同时它也没有固定的格式，但是它可以对某些经济业务的内容提供必要的参看资料。例如，租入固定资产登记簿。需要说明是，并非每个单位都应设置备查账，它是根据各个单位的实际需要来设置和登记。

2. *按外表形式分类*

账簿按照外表形式，可分为订本式账簿、活页式账簿和卡片式账簿。

（1）订本式账簿

订本式账簿是在启用前就已将账页装订在一起，并对账页进行了连续编号的账簿，简称订本账（见图 6.2）。

图 6.2　订本账

这种账簿的优点是可以避免账页的散失和防止账页被抽换，比较安全。因此，现金日记账、银行存款日记账和总账，按要求必须使用订本账。其缺点是账页固定，不便增减，要为每一账户预留若干空白账页，如留页不够会影响账户的连续记录，留页过多又会造成浪费。同时，订本账在同一时间内只能由一人登记，不利于记账人员的分工协作。

（2）活页式账簿

活页式账簿又称活页账，是在账簿登记完成之前把账页装在账夹内，当账簿登记完成之后（通常是一个会计年度完成之后），才将账页装订，加具封面，并给各账页连续编号的簿籍（见图 6.3）。

这种账簿的优点是平时可以根据需要随时增添或取出账页，不会浪费账页，使用较为灵活，并且便于分工记账。其缺点是账页容易散失和被抽换。订本账一般用于各种明细账。

图 6.3　活页账

(3) 卡片账

卡片账是将所需格式印刷在硬卡上，通常是由若干零散的、具有专门格式的硬纸卡片组成的账簿（见图6.4）。卡片账也是一种活页账，在我国，一般只对固定资产明细账采用卡片账形式。

固定资产卡片

卡片编号　　　　　　　　　　　　　　　　　　日期

固定资产编号		固定资产名称			
类别编号		类别名称		资产组名称	
规格型号		使用部门			
增加方式		存放地点			
使用状况		使用年限（月）		折旧方法	
开始使用日期		已计提月份		币种	
原值		净残值率		净残值	
累计折旧		月折旧率		本月计提折旧额	
净值		对应折旧科目		项目	

录入人　　　　　　　　　　　　　　　　　　录入日期　2015-01-01

图6.4　固定资产卡片账

3. 按所使用的账页格示分类

账簿按照所使用的账页的格式可以划分为三栏式账簿、多栏式账簿、数量金额式账簿、横线登记式账簿。

(1) 三栏式账簿

三栏式账簿是由三栏式账页组成的账簿，基本结构由借、贷、余三栏构成。三栏式账簿主要用以反映某项资金的增加、减少和结余情况及结果，适用于只需要进行金额核算的经济业务。常用于总分类账及应收账款、应付账款等明细分类账。

(2) 多栏式账簿

多栏式账簿是由多栏式账页组成的账簿，基本结构是在借方、贷方栏目下面再分设若干专栏。多栏式账簿主要用以详细具体的记载某一小类经济业务的活动情况，适用于需要进行分项目具体反映的经济业务。常用于制造费用、管理费用、本年利润等明细分类账。

(3) 数量金额式账簿

数量金额式账簿是由数量金额式账页组成的账簿，基本结构是在借、贷、余三栏下面再分设数量、单价、金额三个小栏目。数量金额式账簿主要用以具体反映数量、单价、金额三者之间的关系，适用于既需要进行金额核算又需要进行数量核算的经济业务。常用于库存商品、原材料等明细分类账。

(4) 横线登记式账簿

横线登记式账簿又称平行式账簿，是全部由横线登记式账页组成的账簿，基本结构是在同一张账页的同一行，记录某一项经济业务从发生到结束的有关内容。横线登记式账簿可以对照反映一项经济活动的来龙去脉，对应关系清楚明了，适用于需要逐步进行结算的经济业务。常用于其他应收款、材料采购等明细账。

账簿种类如图 6.5 所示。

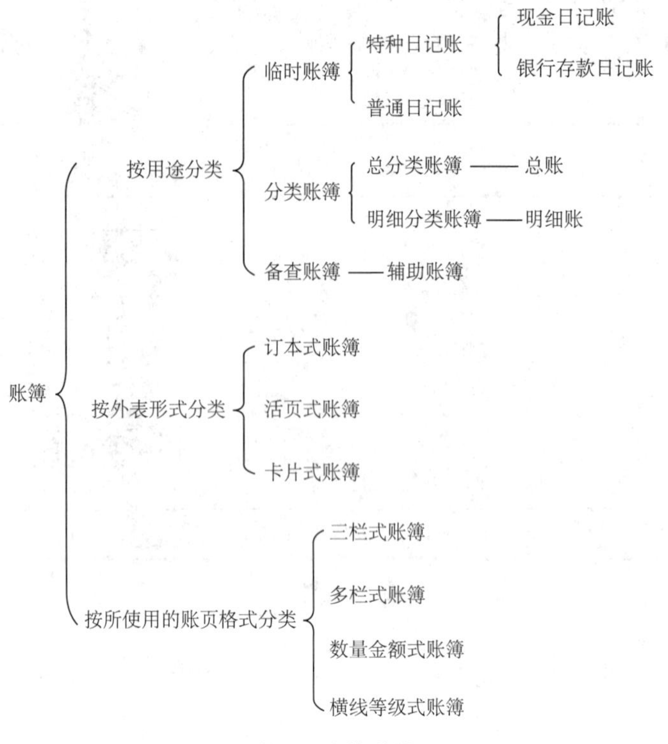

图 6.5　账簿种类

6.1.3　账簿的基本内容

登记账簿是会计核算的内容之一，为保证会计核算资料的及时提供和内在质量，企业、行政事业单位在使用账簿时必须遵循有关原则，认真地做好账簿登记工作。账簿应具备封面、扉页和账页三大基本内容，具体内容如表 6.1 和图 6.6 ~图 6.8 所示。

表 6.1　账簿应具备的基本内容

封面	账簿名称
	记账单位名称
扉页	账簿名称、编号、页数、启用日期、经管人员姓名及交接记录
	账户目录
	主管会计人员签章
账页	账户名称、总页数和分页数
	经济业务内容
	记账日期栏、凭证种类及号数栏、摘要栏、借贷方金额栏、余额方向栏、余额栏

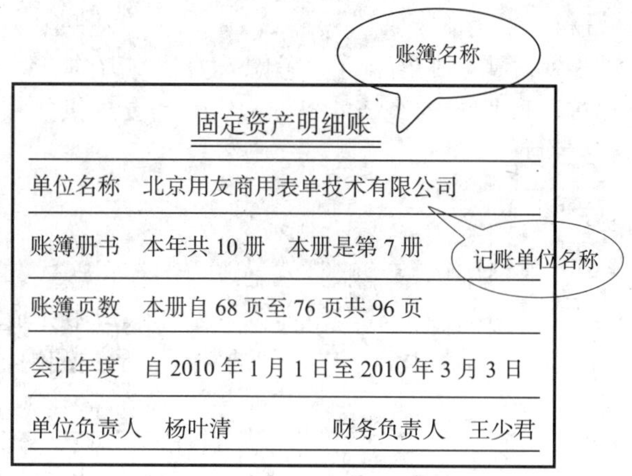

固定资产明细账

单位名称　北京用友商用表单技术有限公司

账簿册书　本年共10册　本册是第7册

账簿页数　本册自68页至76页共96页

会计年度　自2010年1月1日至2010年3月3日

单位负责人　杨叶清　　　财务负责人　王少君

图 6.6　账簿封面图

账 簿 启 用 表

单位名称								单位公章	
账簿名称	账								
账簿编号	字第　号第　册共　册								
账簿页数	本账簿共计　页								
启用日期	201　年　月　日								
经管人员		接　管			移　交			会计负责人		备　注
姓名	盖章	年	月	日	年	月	日	姓名	盖章	

图 6.7　账簿扉页

总第____页　分第____页

应付账款

____级科目编号及名称红星材料厂

____级科目编号及名称__________

2007年		凭证		摘　要	日期	借方									贷方									借或贷	余额								
月	日	种类	号数			百	十	万	千	百	十	元	角	分	百	十	万	千	百	十	元	角	分		百	十	万	千	百	十	元	角	分
7	1			期初余额																				贷			1	0	0	0	0	0	0
7	3	记	6	偿付前欠货款				1	0	0	0	0	0	0										平							0		
7	5	记	10	冲销7月3日多记金额					9	0	0	0	0	0										贷				9	0	0	0	0	0

经济业务内容

图 6.8　账簿账页

6.1.4　账簿的设置原则

任何单位都应当根据本单位经济业务的特点和经营管理的需要，设置一定种类和数量的账簿。一般说来，设置账簿应当遵循下列原则。

1）账簿的设置要能保证全面、系统地反映和监督各单位的经济活动情况，为经营管理提供系统、分类的核算资料。

2）设置账簿要在满足实际需要的前提下，考虑人力和物力的节约，力求避免重复记账。

3）账簿的格式，要按照所记录的经济业务的内容和需要提供的核算指标进行设计，要力求简便实用，避免繁琐重复。

6.1.5 账簿与账户的关系

账户存在于账簿之中，账簿中的每一账页就是账户的存在形式和载体，没有账簿，账户不能独立存在；账簿序时、分类地记载经济业务，是在账户中完成的。因此，账簿只是一个外在形式，账户才是其内在真实内容，二者间的关系是形式和内容的关系。

知识窗

1）会计法规定：各单位发生的各项经济业务应当在依法设置的会计账簿上统一登记、核算，不得违反该法和国家统一的会计制度规定私设会计账簿登记、核算。

2）《关于会计基础工作规范化的意见》规定：各单位应当按照会计法和国家统一会计制度的规定建立会计账册，进行会计核算，及时提供合法、真实、准确、完整的会计信息。

3）《中华人民共和国公司法》规定：公司除法定的会计账册外，不得另立会计账册。

4）《中华人民共和国税收征收管理法》规定：从事生产、经营的纳税人应当依照该第十二条，自领取营业执照之日起15日内设置账簿。

在老会计的指导下小林知道，企业必须按照会计法和国家统一会计制度的规定设置会计账簿，包括总账、明细账、日记账和其他辅助性账簿。

1）设置总账。总账是根据一级会计科目（亦称总账科目）开设的账簿，用来分类登记企业的全部经济业务，提供资产、负债、所有者权益、费用、收入和利润等总括的核算资料。总账的格式采用三栏式，外表形式一般应采用订本式账簿。

2）设置明细账。明细账通常根据总账科目所属的明细科目设置，用来分类登记某一类经济业务，提供有关的明细核算资料。明细账的格式主要有三栏式、数量金额式和多栏式，企业应根据财产物资管理的需要选择明细账的格式。明细账的外表形式一般采用活页式。明细账采用活页式账簿，主要是使用方便，便于账 页的重新排列和记账人员的分工，但是活页账的账页容易散失和被随意抽换。因此，使用时应顺序编号并装订成册，注意妥善保管。

3）设置日记账。日记账又称序时账，是按经济业务发生时间的先后顺序逐日逐笔进行登记的账簿。根据财政部《会计基础工作规范》的规定，各单位应设置现金日记账和银行存款日记账，以便逐日核算和监督现金和银行存款的收入、付出和结存情况。现金日记账和银行存款日记账的账页一般采用三栏式，即借方、贷方和余额三栏。账簿的外表形式必须采用订本式。

知识窗

现金和银行存款是企业流动性最强的资产，为保证账簿资料的安全、完整，财政部《会计基础工作规范》第五十七条规定：“现金日记账和银行存款日记账必须采用订本式账簿。不得用银行对账单或者其他方法代替日记账。”

4）设置备查账。

备查账是一种辅助账簿，是对某些在日记账和分类账中未能记载的会计事项进行补充登记的账簿。备查账应根据统一会计制度的规定和企业管理的需要设置，并不是每个企业都要设置备查账簿，而应根据管理的需要来确定，但是对于会计制度规定必须设置备查簿的科目，如“应收票据”、“应付票据”等，必须按照会计制度的规定设置备查账簿。备查账的格式由企业自行确定。备查账没有固定的格式，一般采用活页式，与其他账簿之间也不存在严密的勾稽关系，其格式可由企业根据内部管理的需要自行确定。

知识窗

备查账簿与序时账簿和分类账簿相比，存在两点不同之处：一是登记依据可能不需要记账凭证，甚至不需要一般意义上的原始凭证；二是备查账簿的格式和登记方法不同，备查账簿没有固定的格式，主要栏目不记录金额，它更注重用文字来表述某项经济业务的发生情况。

任务巩固

填写表6.2～表6.4。

表6.2　账簿按照用途分类

账簿名称	定义	种类	说明
序时账簿			
分类账簿			
备查账簿			

表6.3　账簿按照外表形式分类

账簿名称	订本式账簿	活页式账簿	卡片式账簿
定义			
优点			
缺点			
适用范围			

表 6.4　账簿按照所使用的账页的格式分类

账簿名称	三栏式账簿	多栏式账簿	数量金额式账簿	横线登记式账簿
定义				
基本机构				
作用				
适用范围				
举例				

任务提升

一、单项选择题

1. 活页账簿与卡片账簿可适用于（　　）。

A. 库存现金日记账　B. 总账　C. 通用日记账　D. 明细分类账

2.（　　）是按照经济业务发生先后顺序，逐日逐笔登记的账簿。

A. 序时账　B. 分类账　C. 明细账　D. 备查账

3. 必须逐日逐笔登记的账簿是（　　）。

A. 明细账　B. 总账　C. 日记账　D. 备查账

4. 多栏式账页格式一般适用于（　　）明细分类账户的登记。

A. 资产类　B. 负债类　C. 费用类　D. 所有者权益类

5. 启用账簿时，不能在扉页上书写的是（　　）。

A. 单位名称　B. 账簿名称　C. 账户名称　D. 启用日期

6. 总账、现金日记账和银行存款日记账应采用（　　）。

A. 订本账　B. 活页账　C. 卡片账　D. 以上均可

二、多项选择题

1. 下列账簿必须采用订本式账簿的是（　　）。

A. 明细账　B. 总账　C. 现金日记账　D. 银行存款日记账

2. 在下列各项，可以采用多栏式明细账簿的是（　　）。

A. 生产成本　B. 管理费用　C. 原材料　D. 应收账款

3. 明细分类账采用的格式有（　　）。

A. 三栏式　B. 多栏式　C. 数量金额式　D. 订本式

4. 下列说法中正确的有（　　）。

A. 三栏式明细分类账适用于收入、费用类科目的明细核算

B. 总账最常用的格式为三栏式

C. 日记账必须采用多栏式

D. 银行存款日记账应按企业在银行开立的账户和币种分别设置，每个银行账户设置一本日记账

5. 现金、银行存款日记账应采用（ ）。

A. 三栏式 B. 卡片式 C. 订本式 D. 数量金额式

6. 下列说法正确的有：（ ）。

A. 短期借款明细账应采用三栏式账页格式

B. 应收账款明细账应采用订本式账簿

C. 多栏式明细账一般是用于成本费用、收入和利润类的明细账

D. 原材料明细账应采用数量金额式账页格式

7. 账簿扉页上的内容包括（ ）。

A. 启用日期 B. 账簿起止页数

C. 账户目录 D. 账簿交接时间

8. 在会计账簿扉页上填列的内容包括（ ）。

A. 账簿名称 B. 单位名称 C. 账户名称 D. 起止页次

三、判断题

1. 在整个账簿体系中，序时账和分类账是主要账簿，备查账为辅助账簿。（ ）

2. 总账采用订本式账簿，账页格式为多栏式。（ ）

3. 数量金额式明细账适用于明细项目较多，且要求分别列示的成本、费用、收入、利润及利润分配明细账。（ ）

4. 备查账簿不是正式账簿，应根据各单位的实际需要确定应设置哪些备查账簿及采取何种形式。（ ）

5. 在同一张账页的同一行，记录某一项经济业务从发生到结束的有关内容，属于横线登记式账页。（ ）

任务 6.2 启用账簿

任务与要求

任务：老会计给小林拿来一本账册，打开首页，请小林填写。

要求：正确启用账簿。

知识讲解

6.2.1 启用账簿规则

为了保证账簿记录的合法性和会计资料的完整性，明确记账责任，在启用会计账簿时，应在账簿封面上写明账簿名称和单位名称。在账簿扉页上附“账簿使用登记表”，包括启用

日期；账簿页数；记账人员和会计机构负责人；会计主管人员姓名，并加盖人名章和单位公章。

记账人员或者会计机构负责人、会计主管人员在调动工作时，应当注明交接日期、接办人员或交接日期、接办人员或监交人员姓名，并由交接双方人员签名或盖章，以明确双方经济责任。

启用订本式账簿，从第一页到最后一页应顺序编写页数，不得跳页、缺号。使用活页式账页，应按账户顺序编号，并定期装订成册。装订后再按实际使用的账页顺序编写页码。另加目录，记明每个账户的名称和页次。

想一想

账簿启用，为什么会涉及印花税？

知识窗

印花税是对经济活动和经济交往中书立、使用、领用具有法律效力的应税凭证的单位和个人征收的一种税。因其采取在账簿上粘贴印花税票完税而得名。按规定，对于启用的非资金类账簿，按件贴花5元；对于记载单位资金的账簿，单位刚成立启用新账簿的，按实收资本和资本公积增加金额的0.5%贴花，若实收资本和资本公积未增加的，免贴印花。

6.2.2 登记账簿规则

账簿记录是否客观、准确，内容是否清楚、完整，直接影响到会计核算的顺利进行和会计资料的质量，也影响到会计职能作用的正常发挥。因此，会计人员在登记账簿时必须遵循以下规则。

1. 准确完整

登记会计账簿时，应当将会计凭证日期、编号、业务内容摘要、金额和其他有关资料逐项记入账内，做到数字准确、摘要清楚、登记及时、字迹工整。

每一项会计事项一方面要记入有关的总账，另一方面要记入该总账所属的明细账。账簿记录中的日期应该填写记账凭证上的日期；以自制的原始凭证，如收料单、领料单等作为记账依据的，账簿记录中的日期应按有关自制凭证上的日期填列。登记账簿要及时，但对各种账簿的登记时间应该间隔多长，《会计基础工作规范规范》未作统一规定。一般来说，要根据本单位所采用的具体会计核算形式而定。

2. 注明记账符号

登记完毕后，要在记账凭证上签名或者盖章，并注明已经登账的符号，表示已经记账，避免发生重记或漏记。

3. 文字和数字整洁清晰，准确无误

在登记书写时，要注意以下几点。

1）摘要文字紧靠左线。

2）数字要写在金额栏内，不得越格错位、参差不齐。

3）文字、数字字体大小适中，紧靠下线书写，上面要留有适当空距，一般应占格距的1/2，以备按规定的方法改错。数字一般可自左向右适当倾斜，以使账簿记录整齐、清晰。

4. 正确使用书写墨水

登记账簿要用蓝黑墨水或者碳素墨水书写，不得使用圆珠笔（银行的复写账簿除外）或者铅笔书写。

在会计的记账书写中，数字的颜色能够传达重要的会计信息。书写墨水的颜色用错了，会导致会计信息混乱。

5. 红墨水的使用

下列特殊情况，可以使用红色墨水记账。

1）按照红字冲账的记账凭证，冲销错误记录。

2）在不设借贷等栏的多栏式账页中，登记减少数。

3）在三栏式账户的余额栏前，如未印明余额方向的，在余额栏内登记负数余额。

4）根据国家统一的会计制度的规定可以用红字登记的其他会计记录。

6. 登账应连续

各种账簿应按页次顺序连续登记，不得跳行、隔页。如果发生跳行、隔页，应当将空行、空页划线注销或者注明“此行空白”、“此页空白”字样，并由记账人员签名或者盖章，如图6.9所示。

7. 结出余额

凡需要结出余额的账户，结出余额后，应当在“借或贷”等栏内写明“借”或者“贷”等字样。没有余额的账户，应在“借或贷”栏内写“平”字，并在“余额”栏用“0”表示。一般来说，对于没有余额的账户，在“余额”栏内标注的“0”应当放在“元”位。

应收账款　明细账

本账页数　　本户页数

新华工厂 科目

2015年 月	日	记账凭证号数	摘　要	对方科目	页数	借方（十亿千百十万千百十元角分）	贷方（千亿千百十万千百十元角分）	借或贷	余额（百十万千百十元角分）
					李冰	此　行	空		白
7	5		期初余额					借	5 5 0 0 0 0

8. 账页衔接应过次承前

每一账页登记完毕结转下页时，应当结出本页合计数及余额，写在本页最后一行和下页第一行有关栏内，并在“摘要”栏内注明“过次页”和“承前页”字样；也可以将本页合计数及金额只写在下页第一行有关栏内，并在摘要栏内注明“承前页”字样。

“过次页”和“承前页”的方法有两种：一是在本页最后一行内结出发生额合计数及余额，然后过次页并在次页第一行承前页；二是只在次页第一行承前页写出发生额合计数及余额，不在上页最后一页结出发生额合计数及余额后过次页，如图6.10所示。

9. 登账错误，应按正确方法更正

严禁采用刮、擦、挖、补，或是使用化学药物清除字迹。发现差错必须根据错账的具体情况采用正确的方法更正。

10. 账簿要定期打印

实行会计电算化的单位，总账和明细账应当定期打印。发生收付款业务的，在输入收款凭证和付款凭证的当天必须打印出现金日记账和银行存款日记账，并与库存现金核对无误。

登记账簿是会计核算的基础环节，须认真对待，做到登记及时、内容规范。为了做好记账工作，应严格遵守各项记账要求。

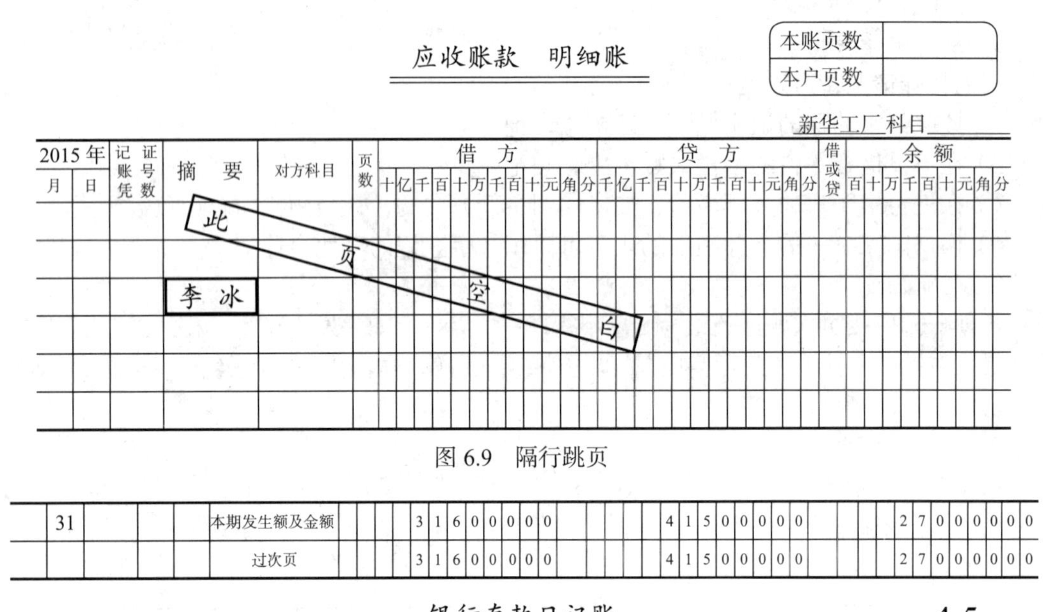

图 6.9　隔行跳页

	日			摘要	借方	贷方	余额
	31			本期发生额及金额	31600000	41500000	27000000
				过次页	31600000	41500000	27000000

银行存款日记账　　45

2015年 月	日	凭证编号	结算方式 类	号码	摘要	借方 十亿千百十万千百十元角分	✓	贷方 十亿千百十万千百十元角分	✓	余额 十亿千百十万千百十元角分
		31			承前页	31600000		41500000		27000000

图 6.10　过次页承前页

任务与处理

1）小林通过学习列出账簿启用的两个工作流程：

①启用账簿的基本工作流程，如图 6.11 所示。

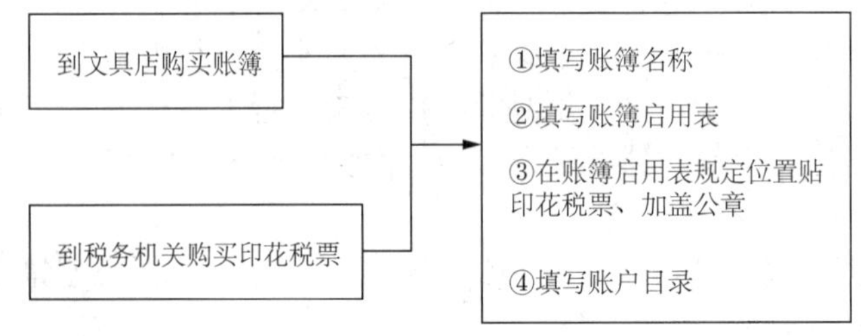

图 6.11　启用账簿的基本工作流程

②登记期初余额的工作流程，如图 6.12 所示。

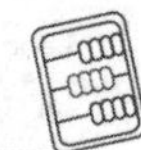

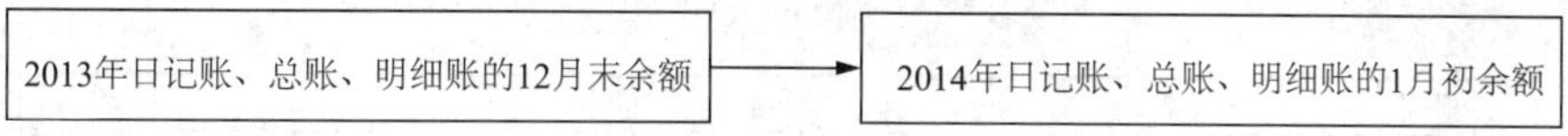

2013年日记账、总账、明细账的12月末余额 → 2014年日记账、总账、明细账的1月初余额

图 6.12　登记期初余额的工作流程

2）小林在老会计的指导下开设2014年日记账、明细账和总账。填写账簿启用表和账户目录。

完成步骤如下。

①在账簿封面上填写单位名称和账簿名称。

②在账簿扉页填写“账簿启用表”（见表6.5）和“账户目录”（见图6.13）。

③在账簿启用表规定位置加盖公章，粘贴印花税票，并划线注销。

④订本式账簿在启用时，应当从第一页到最后一页按顺序编写页码，不得跳页和缺号。

⑤使用活页式账页，装订后再按实际使用的账页顺序编写页码，并填写账簿目录。

表6.5　账簿启用登记表

<table>
<tr><td colspan="2">使用者名称</td><td colspan="4">北京红都服装有限公司</td><td>印　鉴</td></tr>
<tr><td colspan="2">账簿名称</td><td colspan="4">总账</td><td rowspan="6"> 北京红都服装有限公司
★
财务专用章</td></tr>
<tr><td colspan="2">账簿编号</td><td colspan="4">第1号</td></tr>
<tr><td colspan="2">账簿页数</td><td colspan="4">本账簿共计使用　100　页</td></tr>
<tr><td colspan="2">启用日期</td><td colspan="4">2014　年　1　月　1　日</td></tr>
<tr><td rowspan="2">责任者盖章</td><td>主管</td><td>会计</td><td colspan="2">记账</td><td>审核</td></tr>
<tr><td>周阳</td><td>林绍潼</td><td colspan="2">李萌</td><td>孙霞</td></tr>
<tr><td colspan="7">交　接　记　录</td></tr>
<tr><td rowspan="2">姓名</td><td rowspan="2" colspan="2">交接日期</td><td rowspan="2" colspan="2">交接盖章</td><td colspan="2">监交人员</td></tr>
<tr><td>职务</td><td>姓名</td></tr>
<tr><td rowspan="2">林绍潼</td><td colspan="2">经管 2014 年 1 月 1 日</td><td rowspan="2" colspan="2">林绍潼</td><td>会计主管</td><td>周阳</td></tr>
<tr><td colspan="2">交出　年　月　日</td><td></td><td></td></tr>
<tr><td rowspan="2"></td><td colspan="2">经管　年　月　日</td><td colspan="2"></td><td></td><td></td></tr>
<tr><td colspan="2">交出　年　月　日</td><td colspan="2"></td><td></td><td></td></tr>
<tr><td rowspan="2"></td><td colspan="2">经管　年　月　日</td><td colspan="2"></td><td></td><td></td></tr>
<tr><td colspan="2">交出　年　月　日</td><td colspan="2"></td><td></td><td></td></tr>
<tr><td rowspan="2"></td><td colspan="2">经管　年　月　日</td><td colspan="2"></td><td></td><td></td></tr>
<tr><td colspan="2">交出　年　月　日</td><td colspan="2"></td><td></td><td></td></tr>
<tr><td>印花税票</td><td colspan="6"> 5 元</td></tr>
</table>

账户目录

编号	科目	页码	编号	科目	页码	编号	科目	页码
1001	库存现金	1	1211	原材料	11	2101	短期借款	21
1002	银行存款	2	1243	库存商品	12	2111	应付票据	22
1111	应收票据	3	1501	固定资产	13	2121	应付账款	23
1131	应收账款	4	1502	累计折旧	14	2131	预收账款	24

图 6.13　账户目录

3）小林根据 2013 年“应收账款”总账的年末余额，开设 2014 年的“应收账款”总账。

完成步骤：翻开 2014 年新开设的“应收账款”总账第一页，在第一行填写“2014 年 1 月 1 日，上年结转”，直接将 2013 年“应收账款”总账的 12 月 31 日余额，登记在“余额”栏内，并填写月方向“借”。填写方法和格式如图 6.14 和图 6.15 所示。

总　账

科目名称：应收账款

2013 年		凭证号数	摘 要	借 方	贷 方	借或贷	余 额
月	日						
10	1		上年结转			借	15 000
	10	银收 1	收回欠款		5 000		
12	31		本年合计	234 500	204 670	借	44 830

图 6.14　“应收账款”总账开设方法（一）

总　账

科目名称：应收账款

2014 年		凭证号数	摘 要	借 方	贷 方	借或贷	余 额
月	日						
1	1		上年结转			借	44 830

图 6.15　“应收账款”总账开设方法（二）

任务巩固

训练

资料：2013 年“毛料”库存商品明细账资料。

要求：开设 2014 年“毛料”库存商品明细账。

提示：开设库存商品明细账，要同时转入数量、单价和金额（见图 6.16 和图 6.17）。

库存商品明细账

类别：

品名或规格：毛料

存放地点：2 号库

库存商品编号：

储备定额：

计量单位：米

2013 年		凭证号数	摘 要	收入			发出			结存		
月	日			数量	单价	金额	数量	单价	金额	数量	单价	金额
11	30		结转发出商品成本					28.00	14 000	300	28.00	8 400
12	30		入库	500	28.00	14 000				550	28.00	15 400

图 6.16　库存商品明细账（2013 年）

库存商品明细账

类别：　　　　　　　　　　　　　　　　　　　　库存商品编号：
品名或规格：毛料　　　　　　　　　　　　　　　储备定额：
存放地点：2号库　　　　　　　　　　　　　　　计量单位：米

2014年		凭证	摘 要	收入			发出			结存		
月	日	号数		数量	单价	金额	数量	单价	金额	数量	单价	金额

图 6.17　库存商品明细账（2014年）

任务提升

一、单项选择题

1. 关于会计账簿的记账规则，下列表述不正确的是（　　）。
   A. 记账时应使用蓝黑墨水或碳素墨水的钢笔书写，不得使用圆珠笔（银行的复写账簿除外）或铅笔
   B. 账页登记满时，应办理转页手续
   C. 使用活页式账簿时，应先将其装订成册，以防止散失
   D. 在不设借贷等栏的多栏式账页中，登记减少数时，可以使用红色墨水记账
2. 在登账时，如果发生隔页、跳行，则（　　）。
   A. 应将空页撕掉
   B. 应更改账簿记录
   C. 应将空页、空行用蓝线对角划掉，加盖“作废”字样，并由记账人员签章
   D. 应将空页、空行用红线对角划掉，加盖“作废”字样，并由记账人员签章
3. 每登记满一张账页时，（　　）。
   A. 在下一页继续记录发生的业务
   B. 应加计本页发生额总数，结出余额，填在账页的最末一行
   C. 在本页的最末一行“摘要”栏内注明“转次页”字样
   D. 应加计本页发生额总数，结出余额，填在账页的最末一行，并在“摘要”栏内注明“转次页”字样
4. 登记账簿时，错误的做法是（　　）。
   A. 文字和数字的书写占格距的1/2　　B. 发生的空行、空页一定要补充书写
   C. 用红字冲销错误记录　　D. 在发生的空页上注明“此页空白”

二、多项选择题

1. 下列符合登记会计账簿基本要求的有（　　）。
   A. 文字和数字的书写应占格距的1/3
   B. 不得使用圆珠笔书写
   C. 应连续登记，不得跳行、隔页
   D. 无余额的账户，在金额栏内写“平”
2. 登记账簿的基本要求包括（　　）等内容。
   A. 根据审核无误的会计凭证登记账簿

B. 用蓝黑和碳素墨水书写，不得用圆珠笔或铅笔书写
C. 不得用红色墨水记账
D. 按顺序连续登记，不得跳行、隔页

3. 必须逐日结出余额的账簿是（　　）。

A. 现金总账　　B. 银行存款总账
C. 现金日记账　　D. 银行存款日记账

4. 下面关于会计账簿的更换叙述正确的有（　　）。

A. 新账簿建立登记完毕，要进行账账核对，并要与上年度财务报表的所有数据资料完全核对一致
B. 在建立新账前，要对原有各种账簿的账户进行结账、注明“结转下年余额”
C. 建立新账时，在新账簿扉页要填写单位名称、开始启用日期、页数、账簿目录等，并由记账人员签章
D. 固定资产明细账或租入固定资产登记簿等备查账簿可以跨年度使用，不必每年更换一次

三、判断题

1. 记账时，既可用蓝黑墨水笔、碳素墨水笔书写，也可用圆珠笔或铅笔书写，但不得使用红色水笔书写。（　　）

2. 年终结账后，总账和日记账应当更换新账，明细账一般也应更换；但有些明细账，如材料明细账，固定资产明细账可以连续使用，不必每年更换。（　　）

3. 年终更换新账时，新旧账簿有关账户之间的转记金额，应该编制记账凭证。（　　）

4. 在会计年度中间变更记账人员，可不办理有关交接手续。（　　）

5. 使用订本账时，要为每一账户预留若干空白账页。（　　）

6. 登记账簿时，发生的空行、空页一定要补充书写，不得注销。（　　）

任务 6.3　登记日记账与明细账

任务巩固

任务：老会计给小林拿来两张审核后的记账凭证，请小林登记相关账簿。

要求：牢记登记日记账和明细账的要领，正确登记相关账簿。

任务巩固

6.3.1　设置与登记日记账

日记账即序时账，是指会计人员记录和反映现金和银行存款货币资金增减变动和结存情况的账簿，主要包括现金日记账和银行存款日记账。会计核算中使用的日记账都必须按照经济业务发生的时间顺序进行记载反映，不得用银行对账单或者其他方法代替日记账。其格式有三栏式和多栏式两种，无论是哪一种都必须使用订本账。

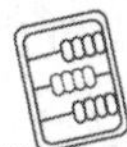

想一想

日记账由谁负责登记和保管？日常记账的依据和工作流程是什么？

1. 设置与登记现金日记账

现金日记账是由会计人员根据审核无误的现金收付款凭证和银行存款、付款凭证，序时逐笔登记，用来反映现金的增减变动与结存情况的账簿。一般采用“三栏式”，设置“收入”栏、“付出”栏和“结存”栏。每日终了时结出余额，并与库存现金数核对，做到账实相符。现金日记账的设置与登记如表6.6和图6.18所示。

表6.6 现金日记账的设置与登记

项目	具体说明
根据复核无误的收付款记账凭证记账	出纳人员在办理收付款时，应当对收款凭证和付款凭证进行仔细的复核，还必须经过复核无误的收付款记账凭证和其所附原始凭证作为登记现金日记账的依据
记载内容必须同会计凭证相一致	出纳人员应在每一笔账上都记明记账凭证的日期、编号、摘要、金额和对应科目等
	经济业务的摘要不能太过简略，应以能够清楚地表述业务内容为准，便于事后查对
	日记账应逐笔分行记录，不得将收款凭证和付款凭证合并登记，也不得将收款和付款相抵后以差额登记
	登记完毕，应逐项复核，复核无误后在记账凭证上的“账页”一栏内标出“过账”符合“√”，表示已经登记入账
逐笔序时登记	现金日记账必须当日账务当日记录，并于当日结出余额；有些现金收付业务频繁的单位，还应随时结出余额，以掌握收、支计划的执行情况
连续登记，逐页结转	各种账簿按页次、行次、位次顺序连续登记，不得跳行、隔页登记
	如果发生跳行、隔页，应当将空行、空页划线注销，或者注明“此行空白”、“此页空白”字样，并由记账人员签名或盖章
	每一账页登记完毕接转下页时应当结出本页合计数及余额，写在本页最后一行和下页第一行有关栏内，并在摘要栏内注明“过次页”和“承前页”字样
登账时的书写技术	日记账中书写的文字和数字上面要留有适当空格，不要写满格，一般应占全格的1/2。登记日记账要用蓝黑墨水或碳素墨水书写，不得使用圆珠笔、铅笔书写。红色墨水只能在结账画线、划线更正错误和红字冲账时使用
要做到日清月结	现金日记账必须逐日结出余额，每月月末必须按规定结账
	平时出具出纳报告单时要结出本期收入、本期支出、本期结存数。现金日记账不得出现贷方余额（或红字余额）

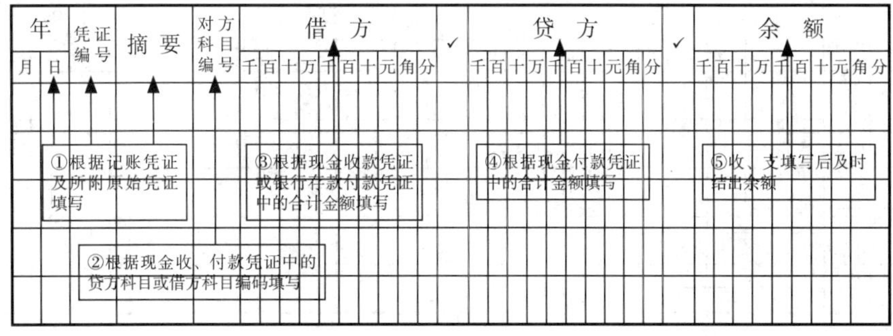

图6.18 现金日记账样式及登记说明

2. 设置与登记银行存款日记账

银行存款日记账是用来逐笔反映企业银行存款的增加、减少和结存情况的账簿。银行存款日记账由会计人员根据银行存款收付款凭证和原始凭证以及有关的现金付款凭证每日逐笔登记，并在每日终了结出银行存款收支发生额和结存额。银行存款日记账的设置与登记如图 6.19 和图 6.20 所示。

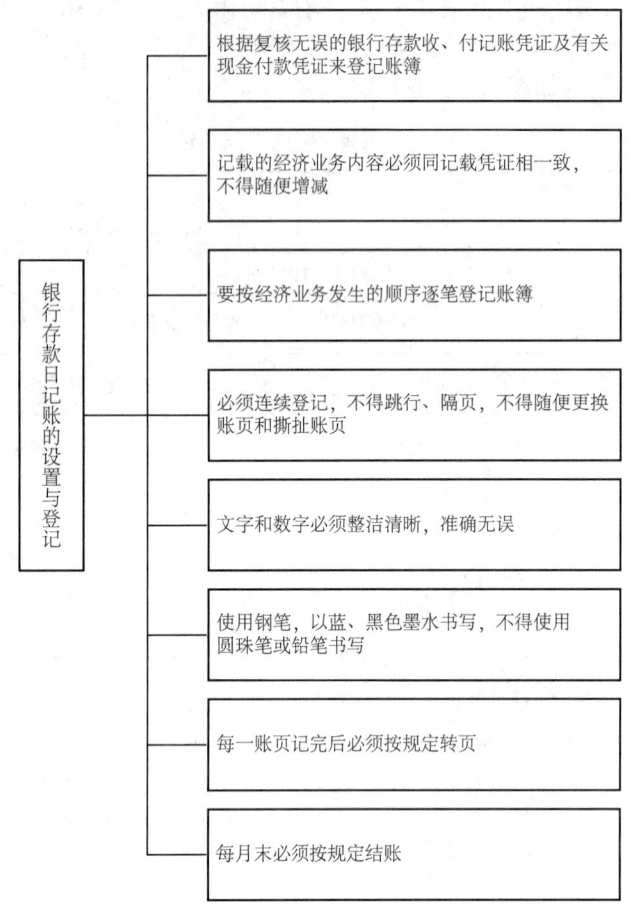

图 6.19　银行存款日记账的设置与登记

年		凭证编号	摘要	结算方式		对方科目编号	借方	✓	贷方	✓	余额
月	日			类	号数		千百十万千百十元角分		千百十万千百十元角分		千百十万千百十元角分

①根据记账凭证及所附原始凭证填写

②根据现金收、付款凭证中的贷方科目或借方科目编码填写

③根据现金收款凭证或银行存款付款凭证中的合计金额填写

④根据现金付款凭证中的合计金额填写

⑤收、支填写后及时结出余额

图 6.20　银行存款日记账样式（三栏式）及登记说明

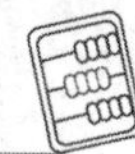

知识窗

期末，应将本单位的银行存款日记账与开户银行转来的对账单进行逐笔核对，以检验企业银行存款日记账的记录是否正确。

6.3.2 设置与登记明细账

明细分类账简称明细账。明细账提供详细、具体的会计核算资料，对总账中记载的总括资料起补充、辅助作用。通常，对财产物资、债权、债务、收入、费用等总分类账按照经济活动的实际需要设置相应的明细分类账。

根据经济活动的特点及记载反映的需要，明晰分类账可采用三栏式账页、数量金额式账页、多栏式账页和横线登记式账页进行登记。

明细分类账应根据审核无误的记账凭证及所附的原始凭证逐日逐笔进行记录，也可以根据经济业务的实际情况和经营管理的需要，进行汇总登记。

下面就各种形式的明细分类账的登记方法进行说明。

1. 三栏式明细分类账

三栏式明细分类账的格式与总分类账的格式相同，也使用“借方”、“贷方”、“余额”三栏式账页。三栏式明细分类账适用于如“应收账款”、“应付账款”、“短期借款”、“长期借款”等只需要对金额进行核算分析的经济业务。三栏式明细分类账样式如图6.21所示。

本账页数	
本户页数	

______明细分类账

______科目______

年		凭证编号	摘要	对方科目编号	借方										✓	贷方										✓	余额									
月	日				千	百	十	万	千	百	十	元	角	分		千	百	十	万	千	百	十	元	角	分		千	百	十	万	千	百	十	元	角	分

图6.21 三栏式明细分类账样式

2. 数量金额式明细分类账

数量金额式明细分类账也采用“借方”、“贷方”、“结存”三栏式的基本结构，但在每栏下面又分别设置“数量”、“单价”、“金额”三个小栏目。数量金额式明细分类账适用于如“原材料”、“库存商品”等既需要进行金额核算又需要进行具体的实物数量核算分析的经济业务。数量金额式明细分类账样式如图6.22所示。

登记数量金额式明细分类账时，首先应将明细科目名称、实物单位、规格、编号等填写在对应的项目内。经济业务发生后，根据有关记账凭证及所附原始凭证上记载的具体内容，登记明细科目的增减数量、单价，并计算出总金额，然后按照选定的核算方法计算出结余的数量、单价和金额。

最高存量________
最低存量________
编号_____规格_____

<u>明细分类账</u>

本账页数	
本户页数	

单位（　）名称______

年		凭证编号	摘要	账页	借方												贷方												余额											
月	日				数量	单价	金额										数量	单价	金额										数量	单价	金额									
							千	百	十	万	千	百	十	元	角	分			千	百	十	万	千	百	十	元	角	分			千	百	十	万	千	百	十	元	角	分

图 6.22　数量金额式明细分类账样式

3. 多栏式明细分类账

多栏式明细分类账，一般在“借方”、“贷方”栏下设立若干专栏，也可在借、贷双方栏下分别设立若干栏，以便具体、详细地记录反映某项资金的增减变动情况。多栏式明细分类账适用于成本、费用等需要详细核算分析其组成、消耗情况的经济业务。多栏式明细分类账的格式多种多样，下面是其中的三种，如图 6.23 ～图 6.25 所示。

本账页数	
本户页数	

<u>明细分类账</u>

科目名称________

年		凭证编号	摘要	借方										贷方										借或贷	余额										借（ ）方金额分析																													
月	日			千	百	十	万	千	百	十	元	角	分	千	百	十	万	千	百	十	元	角	分		千	百	十	万	千	百	十	元	角	分	千	百	十	万	千	百	十	元	角	分	千	百	十	万	千	百	十	元	角	分	千	百	十	万	千	百	十	元	角	分

图 6.23　金额分析式多栏式明细分类账样式

<u>本年利润明细账</u>

本账页数	
本户页数	

科目名称________

年		记账凭证		摘要	借方										贷方										借或贷	余额	✓
月	日	种类	号数										…	合计									…	合计			

图 6.24　借贷金额分析多栏式明细分类账样式

生产成本明细账

科目名称________页次____总页____

投产日期________计划工时________　　生产批号________

完工日期________实际工时________　　生产车间________

完成产量____数量____产品规格____　　产品名称________

年		凭证号数	摘要	借方发生额										成本项目																																							
														直接材料										直接人工										创造费用																			
月	日			千	百	十	万	千	百	十	元	角	分	千	百	十	万	千	百	十	元	角	分	千	百	十	万	千	百	十	元	角	分	千	百	十	万	千	百	十	元	角	分	千	百	十	万	千	百	十	元	角	分

图 6.25　借方金额分析式多栏式明细分类账样式

4．横线登记式明细分类账

横线登记式明细分类账采用在同一账页的同一行分设若干栏，详细地记载一项经济业务从发生到结束的有关内容。横线登记时明细分类账适用于需要进行逐笔对应反映的某些经济业务，如“应收票据”、“应付票据”、“其他应收款”等明细分类账。“其他应收款”明细分类账样式如图 6.26 所示。

其他应收款——备用金明细分类账

年		凭证		摘要	户名	借方（借支）	贷方（报销、收回）						备注
月	日	字	号				年		凭证		报销金额	收回金额	
							月	日	字	号			

图 6.26　其他应收款明细分类账样式

任务与处理

小林根据老会计给的资料完成以下任务：

1．登记日记账

1）小林画出登记日记账流程，如图 6.27 所示。

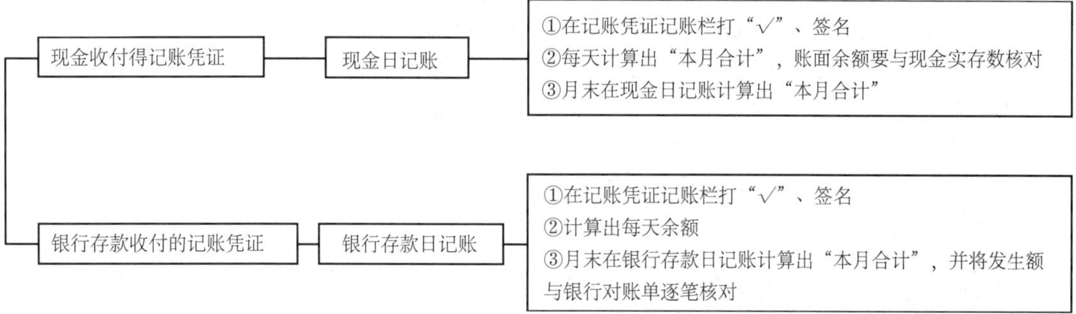

图 6.27　登记日记账流程

2）北京红都服装有限公司 2013 年 12 月 2 日发生以下收付业务：

①出纳员到银行提取现金 5 000 元补充库存现金。会计审核支票存根后填制记账凭证（见表 6.7）。

表 6.7　记账凭证（1）

日期	凭证字号	附件张数	摘要	会计分录	记账 √
2013.12.2	现付 2	1	提取现金	借：库存现金　5 000.00	√
				贷：银行存款　5 000.00	√

②出纳员审核采购员王明差旅费借支单，并支付 2 000 元借款。会计审核差旅费借支单后填制记账凭证（见表 6.8）。

表 6.8　记账凭证（2）

日期	凭证字号	附件张数	摘要	会计分录	记账 √
2013.12.2	现付 3	1	借支差旅费	借：其他应收款——王明　2 000.00	√
				贷：库存现金　2 000.00	√

3）根据表 6.7 和表 6.8 两张记账凭证，小林学习登记现金日记账（见图 6.28）。

现金日记账

2013年		凭证编号	摘要	对方科目编号	借方										贷方										余额									
月	日				千	百	十	万	千	百	十	元	角	分	千	百	十	万	千	百	十	元	角	分	千	百	十	万	千	百	十	元	角	分
1	1		上年结转																									1	6	0	0	0	0	0
11	30		本日合计						3	9	7	2	0	0					4	8	7	3	0	0				8	5	3	9	7	0	0
11	30		本月合计					6	9	2	5	8	0	0				5	7	6	2	7	0	0				8	5	3	9	7	0	0
12	1	现付1	报销付款	管理费用																8	5	8	0	0				8	4	5	3	9	0	0
12	2	现付2	提取现金	银行存款					5	0	0	0	0	0																				
12	2	现付3	借支差旅费	其他应收款															2	0	0	0	0	0										
12	2		本日合计						5	0	0	0	0	0					2	0	0	0	0	0				8	7	5	3	9	0	0

图 6.28　登记完毕的现金日记账

小林总结完成步骤如下：

①“日期”栏：登记库存现金的实际收付日期，应与所依据的记账凭证日期一致。

②“凭证编号”栏：登记据以记账的记账凭证的种类和编号。

③“摘要”栏：摘录经济业务的要点，文字要简练，说明要清晰。

④“对方科目”栏：登记库存现金的对应科目。

⑤“借方”栏：登记库存现金收入的数额。

⑥“贷方”栏：登记库存现金支出的数额。

⑦在记账凭证库存现金对应的记账栏内打“√”，表示已登记现金日记账。

⑧按规定进行结账，结出本日发生额、余额、月末结出本月发生额及余额：

12 月 2 日库存现金余额 =84 539.00+5 000.00–2 000.00=87 539.00（元）

2. 登记明细账

（1）小林画出登记明细账流程

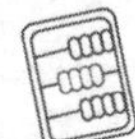

1）仓库保管员和会计共同登记原材料明细账的基本工作流程，如图 6.29 所示。

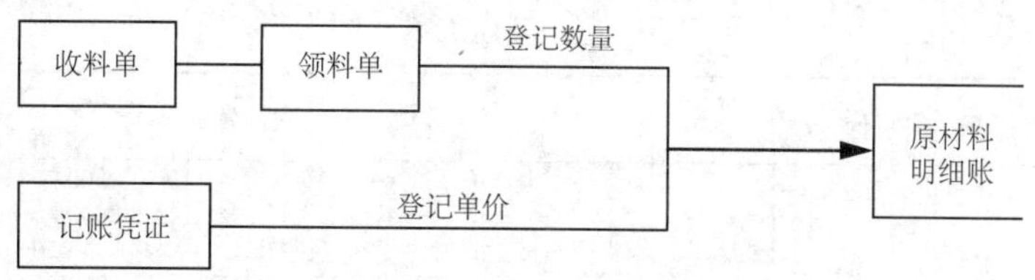

图 6.29 仓库保管员和会计共同登记原材料明细账的基本工作流程

2）会计登记往来明细账、管理费用明细账的基本工作流程，如图 6.30 所示。

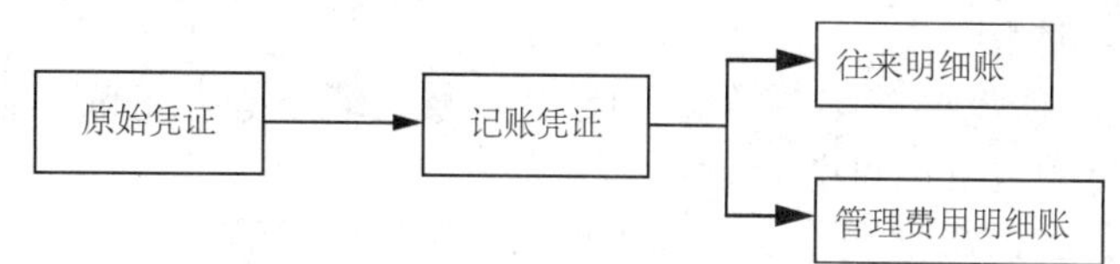

图 6.30 会计登记往来明细账、管理费用明细账的基本工作流程

（2）北京红都服装有限公司 2013 年 12 月发生的经济业务

1）仓库保管员沈晓芃验收毛坯布一批，并填写收料单（见图 6.31）。

收料单

供货单位：京客隆集团

发票编号：3089457321　　2013 年 12 月 20 日　　收料第 423 号

材料类别	材料编号	材料名称	材料规格	计量单位	数量		仓库联
					应收	实收	
		毛坯布	180（宽）	米	1 000	1 000	

验收：沈晓芃　　复核：　　收料：沈晓芃

图 6.31 收料单

2）会计根据京客隆集团开出增值税专用发票（发票联）、支票存根和收料单（记账联）填制记账凭证（见表 6.9）。

表 6.9 记账凭证（3）

日期	凭证字号	附件张数	摘要	会计分录	记账√
2013.12.20	银付 22	3	购白色毛坯布	借：原材料——毛坯布 6 000.00 应交税费——应交增值税（进项税额） 1 020.00 贷：银行存款 7 020.00	√

3）生产主管孙旭领用毛坯料 675 米（见图 6.32）。

领料单

用途：窗帘　　2013 年 12 月 21 日　　领料第 386 号

材料名称及规格	计量单位	请领数量	实发数量	备注	仓库联
毛坯布	米	675	675		

经手人：孙旭　　保管员：沈晓芃

图 6.32 领料单

4）会计根据发出材料汇总表填制记账凭证（见表 6.10）。

表 6.10　记账凭证（4）

日期	凭证字号	附件张数	摘要	会计分录	记账 √
2013.12.30	转 33	1	结转发出材料成本	借：生产成本——休闲装　100 235.00 ——运动装　144 500.00 贷：原材料——毛坯布　4 050.00 ——棉麻布　100 365.00 ——丝绒布　135 000.00 ——线　2 980.00 ——辅料　2 340.00	√

（3）登记原材料明细账

1）仓库保管员根据收料单 423 号、领料单 386 号逐笔登记毛坯布明细账的“收入”、“发出”和“结存”栏目的数量（见图 6.33）。

2）会计员根据银付 22 号凭证登记毛坯布明细账数量栏的“收入”栏目的单价和金额。月末，根据转 33 号凭证登记毛坯布明细账数量栏的“发出”栏目的单价和金额后，在下面通栏划单红线结账（见图 6.32）。并在银付 22 号、转 33 号凭证对应的“原材料——毛坯布”的“记账”栏内打“√”。

本账页数	
本户页数	

最高存量________
最低存量________
编号_____规格_____

原材料　明细分类账

单位（米）名称______

2013 年 月	日	凭证编号	摘要	收入 数量	收入 单价	收入 金额（千百十万千百十元角分）	发出 数量	发出 单价	发出 金额（千百十万千百十元角分）	结存 数量	结存 单价	结存 金额（千百十万千百十元角分）	核对号
1	1		上年结转							2250	6.00	1350000	
11	30	转 38	发出材料成本					6.00	750000	2275	6.00	1365000	
12	20	收 423	入库	1000	6.00	600000				3275			
12	21	领 386	发料				675			2600			
12	30	转 33	发出材料成本					6.00	405000	2600	6.00	1560000	

图 6.33　原材料明细分类账

任务巩固

训练一

目的：登记日记账。

资料：根据表 6.11 和表 6.12，出纳员登记银行存款日记账（见图 6.34）。步骤与登记现金日记账基本一致，区别在于银行存款日记账要登记结算方式，如支票、汇兑等。

要求：登记银行日记账，最后一笔业务结出余额后通栏画单红线。

表 6.11　记账凭证（5）

日期	凭证字号	附件张数	摘要	会计分录	记账 √
2013.12.2	银收 1	1	借入短期借款	借：银行存款　200 000.00 贷：短期借款　200 000.00	√

表 6.12 记账凭证（6）

日期	凭证字号	附件张数	摘要	会计分录	记账 √
2013.12.2	银收 2	1	收回欠款	借：银行存款 200 000.00 贷：应收账款——通用公司 200 000.00	√

银行存款日记账

2013年		凭证编号	摘要	结算方式		对方科目编号	借方										贷方										余额									
月	日			类	号数		千	百	十	万	千	百	十	元	角	分	千	百	十	万	千	百	十	元	角	分	千	百	十	万	千	百	十	元	角	分
1	1		上年结转																										2	7	8	9	1	0	6	5
11	30		本月合计						6	8	4	0	7	0	0	0			7	8	5	2	1	9	8	5			1	3	6	8	0	2	7	2
12	1	银付 1	购文具	支票	17651	管理费用																6	5	7	0	0										
12	1	银付 2	付维修费	支票	17652	制造费用																7	8	4	5	0			1	3	5	3	6	1	2	2

图 6.34 “银行存款”日记账

训练二

目的：登记明细账。

资料：“银收 1 号”凭证（见表 6.11）。

要求：登记“短期借款”明细账，并结出余额（见图 6.35）。

提示：本月只登记一笔业务的账簿不需要划红线。

明细分类账

账户名称：短期借款　　　　利率：6.5%　　　　期限：6 个月

年		凭证编号	摘要	借方										贷方										借或贷	余额									
月	日			千	百	十	万	千	百	十	元	角	分	千	百	十	万	千	百	十	元	角	分		千	百	十	万	千	百	十	元	角	分

图 6.35 “短期借款”明细分类账

训练三

目的：登记明细账。

资料：12 月 30 日，向通用公司出售休闲装 40 套、单价 36 元，西装 60 套、单价 88 元；共计价款 6 720.00 元，税额 1 142.40 元。货物和增值税专用发票已交给通用公司。

会计根据成品出仓单、增值税专用发票（记账联）填制记账凭证，如表 6.13 所示。

表 6.13 记账凭证（7）

日期	凭证字号	附件张数	摘要	会计分录	记账 √
2013.12.30	转 35	2	出售休闲装、西装	借：应收账款——通用公司 7 862.40 贷：主营业务收入——休闲装 1 440.00 ——西装 5 280.00 应交税费——应交增值税（销项税额） 1 142.4.00	√

要求：根据表 6.12 和表 6.13，登记“应收账款——通用公司”明细账，并结出余额，然后在下面划单红线（见图 6.36）。

明细分类账

账户名称：应收账款——通用公司

2013 年		凭证编号	摘要	借方										贷方										借或贷	余额									
月	日			千	百	十	万	千	百	十	元	角	分	千	百	十	万	千	百	十	元	角	分		千	百	十	万	千	百	十	元	角	分
1	1		上年结转																					借				1	8	2	0	0	0	0
1	15	银收 11	收回欠款														1	5	2	0	0	0	0	借					3	0	0	0	0	0
1	22	银收 20	收回欠款															3	0	0	0	0	0	平								0		
5	28	转 35	出售纱帘				2	3	4	0	0	0	0											借				2	3	4	0	0	0	0
9	3	银收 4	收回欠款															9	3	6	0	0	0					1	4	0	4	0	0	0

图 6.36　“应收账款——通用公司”明细分类账

训练四

目的：练习现金日记账和银行存款日记账的登记。

内容：海丰公司 2014 年 8 月 31 日现金日记账和银行存款日记账的余额分别为 2 000 元和 50 000 元。9 月 1 ～ 5 日发生以下现金和银行存款收付业务：

① 2 日，接银行通知，远大公司汇来前欠货款 6 500 元，已收妥入账；

② 2 日，从银行提取现金 3 000 元，以备日常开支；

③ 2 日，办公室张力出差，借支差旅费 1 000 元，以现金给付；

④ 3 日，从银行取得短期借款 20 000 元，已存入银行；

⑤ 3 日，采购部曹林报销市内交通费 40 元，以现金给付；

⑥ 4 日，购入材料一批，已验收入库，其货款 2 340 元，以银行存款支付；

⑦ 4 日，以银行存款支付办公费 1 500 元；

⑧ 5 日，取得小额产品销售货款一笔，收取现金 800 元；

⑨ 5 日，办公室张力出差归来，报销差旅费 830 元，余款交回；

⑩ 5 日，将多余库存现金 2 000 元送存银行。

要求：根据以上经济业务编制记账凭证，并据以登记现金日记账和银行存款日记账（见图 6.37 和图 6.38）。

现金日记账

年		凭证号数	摘要	对方科目	借方	贷方	余额
月	日						

图 6.37　“现金”日记账

银行存款日记账

年		凭证号数	摘 要	对方科目	支票号	借 方	贷 方	余 额
月	日							

图 6.38　“银行存款”日记账

训练五

目的：练习三栏式明细账的登记。

内容:海丰公司 2014 年 8 月 31 日“应收账款——远大公司”明细账的余额为 10 000 元。

要求：根据训练四中经济业务①，据以登记相关明细账图 6.39。

____________________明细账

户名：

年		凭证号数	摘 要	借 方	贷 方	借或贷	余 额
月	日						

图 6.39　相关明细账

训练六

目的：练习多栏式明细账的登记

内容：海丰公司 2014 年 9 月发生涉及管理费用的相关业务如下：

① 3 日，购买办公用品 2 600 元，以转账支票付清；

② 7 日，采购员周明出差归来报销差旅费 800 元；

③ 16 日，支付复印机维修费 300 元，以现金支付；

④ 28 日，支付办公楼保险费 5 000 元；

⑤ 30 日，结算本月行政部门人员工资共计 4 500 元；

⑥ 30 日，结转本月发生费用至“本年利润”账户。

要求：根据上述经济业务，据以登记“管理费用”明细账（见图 6.40）。

管理费用明细账

年		凭证号数	摘 要	借 方							合计
月	日										

图 6.40 “管理费用”明细账

任务提升

一、单项选择题

1. 现金日记账（　　）结出发生额和余额，并与结存现金核对。
   A. 每月　　B. 每 15 天　　C. 每隔 3 ～ 5 天　　D. 每日
2. 所谓日清月结，是指出纳员办理现金出纳业务，必须做到（　　）。
   A. 按日清理，按月结账　　B. 按月清理，按日结账
   C. 按日清理和结账　　D. 按月清理和结账
3. 应收账款、应付账款、应交税费的明细核算一般采用（　　）。
   A. 多栏式明细分类账　　B. 数量金额式明细分类账
   C. 三栏式明细分类账　　D. 横线登记式明细分类账
4. 下列做法错误的是（　　）。
   A. 现金日记账采用三栏式账簿　　B. 产成品明细账采用数量金额式账簿
   C. 生产成本明细账采用三栏式账簿　　D. 制造费用明细账采用多栏式账簿

二、多项选择

1. 出纳人员可以登记和保管的账簿是（　　）。
   A. 现金日记账　　B. 银行存款日记账　　C. 现金总账　　D. 银行存款总账
2. 关于银行存款日记账的登记方法，下列说法中正确的是（　　）。
   A. 由会计负责登记　　B. 按时间先后顺序逐日逐笔进行登记
   C. 每日结出存款余额　　D. 月终计算出全月收入、支出的合计数
3. 现金日记账和银行存款日记账（　　）。
   A. 一般采用订本式账簿和三栏式账页
   B. 由出纳人员登记
   C. 根据审核后的收、付款记账凭证登记
   D. 逐日逐笔序时登记
4. 现金日记账的登记依据有（　　）。
   A. 银行存款收款凭证　　B. 现金收款凭证
   C. 现金付款凭证　　D. 银行存款付款凭证

三、判断题

1. 为了满足内部牵制原则，实行钱、账分管，通常由出纳人员根据收、付款凭证进行现金收支；然后由会计人员登记三栏式现金日记账。（ ）

2. 总分类账和明细分类账一律都是根据记账凭证登记的。（ ）

3. 明细分类账必须逐日逐笔登记，总账必须定期汇总登记。（ ）

4. 各种明细账的登记依据，既可以是原始凭证，也可以是记账凭证（ ）

任务6.4 登记总账

任务与要求

任务：老会计给小林拿来一册记账凭证，让小林登记总账。

要求：按照不同的程序，正确登记总分类账。

知识讲解

6.4.1 设置与登记总分类账

总分类账简称总账。通过总账可以集中、全面地反映经济活动的总体状况，为进一步进行会计核算提供总括的信息资料。每个企业、行政事业单位都要根据本单位经济活动的实际情况设置相关的总分类账。

总分类账通常采用三栏式账页，其基本结构为“借方”、“贷方”、“余额”三栏，总分类账样式如图6.41所示。

总 分 类 账

科目______编码（ ）______年度

年		凭证编号	摘要	对方科目编号	借方										贷方										借或贷	余额									
月	日				千	百	十	万	千	百	十	元	角	分	千	百	十	万	千	百	十	元	角	分		千	百	十	万	千	百	十	元	角	分

图6.41 总分类账样式

想一想

所有单位都要设置总分类账吗？

总分类账登记的依据和方法，主要取决于所采用的账务处理程序。它可以直接根据记账凭证逐笔登记，也可以通过一定的汇总方式，先把各种记账凭证汇总编制成科目汇总表或汇总记账凭证，再据以登记。

6.4.2 账务处理程序

账务处理程序也称会计核算组织程序或会计核算形式，是指会计凭证、会计账簿、财务报表有机结合的方式和步骤，也就是将原始凭证提供的个别的财务数据通过分类、加工整理，综合汇总，形成系统、分类的账簿核算资料。通过编制财务报表，可以将日常核算的账簿资料按照预先确定的指标体系汇总，提供满足会计信息使用者需要的会计信息（见图 6.42）。

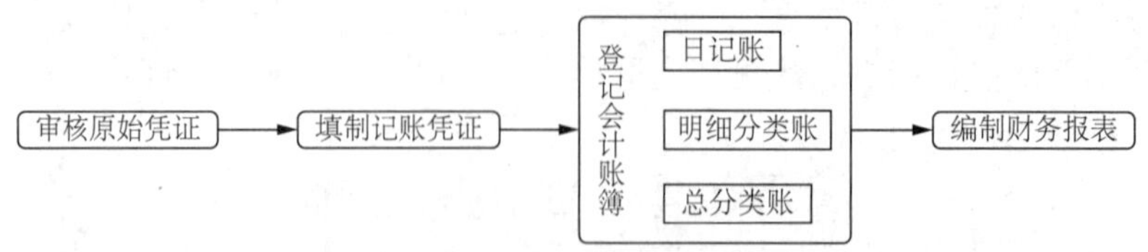

图 6.42　会计核算程序过程

会计凭证、会计账簿、财务报表之间的结合方式不同，会形成不同的账务处理程序。常用的账务处理程序主要有记账凭证账务处理程序、科目汇总表账务处理程序和汇总记账凭证账务处理程序等。不同的账务处理程序有不同的方法、特点和使用范围，它们之间的根本区别在于登记总账的依据和程序不同。在实际工作中，一个单位的性质、规模和业务繁简程度决定了其会计核算的组织与流程的不同。科学、合理地选择适用于本单位的账务处理程序，对于有效地组织会计核算具有重要意义。以下主要介绍两种账务处理程序。

1. 记账凭证账务处理程序

（1）记账凭证账务处理程序的特点

记账凭证账务处理程序的主要特点是直接根据记账凭证逐笔登记总分类账，它是各种会计核算程序中最基本的一种核算程序，其他账务处理程序基本上是在这种核算程序基础上发展而形成的。

在这一程序中，记账凭证可以使用通用记账凭证，也可以分设收款凭证、付款凭证和转账凭证。需要设置的账簿有现金日记账、银行存款日记账、明细分类账和总分类账，其中现金日记账、银行存款日记账和总分类账一般采用三栏式，明细分类账根据需要采用三栏式、多栏式和数量金额式。

（2）记账凭证账务处理的一般程序

记账凭证账务处理的一般程序如图 6.43 所示。

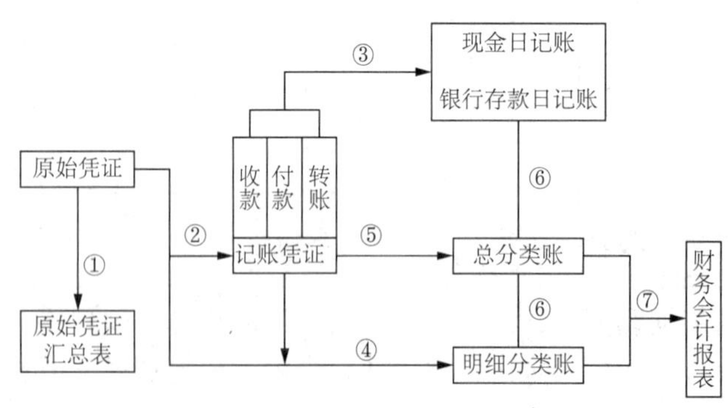

图 6.43　记账凭证账务处理程序

图 6.43 中的序号意义如下：①根据原始凭证编制原始凭证汇总表；②根据原始凭证或原始凭证汇总表，编制收款凭证、付款凭证和转账凭证（或记账凭证）；③根据收款凭证、

付款凭证（或记账凭证）逐笔登记现金日记账或银行存款日记账；④根据原始凭证、原始凭证汇总表和记账凭证逐笔登记各种明细分类账；⑤根据记账凭证逐笔登记总分类账；⑥期末，现金日记账、银行存款日记账和明细分类账的余额同有关总账的余额核对相符；⑦期末，根据总分类账和明细分类账的记录编制财务报表。

（3）记账凭证账务处理程序的优缺点和适用范围

记账凭证账务处理程序简单明了，易于理解，便于掌握。由于总分类账是直接根据各种记账凭证逐笔登记的，因而能比较详细和具体地反映各项经济业务，便于查账。其缺点是如果企业经济业务发生频繁，登记总分类账的工作量会较大。它适用于规模较小、经济业务较少的单位。

记账凭证账务处理程序特别适宜会计电算化处理方式，因为利用计算机可以弥补业务处理工作量过大的问题。在手工记账方式下，为了减少记账凭证的数量和登记总账的工作量，可以先将同类经济业务的原始凭证进行汇总，编制原始凭证汇总表，再根据原始凭证汇总表编制记账凭证。

2. 科目汇总表账务处理程序

（1）科目汇总表账务处理程序的特点

科目汇总表账务处理程序的特点是先根据记账凭证定期编制科目汇总表，再根据科目汇总表登记总分类账的一种账务处理程序，因而又被称为记账凭证汇总表账务处理程序。其记账凭证、账簿的设置与记账凭证账务处理程序基本相同。

（2）科目汇总表账务处理的一般程序

科目汇总表账务处理的一般程序如图 6.44 所示。

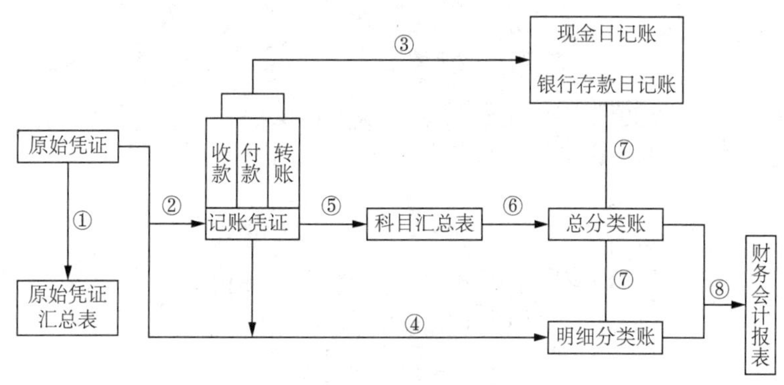

图 6.44 科目汇总表账务处理程序

图 6.44 中的序号意义如下：①根据原始凭证编制原始凭证汇总表；②根据原始凭证或原始凭证汇总表编制收款凭证、付款凭证和转账凭证（或记账凭证）；③根据收款凭证、付款凭证（或记账凭证）逐笔登记现金日记账或银行存款日记账；④根据原始凭证、原始凭证汇总表和记账凭证，逐笔登记各种明细分类账；⑤根据各种记账凭证编制科目汇总表；⑥根据科目汇总表登记总分类账；⑦期末，现金日记账、银行存款日记账和明细分类账的余额同有关总账的余额核对相符；⑧期末，根据总分类账和明细分类账的记录，编制财务报表。

（3）科目汇总表的编制方法

1）根据一定时期内的全部记账凭证，按相同的会计科目进行发生额的归类、汇总。

2）按照借方、贷方定期（如10或20天或一个月）汇总每一会计科目的本期发生额，填写在科目汇总表的借方发生额和贷方发生额栏内。

3）对借、贷方发生额分别相加，求合计值，以反映全部会计科目在一定期间借、贷方发生额。

科目汇总表的格式如表6.14所示。

表6.14　科目汇总表

年　　月（　　日至　　日）　　　　编号：汇　号

科目名称	本期发生额		记账凭证起讫号数
	借　方	贷　方	
合计			

科目汇总表只反映各个会计科目的借方本期发生额和贷方本期发生额，不反映各个会计科目的对应关系。

知识窗

编制科目汇总表时需要注意以下事项：①为了便于登记总账，科目汇总表上的科目排列顺序应尽量与总分类账上的科目排列顺序一致；②科目汇总表的编制时间应根据企业业务量的大小而定，间隔期一般为5～10天，业务较少的单位可以半个月或一个月汇总一次。

（4）科目汇总表账务处理程序的优缺点及适用范围

科目汇总表账务处理程序减轻了登记总分类账的工作量，可以做到试算平衡，简明易懂，方便易学。其缺点是科目汇总表不能反映账户间的对应关系，不便于查对账目。该方法适用于经济业务较多的单位。

（5）科目汇总表账务处理程序举例

科目汇总表账务处理程序可参如表6.15和图6.45所示。

表6.15　科目汇总表

科目名称	1～10日发生额		11～20日发生额		21～30日发生额		本月发生额		账页
	借方	贷方	借方	贷方	借方	贷方	借方	贷方	
库存现金		10 000		1 600	1 000		1 000	11 600	略
银行存款	100 000	32 000				60 00	100 000	38 000	
其他应收款	10 000					10 000	10 000	10 000	
……	……	……	……	……	……	……			
合计	142 000	142 000	9 600	9 600	270 840	270 840	422 440	422 440	

总分类账

会计科目：库存现金

2014年		凭证		摘要	借方	贷方	借或贷	余额
月	日	字	号					
3	1		1	月初余额			借	12 000
	10	科汇	1	1～10日发生额		10 000	借	2 000
	20	科汇	2	11～20日发生额		1 600	借	400
	30	科汇	3	21～31日发生额	1 000		借	1 400
	31			本月合计	1 000	11 600	借	1 400

图6.45 “库存现金”总分类账

6.4.3 平行登记总账和明细账

平行登记总分类账和明细分类账即同一笔经济业务要根据会计凭证一方面记入相关总分类账户，另一方面又要记入所属明细分类账户的一种登账方法。

1. 平行登记的要点

（1）同时登记

同时登记又称双重登记，指对同一笔经济业务，在同一会计期间内（如月度内），既要记入有关的总分类账户，又要记入其所属的有关明细分类账户，不能漏记或重记。

（2）方向相同

方向相同指对同一笔经济业务，在登记总分类账户和明细分类账户时，其各自的记账方向必须一致，即总分类账户登记在借方，明细分类账户也应登记在借方；总分类账户登记在贷方，明细分类账户也应登记在贷方。

（3）依据相同

总分类账和明细分类账是对同一笔业务不同程度的反映，虽然登账的依据可以是记账凭证、汇总记账凭证，或是科目记账汇总表，但它们所依据的原始凭证应该是一样的。

（4）金额相同

金额相等指将一笔经济业务记入几个明细分类账户时，则记入总分类账户的金额，应与记入几个明细分类账户的金额之和相等。

2. 总分类账户与明细分类账户之间的关系

总分类账户对其所属的明细分类账户起着控制、统驭的作用；明细分类账户对其归属的总分类账户起着补充、具体说明的作用。二者相辅相成，登记的原始依据相同，核算内容相同，只是反映经济业务的详细程度不同。

3. 平行登记的作用

利用总分类科目与其所属明细分类科目平行登记的要求，我们可以通过定期核对双方记录，来检查科目的记录是否正确、完整，同时可以满足经营管理者对总括资料及详细核算资料的了解。

4. 平行登记总账和明细账举例

【业务6.1】2014年1月1日，红都服装有限公司“原材料”总分类账户所属明细分类

账户的期初余额为

毛料	50 匹	每匹 300 元	共计 15 000 元
里料	200 匹	每匹 400 元	共计 80 000 元
合 计			95 000 元

该公司本期有关原材料的收入和发出业务如下：

1）3 日，购入下列各种原材料，货已验收入库，款尚未支付（不考虑增值税）：

毛料	40 匹	每匹 300 元	共计 12 000 元
里料	100 匹	每匹 400 元	共计 40 000 元
扣子	20 盒	每盒 500 元	共计 10 000 元
合 计			62 000 元

2）7 日，仓库发出下列各种材料直接用于产品生产：

毛料	60 匹	每匹 300 元	共计 18 000 元
里料	150 匹	每匹 400 元	共计 60 000 元
扣子	8 盒	每盒 500 元	共计 4 000 元
合 计			82 000 元

对于以上经济业务，应编制会计分录如下：

① 购入原材料时：借：原材料——毛料　　12 000
　　　　　　　　　　　　——里料　　40 000
　　　　　　　　　　　　——扣子　　10 000
　　　　　　　　贷：应付账款　　62 000

②发出原材料时：借：生产成本　　82 000
　　　　　　　　贷：原材料——毛料　　18 000
　　　　　　　　　　　　——里料　　60 000
　　　　　　　　　　　　——扣子　　4 000

【分析】根据以上资料，在“原材料”总分类账户及其所属的“毛料”、“里料”和“扣子”三个明细分类账户中进行登记的程序如下：

1）将原材料的期初余额 95 000 元记入“原材料”总分类账户的借方；同时，在“毛料”和“里料”明细分类账户的收入方（即借方）分别登记两种材料的期初结存数量和金额，并注明计量单位和单价。

2）将本期入库的材料总额 62 000 元记入“原材料”总分类账户的借方；同时，将入库的毛料、里料和扣子三种材料的数量、金额分别记入有关明细分类账户的收入方（即借方）。

3）将本期发出的材料总额 82 000 元记入“原材料”总分类账户的贷方；同时，将发出的毛料、里料和扣子三种材料的数量、金额分别记入有关明细分类账户的发出方（即贷方）。

4）期末，根据“原材料”总分类账户和有关明细分类账户的记录，结出本期发生额和期末余额。

按照上述步骤，在“原材料”总分类账户及其所属的明细分类账户中进行登记的结果如图 6.46 ~ 图 6.49 所示。

“原材料”总分类账户

账户名称：原材料

2014年		摘　要	借　方	贷　方	借或贷	余　额
月	日					
1	1	期初余额			借	95 000
	3	购入材料	62 000		借	157 000
	7	发出材料		82 000	借	75 000
	31	本期发生额及余额	62 000	82 000	借	75 000

图6.46　“原材料”总分类账户

“原材料”明细分类账户

材料名称：毛料

2014年		摘　要	计量单位	单价	收　入		发　出		余　额	
月	日				数量	金额	数量	金额	数量	金额
1	1	期初余额	匹	300					50	15 000
	3	购入材料	匹	300	40	12 000			90	27 000
	7	发出材料	匹	300			60	18 000	30	9 000
	31	发生额及余额	匹	300			60	18 000	30	9 000

图6.47　毛料明细分类账户

“原材料”明细分类账户

材料名称：里料

2014年		摘　要	计量单位	单价	收　入		发　出		余　额	
月	日				数量	金额	数量	金额	数量	金额
	1	期初余额	匹	400					200	80 000
1	3	购入材料	匹	400	100	40 000			300	120 000
	7	发出材料	匹	400			150	60 000	150	60 000
	31	发生额及余额	匹	400	100	40 000	150	60 000	150	60 000

图6.48　里料明细分类账户

“原材料”明细分类账户

材料名称：扣子

2014年		摘　要	计量单位	单价	收　入		发　出		余　额	
月	日				数量	金额	数量	金额	数量	金额
1	1									
	3	购入材料	盒	500	20	10 000			20	10 000
	7	发出材料	盒	500			8	4 000	12	6 000
	31	发生额及余额	盒	500	20	10 000	8	4 000	12	6 000

图6.49　扣子明细分类账户

从“原材料”总分类账户及其所属明细分类账户平行登记的结果中可以看出：“原材

料”总分类账户的期初余额95 000元，借方本期发生额62 000元，贷方本期发生额82 000元，期末余额75 000元，分别与其所属的三个明细分类账户的期初余额之和95 000元（15 000+80 000）、借方本期发生额之和62 000元（12 000+40 000+10 000）、贷方本期发生额之和82 000元（18 000+60 000+4 000）及期末余额之和75 000元（9 000+60 000+6 000）完全相等。

想一想

图6.46～图6.49用的是哪种账务处理程序？

任务与处理

小林画出会计登记“管理费用”总账的基本工作流程如图6.50所示。

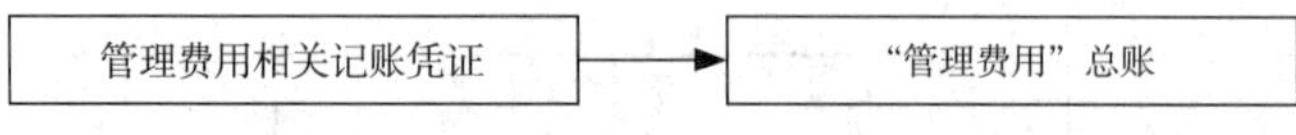

图6.50　会计登记“管理费用”总账的基本工作流程

假设红都服装有限公司采用记账凭证核算程序，即根据记账凭证逐笔登记总账（见表6.16）。

表6.16　记账凭证

日期	凭证字号	附件张数	摘要	会计分录	记账 √
2013.12.1	转3	8	经理报销	借：管理费用——差旅费　23 858.00 贷：其他应收款——李建国　23 000.00 库存现金　858.00	√
2013.12.2	转5	2	购办公用品	借：管理费用——办公费　200.00 贷：银行存款　200.00	√
2013.12.2	转9	2	付复印机维修费	借：管理费用——办公费　5 800.00 贷：银行存款　5 800.00	√
2013.12.20	转20	1	开支票 购买账簿	借：管理费用——办公费　452.00 贷：银行存款　452.00	√
2013.12.22	转23	2	交办公楼本月租金	借：管理费用——租赁费　10 000.00 贷：银行存款　10 000.00	√
2013.12.25	转26	8	业务员 张楷报销	借：管理费用——差旅费　6 670.00 贷：其他应收款——张楷　6 670.00	√
2013.12.27	转27	2	支付车间 维修费	借：管理费用——修理费　2 540.00 贷：银行存款　2 540.00	√
2013.12.28	转28	2	支付行政部门计算机修理费	借：管理费用——修理费　1 800.00 贷：银行存款　1 800.00	√
2013.12.29	转35	1	分配工资	借：生产成本——西服　65 000.00 ——衬衣　72 000.00 制造费用——职工薪酬　10 000.00 管理费用——职工薪酬　38 000.00 贷：应付职工薪酬——工资　185 000.00	√
2013.12.30	转41	—	结转本月费用	借：本年利润　403 270.00 贷：营业成本　280 900.00 营业税金及附加　9 800.00 管理费用　89 320.00 销售费用　21 000.00 财务费用　2 250.00	√

小林把转字3-41号凭证（见表6.16）中的管理费用逐笔登记“管理费用”总账，并在记账凭证的管理费用对应的记账栏打“√”。在最后一笔业务记录后结出余额，并在下面划通栏单红线（见图6.51）。

总 账

科目名称及编号：管理费用

2013年		凭证编号	摘要	借方										贷方										借或贷	余额									
月	日			千	百	十	万	千	百	十	元	角	分	千	百	十	万	千	百	十	元	角	分		千	百	十	万	千	百	十	元	角	分
12	1	转3	经理报销				2	3	8	5	8	0	0																					
	2	转5	购办公用品						2	0	0	0	0																					
	2	转9	付复印机维修费					5	8	0	0	0	0																					
	20	转20	买账簿						4	5	2	0	0																					
	22	转23	付租金				1	0	0	0	0	0	0																					
	25	转26	张楷报销					6	6	7	0	0	0																					
	27	转27	车间维护					2	5	4	0	0	0																					
	28	转28	计算机修理					1	8	0	0	0	0																					
	29	转35	分配工资				3	8	0	0	0	0	0																					
	30	转41	结转费用														8	9	3	2	0	0	0	平								0		

图6.51 “管理费用”总账

任务巩固

训练一

目的：编制科目汇总表。

资料：记账凭证（简化形式）如表6.17所示。

表6.17 记账凭证（简化形式）表

2014年		凭证		摘 要	会计科目	借方金额	贷方金额
月	日	字	号				
9	1	记	1	借入短期借款	银行存款 短期借款	15 000	 15 000
9	2	记	2	采购甲材料	材料采购——甲材料 应交税费——应交增值税 银行存款	25 000 4 250	 29 250
9	2	记	3	销售产品，款已收	银行存款 主营业务收入 应交税费——应交增值税	21 060	 18 000 3 060
9	3	记	4	发放职工工资	应付职工薪酬 银行存款	70 000	 70 000
9	4	记	5	李明预借差旅费	其他应收款——李明 银行存款	1 000	 1 000

续表

2014 年		凭证		摘　要	会计科目	借方金额	贷方金额
月	日	字	号				
9	5	记	6	收回大发公司所欠货款	银行存款 应收账款——大发公司	48 700	48 700
9	6	记	7	向全顺公司销售产品，款未收	应收账款——全顺公司 主营业务收入 应交税费——应交增值税	70 200	60 000 10 200
9	6	记	8	从东丰工厂采购乙材料，款未付	材料采购——乙材料 应交税费——应交增值税 应付账款——东丰工厂	12 400 2 108	14 508
9	7	记	9	支付修理费	制造费用 管理费用 银行存款	2 700 500	3 200
9	8	记	10	支付广告费	销售费用 银行存款	3 600	3 600
9	9	记	11	采购甲材料	材料采购——甲材料 应交税费——应交增值税 银行存款	16 500 2 805	19 305
9	10	记	12	甲、乙材料验收入库	原材料——甲材料 ——乙材料 材料采购——甲材料 ——乙材料	41 500 12 400	41 500 12 400
9	12	记	13	李明报销差旅费	管理费用 库存现金 其他应收款——李明	950 50	1 000
9	13	记	14	支付前欠西康工厂货款	应付账款——西康工厂 银行存款	73 000	73 000
9	14	记	15	支付电费	制造费用 管理费用 银行存款	1 680 920	2 600
9	18	记	116	购置设备	固定资产 银行存款	30 000	30 000
9	19	记	17	提取现金	库存现金 银行存款	800	800
9	20	记	18	支付业务招待费	管理费用 银行存款	12 000	12 000
9	22	记	119	支付第三季度短期借款利息	应付利息 财务费用 银行存款	8 288 4 512	12 800
9	22	记	20	购入办公用品	制造费用 管理费用 银行存款	120 150	270
9	225	记	221	对外捐赠	营业外支出 银行存款	5 000	5 000

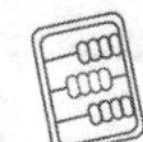

续表

2014年		凭证		摘　要	会计科目	借方金额	贷方金额
月	日	字	号				
9	30	记	22	分配本月材料费用	生产成本——A产品 ——B产品 制造费用 管理费用 原材料——甲材料 ——乙材料	62 900 45 600 13 840 2 200	 88 000 36 540
9	30	记	23	计提本月固定资产折旧	制造费用 管理费用 累计折旧	4540 3270	 7 810
9	30	记	24	分配本月职工工资	生产成本——A产品 ——B产品 制造费用 管理费用 应付职工薪酬	36 000 24 000 4 000 6 000	 70 000
9	30	记	25	计提职工福利费	生产成本——A产品 ——B产品 制造费用 管理费用 应付职工薪酬	5 040 3 360 560 840	 9 800
9	30	记	26	分配结转本月的制造费用	生产成本——A产品 ——B产品 制造费用	19 208 8 232	 27 440
9	30	记	27	结转本月完工产品成本	库存商品——A产品 生产成本——A产品	201 148	 201 148
9	30	记	28	结转本月销售产品的成本	主营业务成本 库存商品——A产品 ——B产品	177 000	 132 000 45 000
9	30	记	29	计缴本月销售税金	营业税金及附加 应交税费	2 360	 2 360
9	30	记	30	结转本期收入	主营业务收入 本年利润	240 000	 240 000
9	30	记	31	结转本期成本、费用	本年利润 主营业务成本 销售费用 营业税金及附加 管理费用 财务费用 营业外支出	219 302	 177 000 3 600 2 360 26 830 4 512 5 000

要求：按旬编制科目汇总表（见表 6.18~ 表 6.20）。

表 6.18　科目汇总表

2014 年 9 月 01 日～ 9 月 10 日　　科汇字第 01 号

会计科目	记账	本期发生额		记账凭证起讫号数
		借方	贷方	

表 6.19　科目汇总表

2014 年 9 月 11 日～ 9 月 20 日　　科汇字第 02 号

会计科目	记账	本期发生额		记账凭证起讫号数
		借方	贷方	

表 6.20　科目汇总表

2014 年 9 月 21 日～9 月 30 日　　　　科汇字第 03 号

会计科目	记账	本期发生额		记账凭证起讫号数
		借方	贷方	

训练二

目的：科目汇总表登记总账。

资料：若红都服装有限公司采用科目汇总表核算程序，月末根据记账凭证编制科目汇总表（见表 6.21）。

表 6.21　科目汇总表

凭证 01 号至 45 号共 45 张

类别编号　　　　　　　　　　　　　　凭证　号至　号共　张

科汇　09　　　2013 年 12 月 1 日至 31 日　　　凭证　号至　号共　张

会计科目	借方											√	贷方											√
	亿	千	百	十	万	千	百	十	元	角	分		亿	千	百	十	万	千	百	十	元	角	分	
银行存款			1	9	3	2	5	0	0	0	0				1	1	7	2	6	6	0	0	0	
管理费用					8	9	3	2	0	0	0						8	9	3	2	0	0	0	
销售费用					1	2	0	0	0	0	0						1	2	0	0	0	0	0	
财务费用						2	6	4	0	0	0							2	6	4	0	0	0	
合计		¥	9	3	8	7	4	6	2	5	1			¥	9	3	8	7	4	6	2	5	1	

会计主管　　　　记账 林绍潼　　　　审核　　　　制证

要求：根据科目汇总表登记管理费用总账（见图 6.52）。

表 6.22　总账

科目名称及编号：管理费用

年		凭证编号	摘要	借方										贷方										借或贷	余额									
月	日			千	百	十	万	千	百	十	元	角	分	千	百	十	万	千	百	十	元	角	分		千	百	十	万	千	百	十	元	角	分

图 6.52　“管理费用”总账

任务提升

一、单项选择题

1. 最基本的账务处理程序是（　　）。

A. 科目汇总表账务处理程序　　B. 汇总记账凭证账务处理程序

C. 记账凭证汇总表账务处理程序　　D. 记账凭证账务处理程序

2. 在记账凭证账务处理程序下，根据（　　）登记总分类账。

A. 记账凭证　　B. 科目汇总表　　C. 汇总记账凭证　　C. 原始凭证

3. 在科目汇总表账务处理程序下，登记总分类账的依据是（　　）。

A. 记账凭证　　B. 科目汇总表　　C. 汇总记账凭证　　D. 原始凭证

4. 各种账务处理程序的区别主要在于（　　）。

A. 填制记账凭证的依据不同　　B. 登记明细账的依据和方法不同

C. 登记总分类账的依据和方法不同　　D. 编制会计报表的依据和方法不同

5. 科目汇总表的缺点是不能反映（　　）。

A. 账户借方、贷方发生额　　B. 账户借方、贷方余额

C. 账户对应关系　　D. 各账户借方、贷方发生额合计

二、多项选择题

1. 目前常用的账务处理程序种类用（　　）。

A. 记账凭证账务处理程序　　B. 汇总记账凭证账务处理程序

C. 科目汇总表账务处理程序　　D. 明细分类账账务处理程序

2. 各种账务处理程序的基本相同点有（　　）。

A. 填制记账凭证的依据相同　　B. 登记明细账的依据和方法相同

C. 登记总分类账的依据和方法相同　　D. 编制会计报表的依据和方法相同

3. 在记账凭证账务处理程序下，应设置（　　）。

A. 收款、付款和转账凭证或通用记账凭证

B. 科目汇总表或汇总记账凭证

C. 现金和银行存款日记账

D. 总分类账和若干明细分类账

4. 有关记账凭证账务处理程序的说法正确的是（ ）。
  A. 缺点是登记总分类账的工作量较大
  B. 优点是简单明了，易于理解
  C. 适用于规模较小，经济业务量较少的单位使用
  D. 能进行试算平衡
5. 有关科目汇总表账务处理程序说法正确的有（ ）。
  A. 减少了登记总分类账的工作量
  B. 可做到试算平衡
  C. 反映账户之间的对应关系，不便于查核账目
  D. 是最简单的账务处理程序

三、判断题

1. 账务处理程序就是记账程序。（ ）
2. 科目汇总表不仅能起到试算平衡作用，而且可以反映账户之间的对应关系。（ ）
3. 不同的会计凭证、会计账簿、记账程序和记账方法结合在一起，就会形成不同的账务处理程序。（ ）
4. 记账凭证账务处理程序适用于规模较小、经济业务量较少的单位。（ ）
5. 记账凭证账务处理程序优点是简单明了，易于理解，总分类账可以较详细地反映经济业务的发生情况。（ ）

任务6.5 对 账

任务与要求

任务：月末了，老会计拿来总账、明细账和日记账，带领小林学习对账。

要求:画出对账工作流程,区分现金、银行存款、存货盘点的区别,学会对账基本的方法。

知识讲解

6.5.1 对账

为了保证账簿记录所提供的会计核算资料正确、真实、可靠，会计人员在登记账簿时，要有高度的责任心，不可马虎大意。记完账后，还应定期作好对账工作，以确保账证相符、账账相符、账实相符。会计对账主要内容包括以下几个方面。

1. 账证核对

账簿是根据审核之后的会计凭证登记的，但是在实际工作中仍有可能发生账证不符的情况。因此，记完账后，要将账簿记录与会计凭证进行核对，核对账簿记录与原始凭证、记账凭证的时间、凭证字号、内容、金额等是否一致，记账方向是否相符。

账证核对在日常记账过程中就应进行，便于及时发现错误进行更正。会计期末，如果发现账证不符，还有必要重新进行账证核对，但这时的账证核对是通过试算平衡发现记账

错误之后再按一定的线索进行。

2. 账账核对

会计账簿是一个有机的整体，既有分工又有衔接，各个账簿之间的衔接依存关系就是常说的账簿钩稽关系。利用这种关系可以通过账簿的相互核对发现记账工作是否正确。账账核对包括以下内容。

1）总分类账簿有关账户的记录核对。具体做法是借助试算平衡原理，检查总分类账各账户的本期借方发生额与本期贷方发生额、期末借方余额与期末贷方余额是否相等。

2）总分类账簿与所属明细账分类账簿核对。具体做法是借助平行登记原理，检查总分类账各账户的借、贷方本期发生额和期末余额与所属明细分类账的借、贷方本期发生额和期末余额之和是否相等。

3）总分类账簿与序时账簿核对。具体做法是借助内部控制制度——钱账分管制度，利用岗位分工的不同，检查出纳员负责登记的现金日记账和银行存款日记账与会计记账人员负责登记的现金总账和银行存款总账的期末余额是否相符。

4）明细分类账簿之间的核对。具体做法是借助企业分设的部门不同，检查会计部门财产物资明细分类账与财产物资保管部门或使用部门的有关财产物资明细分类账的余额是否相符。

3. 账实核对

账实核对是指将各项财产物资、债权债务等账面结存数与实际结存数核对。这种核对是通过财产清查进行的。账实核对包括以下内容。

1）现金日记账账面余额与库存现金数额是否相符。现金日记账账面余额应每天同库存现金实际库存数相核对。

2）银行存款日记账账面余额与银行对账单的余额是否相符。银行存款日记账的账面余额，应同开户银行寄送企业的银行对账单相核对，一般至少一月核对一次。

3）各项财产物资明细账账面余额与财产物资的实有数额是否相符。

4）有关债权、债务明细账账面余额与对方单位的账面记录是否相符。

造成账实不符的原因是多方面的，如财产物资可能会有自然损耗，收发计量不准确，管理不善引起的损坏、丢失、被盗等；账簿记录中可能发生的重记、漏记、错记；凭证未到形成未达账项；发生意外灾害等。因此，需要通过财产清查来弥补漏洞，保证会计信息的真实可靠，提高企业管理水平。

想一想

对账的基本工作流程是什么？

6.5.2 财产清查

财产清查是指通过对货币资金、各项财产物资和往来款项的盘点或核对，确定其实有数，查明实存数与其账存数是否相符，并查明账实不符的原因的一种会计核算的专门方法。

1. 造成账实不符的原因

造成胀实不符的原因包括以下几个方面。

1）在收发财产物资时，由于计量、检验不准确而发生品种、数量或质量上的差错。

2）账务处理中出现漏记、重记、错记或计算上的错误。

3）财产物资在保管过程中发生自然损耗。

4）未达账项。

5）由于管理不善、工作人员失职，以及不法分子的营私舞弊、贪污失职。

6）发生自然灾害和意外事故，导致财产物资毁损。

2. 财产清查的意义

（1）保证会计核算资料的真实可靠

通过财产清查，可以查明实存数与账存数之间的差异，以及产生差异的原因和责任，便于及时调整账面记录，使账存数与实存数一致，从而保证会计核算资料的真实可靠。

（2）挖掘财产物资的潜力，加速资金周转

通过财产清查，可以查明各项财产物资的储备和利用情况，防止储备不足而延误生产经营，避免财产物资积压、呆滞而造成的浪费，从而充分挖掘财产物资的潜力，避免损失浪费，加速资金周转。

（3）保护财产物资的安全完整

通过财产清查，可以发现各项财产物资管理上存在的问题，查明原因，分清责任，以便采取措施健全财产物资管理制度，确保财产物资的安全与完整。

（4）维护财经纪律和结算制度的贯彻执行

通过财产清查，可以检查单位财经纪律的执行情况；查明各项债权、债务的结算情况，对于各项应收账款及时催收，及时处理坏账，对于各项应付款项及时清偿，避免长期拖欠，自觉遵守财经纪律和结算制度。

3. 财产清查的种类

财产清查按照清查的对象范围可分为全面清查和局部清查；按照清查的时间可以分为定期清查与不定期清查（见表6.22）。

表6.22 财产清查的种类

标准	分类	说明
按财产清查的范围	全面清查	全面清查是对属于本单位或存放在本单位的全部财产物资进行的清查，需要进行全面清查的情况通常主要有年终决算之前；单位撤销、合并或改变隶属关系前；中外合资、国内合资前；企业股份制改制前；开展全面的资产评估、清产核资前；单位主要领导调离工作前等
	局部清查	局部清查根据需要对部分财产物资进行盘点与核对。局部清查一般包括下列清查内容（流动性较强的资产）现金应每日清点一次，银行存款每月至少同银行核对一次，债权债务每年至少核对一至两次，各项存货应有计划、有重点地抽查，贵重物品每月清查一次等
按财产清查的时间	定期清查	定期清查一般在期末进行，它可以是全面清查，也可以是局部清查
	不定期清查	不定期清查一般是局部清查，包括：①更换出纳员时对库存现金、银行存款所进行的清查；②更换仓库保管员时对其所保管的财产进行清查；③发生自然灾害或意外时所进行的清查等。其目的在于查明情况，分清责任

4. 财产清查的盘存制度

盘存制度，是指通过对实物的盘查、核对来确定财产物资的实际结存情况的一种制度。财产物资盘存制度有实地盘存制和永续盘存制。

（1）实地盘存制

实地盘存制又称实地盘存法，是指平时在账簿中只登记财产物资的增加数，不登记减少数，到月末结账时，根据实地盘点的实存数来倒挤本月的减少数，并据以登记有关账簿。其计算公式为

$$本期减少数 = 账面期初余额 + 本期增加数 - 期末实际结存数$$

（2）永续盘存制

永续盘存制又称账面盘存法，是指平时对各项财产物资的增加数和减少数，都要根据会计凭证连续记入有关账簿，并随时结出账面结存数额。其计算公式为

$$期末账面余额 = 账面期初余额 + 本期增加数 - 本期减少额$$

（3）永续盘存制和实地盘存制的比较

两种盘存制的比较如表 6.23 所示。

表 6.23 两种盘存制的比较

盘存制度	永续盘存制	实地盘存制
确认方法	本期减少数量是根据发货凭证及时登记账簿计算出来，期末结存数量是根据账面记录计算出来	先通过清查盘点确认期末结存数量，再根据期末结存数量、本期增加数量和期末结存数量计算确定本期减少数量
优点	能够加强库存财产的管理，便于随时掌握各项财产的占用情况及其动态，有利于施行会计监督	方法简单，会计核算工作量小
缺点	存货的明细分类核算工作量较大，需要较多的人力和费用	各项财产的减少数没有严密的手续，倒挤出的各项财产的减少数中成分复杂，除了正常耗用外，可能存在很多非正常因素，因而不便于施行会计监督
适用范围	① 拥有专业管理人员的大企业 ② 管理中需要商品时，有销 / 存的详细信息 ③ 单位成本高的库存商品 ④ 销售量低或使用电算化会计系统 ⑤ 商品存储分散或存储与销售场所分离	① 小企业，由经营者管理 ② 在日常经营中不需要有关存货的详细记录 ③ 有许多不同类型的低成本商品 ④ 销量高且采用手工会计系统 ⑤ 缺少专职的会计人员 ⑥ 所有商品都存贮在商场内

5. 财产清查的一般程序

财产清查是一项涉及面较广、工作量较大，既复杂又细致的工作。因此，必须有计划、有组织地进行。

6. 财产清查的方法

（1）库存现金的清查方法

库存现金的清查采用实地盘点法进行，具体清查步骤如下。

1）盘点库存现金的实有数额。

2）与现金日记账的余额进行核对。

3）检查账实是否一致，以及盈亏情况。

4）盘点结束后，将现金盘点结果填列到“库存现金盘点报告表”内（见表 6.24）由盘点人员和出纳人员共同盖章。

表 6.24 库存现金盘点报告表

单位名称：

实存金额	账存金额	对比结果		备注
		盘盈	盘亏	

盘点人盖章： 出纳员盖章：

知识窗

盘点时需要注意以下情况：① 现金盘点时，要求出纳人员必须在场；② 盘点时，需要注意有无违反现金管理规定之处，如以白条抵库及库存现金超过规定限额现象；③ “库存现金盘点报告表”是反映现金实存数的原始凭证，也是查明账实发生差异原因和调整账簿记录的依据。

（2）银行存款的清查方法

银行存款的清查能否像现金一样采用实地盘点的方式呢？显然是不可行的。它是采用与开户银行转来的对账单进行核对的方法来查明企业银行存款的实有数额。具体核对步骤如下。

1）核对前，应把至清查日止的所有银行存款的收入、支出业务登记入账，详细检查本单位银行存款日记账的正确性和完整性，发现有错记或漏记的，应及时更正、补记。

2）与银行对账单逐笔核对。核对内容包括收、付款金额，结算凭证的种类和号数，收入的来源、支出的用途，发生时间以及存款余额等。

此时，如发现本单位记账有错误，应及时更正；如发现银行记账有错误，应及时通知银行查明更正。

知识窗

对于银行存款的清查，应注意以下几点。

1）经过银行存款余额调节表调整后的左右两方存款余额已经消除了未达账项的影响。经该表调节后，若双方账目没有错，他们应该相符，且其金额表示企业可动用的银行存款实有数；若不符，则表示本单位及开户银行的一方或双方存在记账错误，应进一步查明原因，采用正确的方法进行更正。

2）编制银行存款余额调节表的目的是为了消除未达账项的影响，核对银行存款账目有无错误。该表本身并非原始凭证，不能根据该表在银行存款日记账上登记，而要等到银行转为有关原始凭证后再按记账程序登记入账。

3）在清查过程中，若发现长期存在的未达账项，应查明原因及时处理。

（3）实物资产的清查方法

由于实物的形态、体积、重量、码放方式等不尽相同，因而所采用的清查方法也不尽相同，主要有以下两种。

1）实地盘点法，是指在财产物资存放现场逐一清点数量或用计量仪器确定其实存数的一种方法。此方法数字准确可靠，但工作量较大。

2）技术推算法，是利用技术方法推算财产物资实存数的方法。此方法适用于煤炭、沙石等大宗物资的清查，虽数字不够准确可靠，但工作量较小。

对实物资产的数量进行清查的同时，还要对实物的质量进行鉴定。

对于财产物资的盘点结果，应逐一填制"盘存单"并同账面余额记录核对，确定盘盈或盘亏数，填制"实存账存对比表"，作为调整账面记录的原始凭证。

（4）往来款项的清查方法

往来款项主要包括应收款项、应付款项和预收、预付款项等。往来款项的清查一般采用发函询证的方法进行核对，具体步骤如下。

1）将本单位的往来账款核对清楚，确认总分类账与明细分类账的余额相等，各明细分类账的余额相符。

2）在保证往来账户记录完整正确的基础上，编制"往来款项对账单"，寄往各有关往来单位。一式两联，一联作为回单，对方单位核对后退回，盖章表示核对相符，如不相符由对方单位另外说明。

3）收到对方单位的回单联后，应据以编制"往来款项清查表"，注明核对相符与不相符的款项。

想一想

如果企业和银行均无记账错误，企业的银行存款日记账余额与银行对账单余额会一致吗?

7. 未达账项

其实，在很多情况下企业的银行存款日记账余额与银行对账单余额仍会出现不一致的现象，这是因为存在未达账项。

所谓未达账项，是指对于同一款项的收付业务，由于结算凭证传递时间和记账时间的不同，发生一方已经入账而另一方尚未入账的款项。未达账项有以下四种情况，如表6.25所示。

表6.25　未达账项

"企业"一方	"银行"一方	示　例
款项收到已入账	尚未收款入账	企业将销售商品收到的转账支票存入银行，根据银行盖章退回的"进账单"回联已登记银行存款增加；而银行尚未登记入账
付款支付已入账	尚未付款入账	企业开出一张转账支票购买办公用品，企业根据支票存根、发货票及入库单等原始凭证，已记银行存款减少；而银行此时未收到付款凭证，尚未登记减少
尚未收款入账	款项收到已入账	外地某单位以汇兑方式支付企业销售货款，银行收到汇款后登记企业存款增加；而企业因未收到汇款凭证而尚未登记银行存款增加
尚未付款入账	付款支付已入账	银行受托代企业支付电费，银行已取得支付电费的凭证，已减少了企业的存款；企业未到银行领取支付电费凭证而未登记银行存款减少

表6.25中任何一种情况的发生都会使企业和银行之间账簿记录不一致，因此，在核对账目时必须注意有无未达账项。

对于上述情况，应该通过编制"银行存款余额调节表"来进行调节，便于检查账簿记

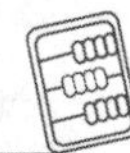

录的正确性。

“银行存款余额调节表”编制方法是在企业和其开户行各方现有银行存款余额的基础上，各自加或减去己方未达，而对方已达账项进行调节，验证调节后双方余额是否相等的一种方法。其计算公式为

$$
\begin{array}{c}\text{企业银行存款}\\\text{日记账余额}\end{array}+\begin{array}{c}\text{银行已收入账}\\\text{企业尚未入账的账款}\end{array}-\begin{array}{c}\text{银行已付入账}\\\text{企业尚未入账的账款}\end{array}
$$

$$
=\begin{array}{c}\text{银行对账单}\\\text{余额}\end{array}+\begin{array}{c}\text{企业已收入账}\\\text{银行尚未入账的账款}\end{array}-\begin{array}{c}\text{企业已付入账}\\\text{银行尚未入账的账款}\end{array}
$$

8. *财产清查的账务处理*

（1）财产清查结果处理的步骤

1）审批之前的处理。根据“清查结果报告表”、“盘点报告表”等已经查实的数据资料，编制记账凭证，记入有关账簿，使账簿记录与实际盘存数相符，同时根据企业的管理权限，将处理建议报股东大会或董事会，或经理（厂长）会议或类似机构批准。

2）审批之后的处理。根据审批的意见，进行差异处理，调整账项，并据以登记有关账簿。

（2）账户设置

为了记录、反映财产的盘盈、盘亏和毁损情况，应设置“待处理财产损溢”账户。“待处理财产损溢”账户是资产类账户，用来核算企业在清查财产过程中查明的各种财产物资的盘盈、盘亏和毁损。在该账户下应设置“待处理固定资产损溢”和“待处理流动资产损溢”两个明细账户，分别核算固定资产和流动资产的待处理的损溢。“待处理财产损溢”账户的基本结构如图6.53所示。

待处理财产损溢

借	贷
期初余额：尚待处理的财产物资净损失数 发生额：财产物资发生盘亏、毁损或经批准转销的盘盈数	期初余额：尚待处理的财产物资净溢余数 发生额：财产物资盘盈数或经批准转销的盘亏、毁损数
期末余额：尚待处理的财产物资的净损失数	期末余额：尚待处理的财产物资的净溢余数

图6.53　“待处理财产损溢”账户基本结构

（3）账务处理

1）库存现金盘盈、盘亏的账务处理。

① 库存现金盘盈的账务处理。

a. 盘盈批准前：

借：库存现金

　　贷：待处理财产损溢

b. 查明原因后做处理：

借：待处理财产损溢

　　贷：其他应付款

　　　　营业外收入

② 库存现金盘亏的账务处理。

a. 盘亏批准前：

借：待处理财产损溢

贷：库存现金

b. 批准后：

借：其他应收款

管理费用

贷：待处理财产损溢

2）存货、固定资产清查的处理。

企业的各项实物资产种类非常多，其中存货与固定资产的清查及相关的盘盈盘亏的处理是最为重要的两部分内容，下面以表格的形式进行提炼讲解（见表 6.26）。

表 6.26　存货、固定资产清查的处理

项目	批准前	批准后
存货	①盘盈： 借：原材料等 贷：待处理财产损溢 ②盘亏： 借：待处理财产损溢 贷：原材料等	①盘盈： 借：待处理财产损溢 贷：管理费用 ②盘亏： 借：管理费用（管理不善） 营业外支出（非常原因） 其他应收款（应收责任人、保险公司赔款） 贷：待处理财产损溢
固定资产	① 盘盈：盘盈的固定资产作为前期差错，通过“以前年度损益调整”账户核算，不用区分批准前批准后，在盘盈时做一笔分录 ② 盘亏：先将盘亏的固定资产账面价值转入“待处理财产损溢”账户中。 借：待处理财产损溢 累计折旧 贷：固定资产	① 盘盈： 借：固定资产（重置成本） 贷：以前年度损益调整 ②盘亏（盘亏净损失的处理）： 借：营业外支出——固定资产盘亏 贷：待处理财产损溢

如盘亏或毁损的资产，在期末结账前尚未经批准的，在对外提供财务会计报告时应按上述规定进行处理，并在会计报表附注中作出说明；如果其后批准处理的金额与已处理的金额不一致，应按其差额调整会计报表相关项目的年初数。

对于等待批准处理的财产盘盈、盘亏，会计年终前应处理完毕。会计期末，“待处理财产损溢”账户无余额。

任务与处理

1. 对账基本工作流程

小林通过学习，画出对账的基本工作流程，如图 6.54 所示。

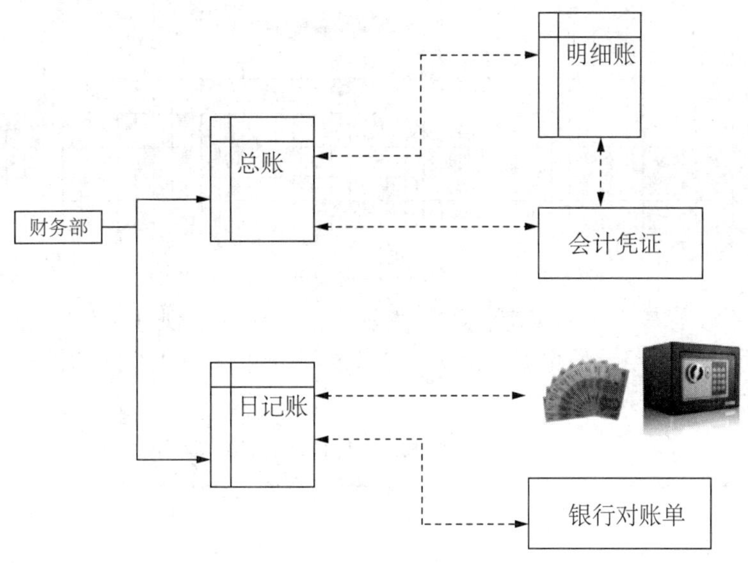

图 6.54 对账的基本工作流程

2. 库存现金与存货盘点的异同

小林找到了库存现金与存货盘点两者的异同点。

1）相同点是：①都属于资产类、都属于有形资产；②实物和账簿都掌握在不同的管理人员手中；③都需要定期和不定期的盘点查核、都要做到账证、账账、账实相符；④ 盘点方式相同，都是现场清点实物与账簿核对。

2）不同之处在于盘存主体不同。存货的实物和存货账簿由专门物资管理人员管理（包括数量和计价），财务的存货账簿只负责记录存货的金额管理，所以定期和不定期的盘点主要是为了核对双方的账实，以及物资部门的账账是否一致。在这种情况下，存货的盘点是由物资部门为盘存的主体，财务部门属于监盘人员。现金的盘存属于财务部门内部的工作范畴。当然单位领导，上级主管部门、检查人员、公检法部门也可以在特定条件下要求财务的出纳进行现金的盘存。一般来说，现金的盘存监管人员是财务主管，清点人员是出纳。

3. 对账业务

小林对 2014 年 8 月末的业务进行账证核对、账账核对、账实核对。

1）应付账款总账（见图 6.55）与其所属的京南公司明细账（见图 6.56）核对。

总 账

科目名称及编号：应付账款

2014 年		凭证编号	摘要	借方										贷方										借或贷	余额									
月	日			千	百	十	万	千	百	十	元	角	分	千	百	十	万	千	百	十	元	角	分		千	百	十	万	千	百	十	元	角	分
1	1		上年转入																					贷			2	4	3	5	0	0	0	0
1	1	转 2	购入辅料															6	8	0	0	0	0											
8	22	转 28	购入棉纺布料														2	9	7	8	0	0	0											
8	31	银付 29	还京南公司货款					9	6	1	2	0	0																					

图 6.55 “应付账款”总账

明细分类账

账户名称：应付账款——京南公司

2014年		凭证编号	摘要	借方										贷方										借或贷	余额									
月	日			千	百	十	万	千	百	十	元	角	分	千	百	十	万	千	百	十	元	角	分		千	百	十	万	千	百	十	元	角	分
7	25	转30	购辅料															9	6	1	2	0	0	贷					9	6	1	2	0	0
8	31	银付29	归还货款					9	6	1	2	0	0											平								0		

图 6.56　“应付账款——京南公司”明细账

应付账款总账与其所属的京南公司明细账逐笔核对，发现总账与明细账的 8 月 31 日字号记录不一致，经过与原始单据、记账凭证核对，证实只是总账登记笔误。

2）记账凭证（见表 6.27）与普通发票（见图 6.57）核对。

表 6.27　记账凭证

日期	凭证字号	附件张数	摘要	会计分录	记账√
2014.8.02	现付 1 号	1	行政部购档案袋	借：管理费用——办公费　800.00 　贷：库存现金　800.00	√ √

130006125　　河北省增值税普通发票　　No 03560259

发票联

全国统一发票监制章 河北 国家税务总局监制

开票日期：2014 年 08 月 02 日

购货单位	名　　称：北京红都服装有限责任公司 纳税人识别号： 地 址、电 话： 开户行及账号：	密码区	*88+7*>41/<45+8<>4<+8　加密版本：01 061*6+86*<1*2**69*376　300061620 81-<396-7<62794>61/60　3560256 6—031>6+6723970<>>92

货物或应税劳务名称	规格型号	单位	数量	单价	金额	税率	税额
档案袋		个	200	0.3418803419	68.38	17%	11.62
合　计					¥68.38		¥11.62
价税合计（大写）	⊗捌拾圆整　　（小写）¥80.00						

销货单位	名　　称：石家庄市厚普文化用品有限公司 纳税人识别号：130105601004744 地 址、电 话：和平西路 678 号　87720247 开户行及账号：中机文行 00429708091001	备注	

石家庄市厚普文化用品有限公司 财务专用章

第二联 发票联 购货方记账凭证

收款人：　　复核：　　开票人：姜小敏　　销货单位：（章）

图 6.57　普通发票

记账凭证与普通发票核对，发现记账凭证的借贷会计科目正确，但所录的金额 800 元大于发票金额 80 元，并已根据错误记账凭证登记管理费用明细账和现金日记账。

3）8 月 31 日，现金日记账余额为 10 310.07 元，与库存现金实存数（见表 6.28）核对。

盘点库存现金步骤如下：

① 出纳员根据现金日记账余额，填制库存现金盘点表核对账目列的“现金账面余额”栏，并签名确认。

② 会计根据各种票币面额的数量计算出金额，填制库存现金盘点表核对账目列的“实

点现金”栏，同时填写长款（或短款）金额，并签名确认。

表 6.28 库存现金盘点表

盘点日期：2014 年 8 月 31 日

清点现金			核对账目	
货币面额	张数	金额	项目	金额
100 元	87	8 700.00	现金账面余额	10 310.07
50 元	23	1 150.00	实点现金	10 287.22
20 元	6	120.00	长款（或短款）	22.85
10 元	28	280.00		
5 元	3	15.00	备注：	
2 元				
1 元	17	17.00		
5 角	9	4.50		
2 角	3	0.60		
1 角	12	0.12		
5 分				
2 分				
1 分				
实点	合计	10 287.22		

企业负责人： 会计主管： 出纳员：庄亚芹 清点人员：林绍桐

③根据库存现金盘点表填制记账凭证（见表 6.29），并登记账簿，以达到库存现金账实相符。

表 6.29 记账凭证

日期	凭证字号	附件张数	摘要	会计分录	记账 √
2014.8.31	现付 39 号	1	现金短缺	借：待处理财产损溢——待处理流动资产损溢 22.85	√
				贷：库存现金 22.85	√

④根据公司财务会议决议（见图 6.58）和收据（见图 6.59）填制会计凭证（见表 6.30），并登记账簿。

会议纪要

经 8 月 31 日财务会议决定，8 月 30 日盘点现金短款的贰拾贰元捌角伍分，由出纳员庄亚芹自行负责赔偿，并于 8 月 31 日交回款项。

北京红都服装有限责任公司

2014 年 8 月 31 日

图 6.58 财务会议决议

收据

2014 年 8 月 31 日　　　　№ 3087243

今收到　庄亚芹现金 22.85 元

金额（大写）　零拾零万零仟零佰贰拾贰元捌角伍分（¥22.85）

单位盖章

负责人：　　　　会计：林绍桐　　　　出纳：庄亚芹

图 6.59　收据

表 6.30　记账凭证

日期	凭证字号	附件张数	摘要	会计分录	记账 √
2014.8.31	现收 15 号	2	处理现金短缺	借：库存现金　22.85 贷：待处理财产损溢 ——待处理流动资产损溢　22.85	√ √

4）银行存款日记账（见图 6.60）和 7 月份银行存款对账单（见表 6.31）核对。

银行对账的步骤如下：

① 出纳员登记 7 月份涉及银行存款增减变动的全部经济业务后结出余额，同时将银行存款日记账、7 月份银行存款对账单交给负责对账的会计。

② 会计将银行存款日记账 8 月份的发生额与银行存款对账单记录逐笔核对，两者相符都打“√”。

银行存款日记账

2014 年		凭证编号	摘要	结算方式		借方										贷方										余额										√
月	日			类	号数	千	百	十	万	千	百	十	元	角	分	千	百	十	万	千	百	十	元	角	分	千	百	十	万	千	百	十	元	角	分	
1	1		上年结转																									3	4	0	8	9	0	1	8	
7	31		本月合计					3	1	0	4	1	0	0	0			5	0	0	9	9	1	3	5			2	0	1	1	0	0	7	2	
8	2	银付 1	购 A4 纸	支票	10213																2	0	0	0	0											√
8	2	银付 2	设备修理费	支票	10214															9	8	0	0	0	0			1	9	1	1	0	0	7	2	√
8	3	银付 3	提取现金	支票	10215														1	0	0	0	0	0	0											√
8	3	银收 1	借款	贷款单	067			3	0	0	0	0	0	0	0																					√
8	3	银收 2	收充还款	支票	63286					7	5	0	0	0	0													3	9	8	6	0	0	7	2	√
8	7	银收 3	收回货款	支票	82167				1	5	0	0	0	0	0													4	1	3	6	0	0	7	2	√
8	20	银付 5	购辅料	支票	10217															7	0	2	0	0	0											√
8	20	银付 6	购笔记本	支票	10218																4	3	2	0	0											√
8	20	银付 7	付门市租金	支票	10219															5	0	0	0	0	0			4	0	1	1	4	8	7	2	√
8	22	银付 8	付办公租金	支票	10220															8	5	0	0	0	0			3	9	2	6	4	8	7	2	√
8	27	银付 9	设备修理费	支票	10221															2	5	4	0	0	0			3	9	0	1	0	8	7	2	√
8	29	银付 10	支付办公室复印机修理费	支票	10222															1	5	0	0	0	0			3	8	8	6	0	8	7	2	√

续表

2014年		凭证编号	摘要	结算方式		借方										贷方										余额										√
月	日			类	号数	千	百	十	万	千	百	十	元	角	分	千	百	十	万	千	百	十	元	角	分	千	百	十	万	千	百	十	元	角	分	
8	31	银付 11	支付货款	支票	10223															8	4	3	2	0	0											√
8	31	银收 4	收回货款	支票	70165				6	5	0	0	0	0	0																					
8	31	银付 12	冲销 8 月 20 日银付 7 凭证																	5	0	0	0	0	0											
8	31	银付 13	订正 8 月 20 日银付 7 凭证																	5	0	0	0	0	0			4	4	5	1	7	6	7	2	
8	31		本月合计					3	8	7	5	0	0	0	0			1	4	3	4	2	4	0	0			4	4	5	1	7	6	7	2	

图 6.60 “银行存款”日记账

表 6.31 对账单

账号：52001 00339 01018　　币种：人民币　　月份：8　　页数：1

日期	凭证种类	凭证号数	摘要	借方发生额	贷方发生额	余额
2014/08/02	支票	10213	货款	200.00 √		110 900.49
2014/08/02	支票	10214	修理费	9 800.00 √		101 100.49
2014/08/03	支票	10215	提取现金	10 000.00 √		91 100.49
2014/08/03	贷款单	067	借款		300 000.00 √	391 100.49
2014/08/03	支票	53286	货款		7 500.00 √	398 600.49
2014/08/07	支票	82167	货款		15 000.00 √	413 600.49
2014/08/20	支票	10217	货款	7 020.00 √		406 580.49
2014/08/20	支票	10218	办公品	432.00 √		406 148.49
2014/08/20	支票	10219	租金	5 000.00 √		401 148.49
2014/08/22	支票	10220	租金	8 500.00 √		392 648.49
2014/08/22	支票	10221	修理费	2 540.00 √		390 108.49
2014/08/27	支票	10223	货款	8 432.00 √		381 676.49380
2014/08/31	利息单	0537	付利息	1 124.30		552.49
2014/08/31	汇款	8819	货款		20 000.00	400 552.49
2014/08/31	特种转账	2032	付电话费	205.67		400 346.49

此对账单如有差错请于 10 日内通知开户银行，否则，视为核对无误。　打印时间：2014/09/01　打印

联系时间：88465621　传真：88467729

开户行：团结湖支行

与银行对账过程中出现了未达账项，通过编制“银行存款余额调节表”（见表 6.32）（附未达账项清单，见表 6.33）来检查企业与银行双方记录的正确性。

表 6.32 银行存款余额调节表

单位名称：北京红都服装有限公司　　2014 年 8 月 31 日　　账号：52001 00339 01018

企业账面余额	445 176.72	银行对账单余额	400 346.75
加：企业未收账款	20 000.00	加：银行未收账款	65 000.00
减：企业未付账款	1 329.97	减：银行未付账款	1 500.00
调整后余额	463 846.75	调整后余额	463 846.75

会计主管：　　复核：　　制表：林绍桐

表 6.33　未达账项清单

月	日	摘要	未收	未付	月	日	摘要	未收	未付
8	31	预收货款	200 00.00		8	29	付计算机修理费		1 500.00
8	31	付利息		1 124.00	8	31	收回货款	65 000.00	
8	31	付电话费		205.67					
8	31	合计	200 00.00	1 329.00	8	31	合计	65 000.00	1 500.00

银行存款余额调节表的余额 463 846.75 元是企业可以支用的金额，但不能根据银行存款余额调节表登记账簿，只有收到有关原始单据后，才能填制记账凭证，并据以入账。

5）8 月末，北京红都服装有限公司与客户核对往来款项。

往来款项包括各种应收、应付、预收、预付款项。往来款项的核对方式既可以通过电话对账，也可以发“询证函”等方式对账。

“询证函”由会计根据债权债务明细账填写，加盖财务专用章后邮寄或送达客户、供货商。客户、供货商经核对无误时，应在“询证函”加盖财务专用章后寄（送）回（见图 6.61）。若客户、供货商核对后发现账目不符，应在“询证函”内加以说明。企业收回“询证函”后应查核金额不符的原因，如有争议，及时联系再次核对解决。

询证函

致：石家庄红桥百货供应站

本公司为复核账目，现询证本公司与贵公司的往来账项。下列数额出自本公司账簿记录，如与贵公司记录相符，请在“数据证明无误”处签章；如有不符，请在“数据不符需加说明事项”处详为指正。

（本函仅为复核账目之用，并非催款结算）

截止日期	贵公司欠	欠贵公司	备注
2014.8.15		55 780.00 元	

若款项在上述日期之后已经付清，仍请及时函复为盼。

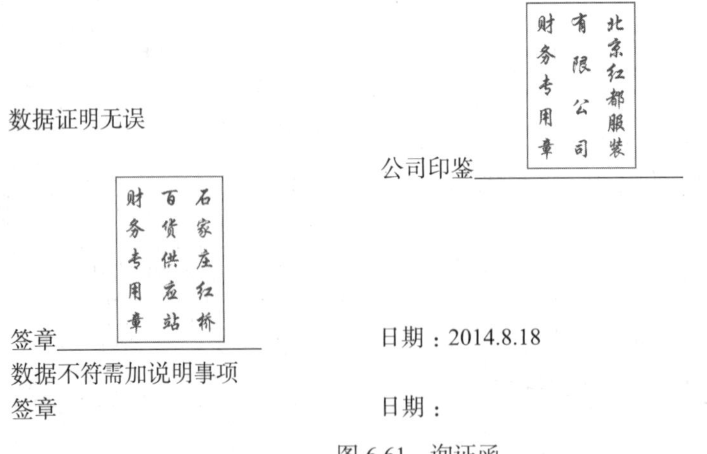

图 6.61　询证函

小林通过学习对账和财产清查收获很大，管好一个企业的家产真的需要学习很多，期末要做的事可真多。

任务巩固

训练一

目的：了解永续盘存制和实地盘存制的特点。

资料：某企业 2014 年 4 月初甲材料结存数量为 1 000 千克，单价为 10 元。4 月份甲材料收发情况如下：

1）8 日，购进入库 200 千克，实际采购成本 2 000 元。

2）10 日，生产领用 300 千克，实际成本 3 000 元。

3）15 日，生产领用 420 千克，实际成本 4 200 元。

4）17 日，购进入库 250 千克，实际采购成本 3 500 元。

5）20 日，生产领用 550 千克，实际成本 5 800 元。

要求：

1）按永续盘存制登记甲材料明细账（见图 6.62）。

2）按实地盘存制登记甲材料明细账（假定月末实地盘点数量为 210 千克）（见图 6.63）。

甲材料明细账

年		凭证号数	摘要	收入			发出			结存		
月	日			数量	数量	金额	数量	单价	金额	数量	单价	金额

图 6.62 甲材料明细账（实地盘存制）

甲材料明细账

年		凭证号数	摘要	收入			发出			结存		
月	日			数量	数量	金额	数量	单价	金额	数量	单价	金额

图 6.63 甲材料明细账（永续盘存制）

训练二

目的：了解库存现金清查及其账务处理。

资料：某企业 6 月 30 日盘点库存现金，实存现金 1 500 元，现金日记账余额为 2 000 元。现金保险柜中有账外单据 5 张：

1）职工甲开出的白条借据 1 张，金额 350 元；

2）职工乙医药费用报销单据 2 张，金额 120 元；

3）职工丙市内交通费报销单据 2 张，金额 30 元；

4）上列各项，除白条借据 350 元，应由出纳人员自行垫补外其余各项均责令出纳员补记入账。

要求：根据以上清查情况及处理意见编制会计分录。

训练三

目的：练习银行存款对账方法。

资料：海丰公司 2014 年 9 月 25~30 日银行存款账面记录如下：

① 25 日开出支票 #1706，支付购入材料运费 280 元；

② 26 日开出支票 #1709，支付购入材料价款 29 870 元；

③ 27 日存入销货款转账支票 55 000 元；

④ 28 日开出支票 #1710 号，支付委托外单位加工费 3 150 元；

⑤ 30 日存入销货款转账支票 36 000 元；

⑥ 30 日开出支票 #1712 号，支付职工培训费 360 元；

⑦ 30 日银行存款账面结存金额为 86 786 元。

银行对账单记录如下：

① 27 日支票 #1709 付出　29 870 元；

② 28 日转账收入　55 000 元；

③ 28 日代交电费　2 310 元；

④ 28 日支票 #1706 付出　280 元；

⑤ 29 日存款利息收入　699 元；

⑥ 29 日代收五一公司货款　22 640 元；

⑦ 30 日支票 #1710 付出　3 150 元；

⑧ 30 日银行对账单余额　68 330 元；

要求：根据上述资料找出未达账项，并编制银行存款余额调节表（见表 6.34）。

表 6.34　银行存款余额调节表

年　　月　　日　　　　单位：元

项　目	金　额	项　目	金　额
调节后的存款余额		调节后的存款余额	

任务提升

一、单项选择题

1. 财产清查按照（　　）可以分为全面清查和局部清查。

A. 清查的时间　　B. 清查的方法

C. 清查的地点　　D. 清查的范围

2. 财产清查按照（　　）可以分为定期清查和不定期清查。
A. 清查的时间　B. 清查的方法
C. 清查的地点　D. 清查的对象和范围
3. 对库存现金进行盘点时，（　　）必须在场。
A. 会计人员　B. 出纳人员
C. 单位负责人　D. 上级主管单位负责人
4. 对于现金进行盘点时，盘点结果应编制的原始凭证是（　　）。
A. 盘存单　B. 账存实存对比表
C. 库存现金盘点表　D. 银行对账单
5. 对银行存款进行清查时，应将（　　）与银行编制的对账单进行逐笔核对。
A. 银行存款总账　B. 银行存款日记账
C. 银行存款结算单据　D. 支票簿
6. 银行存款实有数为（　　）。
A. 银行存款日记账余额
B. 银行对账单余额
C. 银行存款余额调节表中调节后相等的余额
D. 以上都不对

二、多项选择题

1. 财产清查是指通过对（　　）的盘点或核对，确定其实存数，查明账存数与实存数是否相符的一种专门方法。
A. 利润　B. 货币资金　C. 实物资产　D. 往来款项
2. 财产清查包括（　　）。
A. 实物清查　B. 现金清查　C. 银行存款清查　D. 债权债务清查
3. 实地盘点法可用于（　　）清查。
A. 实物　B. 库存现金　C. 银行存款　D. 往来款项
4. 银行存款日记账与银行对账单不一致的原因有（　　）。
A. 企业或银行出现记账错误　B. 出现未达账项
C. 出现已达账项　D. 以上均是
5. 未达账项包括（　　）。
A. 企业已记收，银行未记收的款项　B. 企业已记付，银行未记付的款项
C. 银行已记收，企业未记收的款项　D. 银行已记付，企业未记付的款项
6. 财产清查的意义在于（　　）。
A. 加强企业管理　B. 提高企业利润
C. 发挥会计监督的作用　D. 以上均不是
7. 不定期清查通常是局部清查，主要适用于以下几种情况（　　）。
A. 上级主管部门、银行、税务、审计等部门对单位进行检查，按具体要求进行的清查
B. 企业更换出纳员和其他财产保管人员时，为分清交接前后经济责任而进行的清查

C. 企业发生自然灾害、意外灾害或者贪污盗窃等情况时，需要确定损失情况进行的清查

D. 单位发生合并、分立、清算等产权变动时对相应财产进行的清查

8. 只有在以下情况下才会使用全面清查（　　）。

A. 在年终结算前，为了保证年度会计报表资料的真实可靠进行的清查

B. 为明确经济责任，在企业发生撤销、破产清算、合并、清产核资或改变隶属关系的时候进行的清查

C. 在单位主要领导干部调离工作岗位时进行的清查

D. 以上均不是

9. 通常，财产清查的一般程序包括（　　）等环节。

A. 建立财产清查组织

B. 确定清查对象、范围，明确清查任务

C. 确定清查方案，具体安排清查内容、时间、步骤、方法以及必要的清查前准备

D. 根据盘存清单，填制实物、往来款项清查结果报告表

10. 银行存款的清查，需将（　　）进行相互逐笔核对。

A. 银行存款总账　　B. 银行对账单

C. 银行存款日记账　　D. 支票登记簿

三、判断题

1. 银行存款日记账和银行对账单都正确时，二者的余额仍然有可能不一致。（　　）

2. 往来款项的清查，采用与对方核对账目的方法。（　　）

3. 对于未达账项应编制银行存款余额调节表进行调节，同时将未达账项编制记账凭证调整入账。（　　）

4. 在银行存款清查中，如果本单位和开户银行的记账均正确，那么该单位的银行存款日记账和送来的账单肯定是一致的。（　　）

5. 企业每月都应进行一次全面清查。（　　）

6. 期末，应核对现金日记账银行存款日记账和明细账的余额同有关总分类账的余额是否相符。（　　）

任务 6.6　更 正 错 账

任务与要求

任务：2014 年 8 月末，老会计要求小林通过对账找出的错账更正。

要求：学会规范更正错账。

知识讲解

6.6.1　查找错账的方法

在记账过程中，可能会发生各种各样的差错，产生错账。当对账过程发现不符时应及

时查找，根据错误情况采用正确的更正方法。错账查找的方法主要有差数法、除二法、除九法和尾数法等。

1. 差数法

差数法是指按照错账的差数查找错账的方法。当发现借方记录大于贷方记录，以两者差额为依据查找，检查是否有一笔与差额相同金额的经济业务贷方漏记账。反之，查找是否有借方金额漏记账。所以，差数法主要是看有无漏记、重记、记账串户、汇总串户等问题。

2. 除二法

除二法是指以试算不平衡的差数除以二的商来查找错账的方法。除二法一般来说是解决记账方向借贷错位的问题，当发现借方记录大于贷方记录，以两者差额除以二得到一个商数为依据查找，重点查找这个数字，检查是否有一笔与之相同金额的经济业务，将贷方金额错记为借方，即借方金额重复记账；或是查找是否有贷方金额重复记账。例如，差额是200，就查找100这个数，看是否记账方向反了。

3. 除九法

除九法是指以试算不平衡的差数整除九的商来查找错账的方法。当借方不等于贷方，且两者差额能被九整除，这种错误无论是多记金额，还是少记金额，其差额必然是较小数的九倍。另一种可能是金额相邻数字错位，也就是将金额的前后数字颠倒，由此而产生的差额也能被九除尽。例如，520元误记为250元、5200元、52元等。实务中，除九法主要是检查是否有一笔与商相近金额的经济业务发生了移位或换位。

4. 尾数法

尾数法是指对于发生的角、分的差错可以只差找小数部分，以提高查错的效率。

6.6.2 错账更正方法

更正错账的方法一般有三种，即划线更正法、红字更正法和补充登记法。

1. 划线更正法

在结账的核查时，如果发现账簿记录中有数字或文字错误，但记账凭证正确，即属于过账时的笔误，一般可采用划线更正法更正。

划线更正法的具体做法：先在错误的文字或全部数字上划一条红线，表示错误的内容已被注销，但应保持记录文字或数字的内容清晰易于辨认。然后在划过线的数字或文字上端空白处用蓝、黑色墨水笔书写正确的数字或文字，并由记账及相关人员在更正处签章，以保证以后会计核算的正确，同时明确相关人员责任（见图6.64）。

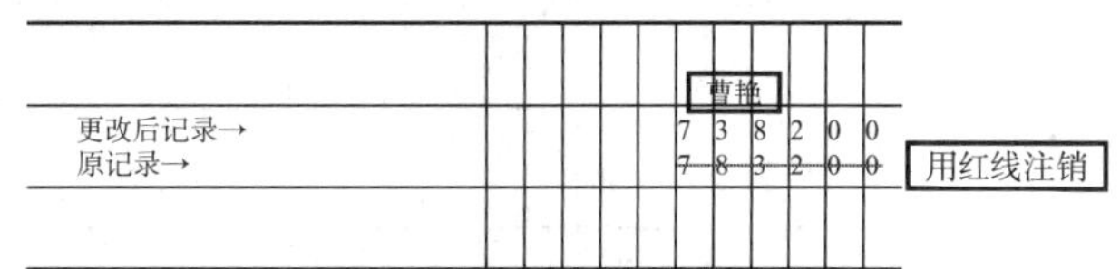

图6.64　划线更正法的正确做法

更正时需要注意，如系文字写错，可以只更正个别错字；若系数字写错，必须将错误数字全部注销，不能只更正该数字中的个别错误数码。如根据记账凭证入账时，误把7 382元记录为7 832元。更正时，不能只将“83”画一红线注销，写上“38”了事，而必须按照正确方法更正（见图 6.65）。

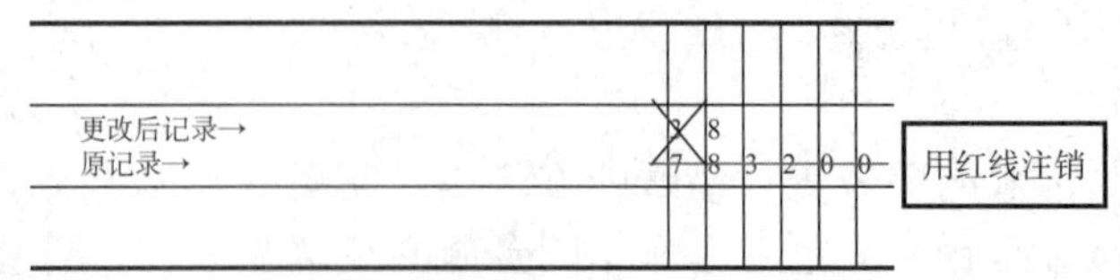

图 6.65　划线更正法的错误做法

如果是记错账簿或记错方向，可将错误内容划红线注销，然后将正确的文字记录和数字重新过入应记的账簿或方向栏内，同时在注销处加盖记账人员印章。

2. 红字更正法

红字更正法又称红字冲销法，当出现以下两种情形之一时，可采用红字更正法。

【业务 6.2】企业以现金 698 元购买办公用品，会计员在填制记账凭证时应借记“管理费用”账户，贷记“库存现金”账户。但在编制记账凭证时，错将“库存现金”记作“银行存款”。发生错误的记账凭证、账簿见图 6.66 和图 6.67 所示（“管理费用”总账、明细账及“银行存款”总账略）。

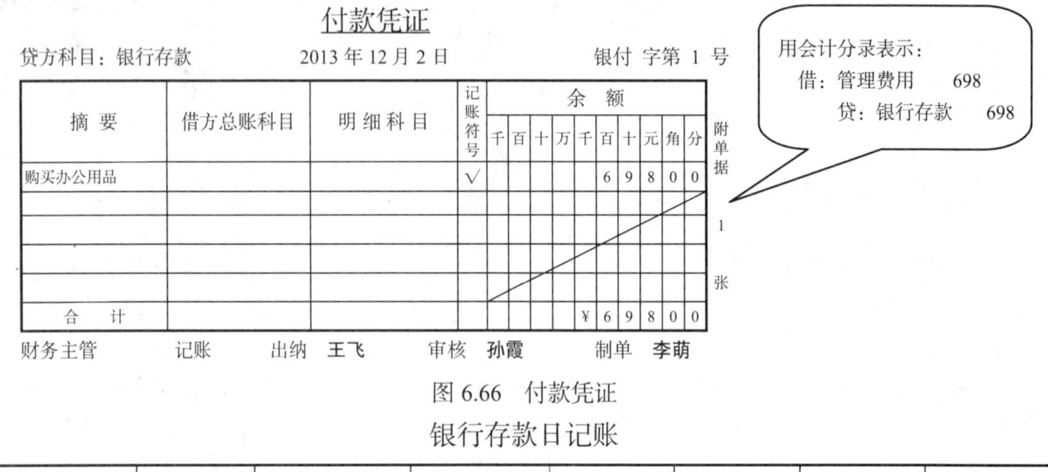

付款凭证

贷方科目：银行存款　　2013 年 12 月 2 日　　银付 字第 1 号

摘 要	借方总账科目	明 细 科 目	记账符号	千	百	十	万	千	百	十	元	角	分
购买办公用品			√						6	9	8	0	0
合　计								¥	6	9	8	0	0

（金额栏上方：余　额；右侧：附单据 1 张）

财务主管　　记账　　出纳　王飞　　审核　孙霞　　制单　李萌

图 6.66　付款凭证

银行存款日记账

2013 年		凭证号数	摘 要	对方科目	支票号	借 方	贷 方	余 额
月	日							
12	1		期初余额					159 500
	2	银付 1	购买办公用品	管理费用			698	158 802
			……			……		……

图 6.67　“银行存款”日记账

【分析】更正过程如下：

1）先用红字金额填制一张与原来错误的记账凭证内容完全相同的记账凭证，用红字登记入账，在“摘要”栏写明更正银付 2 号错账，金额 698 用红字填写，如图 6.68 所示（红字金额用数字加方框表示）。更正错账的记账凭证可以不附原始凭证。

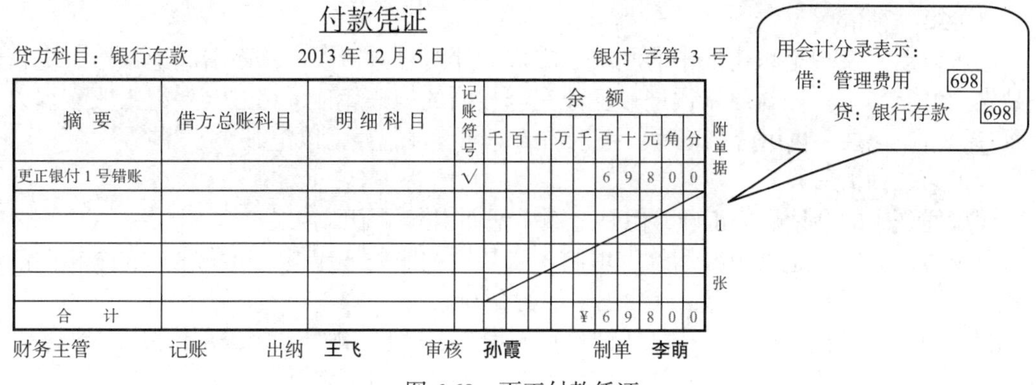

付款凭证

贷方科目：银行存款　　2013年12月5日　　银付 字第 3 号

摘 要	借方总账科目	明细科目	记账符号	千	百	十	万	千	百	十	元	角	分
更正银付1号错账			√						6	9	8	0	0
合 计								¥	6	9	8	0	0

附单据 1 张

财务主管　　记账　　出纳 王飞　　审核 孙霞　　制单 李萌

图 6.68　更正付款凭证

2）将上述红字凭证分别登记入账，用以冲销原账户中的错误记录，如图6.69所示。

银行存款日记账

2013年 月	日	凭证号数	摘 要	对方科目	支票号	借 方	贷 方	余 额
12	1		期初余额					159 500
	2	银付1	购买办公用品	管理费用			698	158 802
	……	……	……			……		……
	5	银付5	更正银付5号错账	管理费用			698	159 500

图 6.69　“银行存款”日记账

3）用蓝字填制一张正确的记账凭证，用于重新登记入账，如图6.70所示。

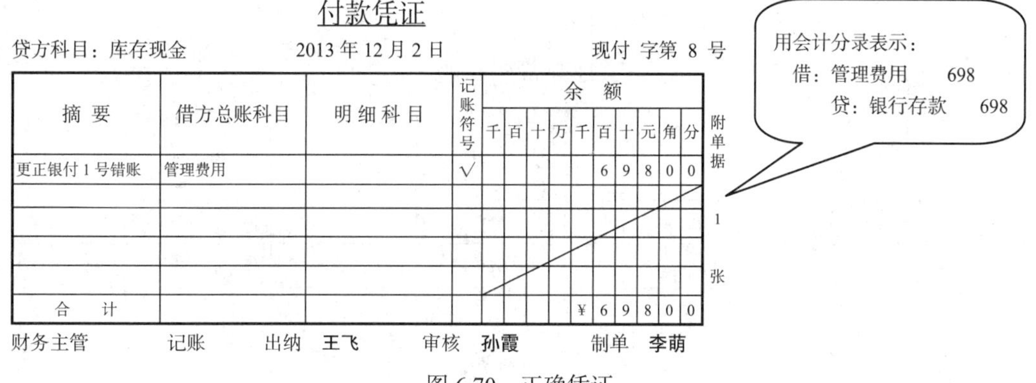

付款凭证

贷方科目：库存现金　　2013年12月2日　　现付 字第 8 号

摘 要	借方总账科目	明细科目	记账符号	千	百	十	万	千	百	十	元	角	分
更正银付1号错账	管理费用		√						6	9	8	0	0
合 计								¥	6	9	8	0	0

附单据 1 张

财务主管　　记账　　出纳 王飞　　审核 孙霞　　制单 李萌

图 6.70　正确凭证

4）根据正确的记账凭证，重新登记入账，如图6.71所示。

现金日记账

2013年 月	日	凭证号数	摘 要	对方科目	借 方	贷 方	余 额
12	1		期初余额				800
	2	银付1	提现备用	银行存款	5 000		5 800
	2	现付2	王明预借差旅费	其他应收款		2 000	3 800
	……	……	………	……	……	……	……
	5	现付8	更正银付1号错账	管理费用		698	4702

图 6.71　现金日记账

（1）第一种情形

记账以后，发现记账凭证中的应借、应贷会计账号有错误，从而引起记账错误更正做法是先用红字填写一张与原错误记账凭证完全相同的记账凭证，用红字登记入账，据以冲销原有的错误记录；再用蓝字填写一张正确的记账凭证，并据以记账。

（2）第二种情形

记账凭证中的会计账户正确，但是金额多记而引起了记账错误。

更正做法是将多记的金额用红字填制一张与原记账凭证应借、应贷账户完全相同的记账凭证，据以登记有关的账簿，以冲销多记的金额。

【业务 6.3】在业务 6.2 中，记账凭证科目选用无误，但金额误记为 968 元，并已登记入账，如图 6.72 ～图 6.74 所示（“管理费用”明细账、“现金”日记账略）。

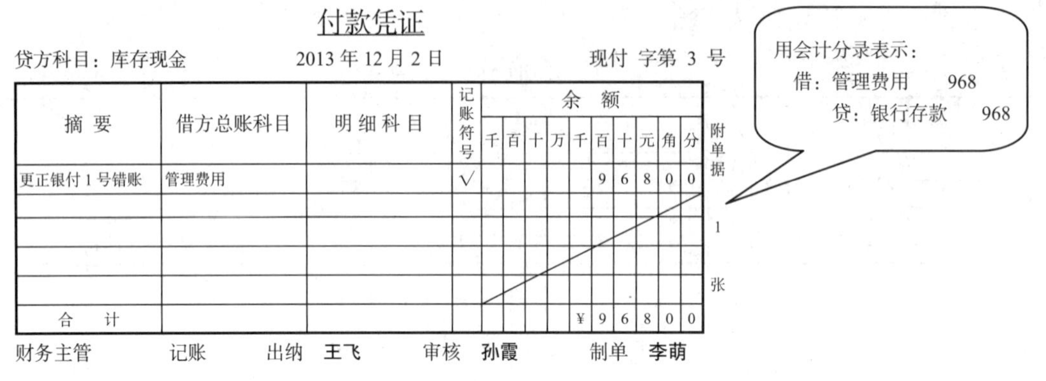

付款凭证

贷方科目：库存现金　　2013 年 12 月 2 日　　现付 字第 3 号

摘 要	借方总账科目	明细科目	记账符号	千	百	十	万	千	百	十	元	角	分
更正银付 1 号错账	管理费用		√						9	6	8	0	0
合　计								¥	9	6	8	0	0

附单据 1 张

财务主管　　记账　　出纳 王飞　　审核 孙霞　　制单 李萌

图 6.72　付款凭证

管理费用总账

2013 年		凭证号数	摘 要	借 方	贷 方	借或贷	余 额
月	日						
12	1	转 1	领用物品	550		借	550
	2	现付 3	购买办公用品	968		借	1 518

图 6.73　“管理费用”总账

库存现金总账

2013 年		凭证号数	摘 要	借 方	贷 方	借或贷	余 额
月	日						
12	1		期初余额			借	800
	2	银付 1	提取备用金	5 000		借	5 800
	2	现付 2	王明预借差旅费		2 000	借	3 800
	2	现付 3	购买办公用品		968	借	3 832

图 6.74　“库存现金”总账

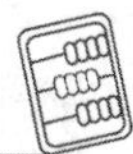

【分析】更正过程如下：

用红字编制一张多记金额 270 元（968 – 698）的记账凭证，并据以登账，如图 6.75 ～图 6.77 所示。

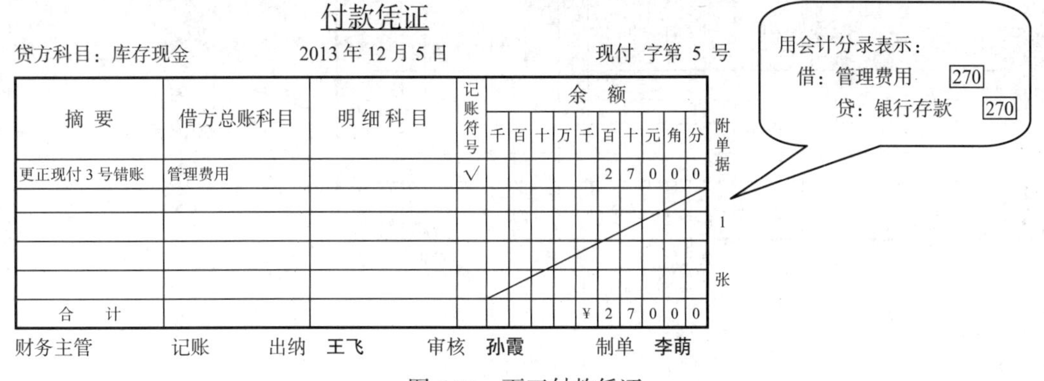

付款凭证

贷方科目：库存现金　　2013 年 12 月 5 日　　现付 字第 5 号

摘　要	借方总账科目	明细科目	记账符号	千	百	十	万	千	百	十	元	角	分
更正现付 3 号错账	管理费用		√						2	7	0	0	0
合　计								¥	2	7	0	0	0

附单据 1 张

财务主管　　记账　　出纳 **王飞**　　审核 **孙霞**　　制单 **李萌**

图 6.75　更正付款凭证

管理费用总账

2013 年		凭证号数	摘　要	借　方	贷　方	借或贷	余　额
月	日						
12	1	转 1	领用物品	550		借	550
	2	现付 3	购买办公用品	968		借	1 518
	……		……	……		……	……
	5	现付 5	更正现付 3 号错误	270		借	1 548

图 6.76　“管理费用”总账

库存现金总账

2013 年		凭证号数	摘　要	借　方	贷　方	借或贷	余　额
月	日						
12	1		期初余额			借	800
	2	银付 1	提取备用金	5 000		借	5 800
	2	现付 2	王明预借差旅费		2 000	借	3 800
	2	现付 3	购买办公用品		968	借	3 832
	……		……	……		……	……
	5	现付 5	更正现付 3 号错误		270	借	3062

图 6.77　“库存现金”总账

3. 补充登记法

补充登记法适用于记账凭证中的会计科目正确，但是金额少记而引起的记账错误。

更正做法是将少记的金额用蓝字填制一张与原来记账凭证的应借、应贷会计科目完全相同的记账凭证，据以登账，以补充少记的金额。

【业务 6.4】在业务 6.3 中，记账凭证科目选用无误，但金额误记为 689 元，并已登记入账，如图 6.78 ~ 图 6.80 所示（“管理费用”明细账、“现金”日记账略）。

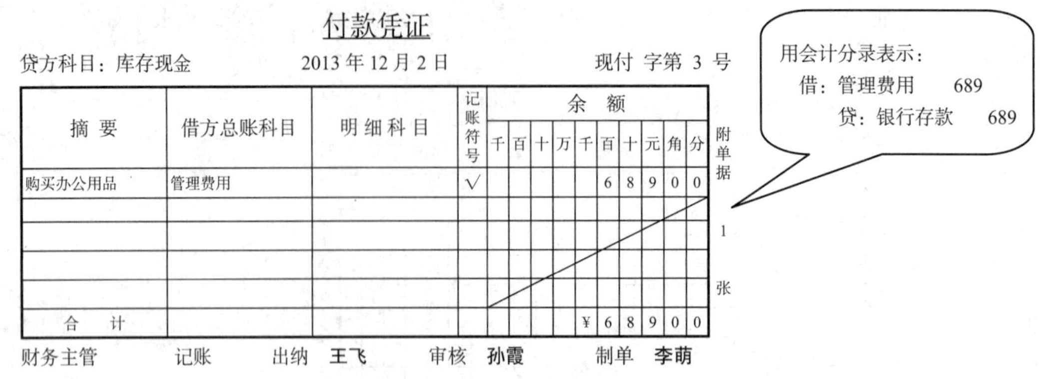
付款凭证

贷方科目：库存现金　　2013 年 12 月 2 日　　现付 字第 3 号

摘 要	借方总账科目	明细科目	记账符号	千	百	十	万	千	百	十	元	角	分
购买办公用品	管理费用		√						6	8	9	0	0
合 计								¥	6	8	9	0	0

附单据 1 张

财务主管　记账　出纳 **王飞**　审核 **孙霞**　制单 **李萌**

图 6.78 付款凭证

管理费用总账

2013 年		凭证号数	摘 要	借 方	贷 方	借或贷	余 额
月	日						
12	1	转 1	领用物品	550		借	550
	2	现付 3	购买办公用品	689		借	1 239

图 6.79 “管理费用”总账

库存现金总账

2013 年		凭证号数	摘 要	借 方	贷 方	借或贷	余 额
月	日						
12	1		期初余额			借	800
	2	银付 1	提取备用金	5 000		借	5 800
	2	现付 2	王明预借差旅费		2 000	借	3 800
	2	现付 3	购买办公用品		689	借	3 111

图 6.80 “库存现金”总账

【分析】更正过程如下：

用蓝字编制一张少记金额 9 元（698–689）的记账凭证，并据以登账，如图 6.81 ~ 图 6.83 所示。

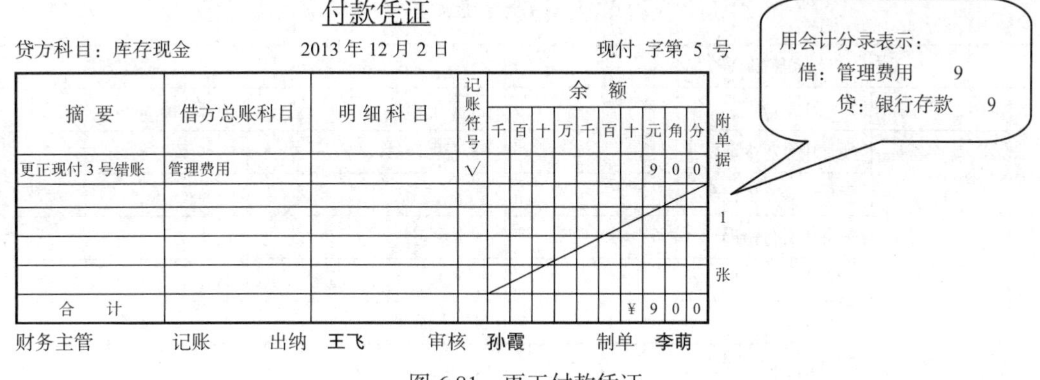

付款凭证

贷方科目：库存现金　　2013 年 12 月 2 日　　现付 字第 5 号

摘要	借方总账科目	明细科目	记账符号	千	百	十	万	千	百	十	元	角	分
更正现付 3 号错账	管理费用		√								9	0	0
合计										¥	9	0	0

附单据 1 张

财务主管　　记账　　出纳 **王飞**　　审核 **孙霞**　　制单 **李萌**

图 6.81　更正付款凭证

管理费用总账

2013 年		凭证号数	摘要	借方	贷方	借或贷	余额
月	日						
12	1	转 1	领用物品	550		借	550
	2	现付 3	购买办公用品	689		借	1 239
	……		……	……		……	……
	5	现付 5	更正现付 3 号错误	9		借	1 548

图 6.82　“管理费用”总账

库存现金总账

2013 年		凭证号数	摘要	借方	贷方	借或贷	余额
月	日						
12	1		期初余额			借	800
	2	银付 1	提取备用金	5 000		借	5 800
	2	现付 2	王明预借差旅费		2 000	借	3 800
	2	现付 3	购买办公用品		689	借	3 111
	……		……	……		……	……
	5	现付 5	更正现付 3 号错误		9	借	3 062

图 6.83　“库存现金”总账

知识讲解

1. 归纳错账更正步骤

小林归纳出错账更正的步骤如表 6.35 所示。

表 6.35 错账更正方法

错误原因		方法名称	操作方法
记账凭证对，登账错误		划线更正法	直接更正
记账凭证错误，导致记账错误	凭证中金额少记	补充更正法	一步
	凭证中金额多记	红字更正法	一步
	凭证中科目错误	红字更正法	两步
	凭证中方向错误	红字更正法	两步
	混合错误	红字更正法	两步

2. 画出错账更正流程

小林画出错账更正的业务处理流程，如图 6.84 所示。

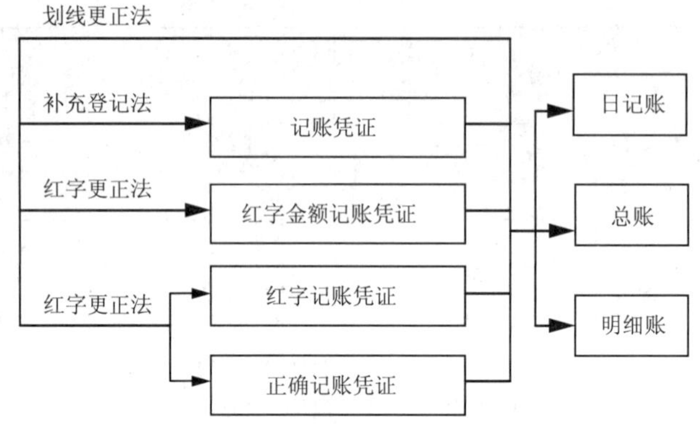

图 6.84 更正错账业务处理流程

3. 小林更正错账

1）"应付账款"总账（见图 6.85）与其所属的公司明细账逐笔核对后，证实只是总账登记笔误，应采用划线更正法更正应付账款总账记录。

总　账

科目名称及编号：应付账款

2014年		凭证编号	摘要	借方										贷方										借或贷	余额									
月	日			千	百	十	万	千	百	十	元	角	分	千	百	十	万	千	百	十	元	角	分		千	百	十	万	千	百	十	元	角	分
1	1		上年转入																					贷			2	4	3	5	0	0	0	0
8	1	转 2	购入辅料															6	8	0	0	0	0											
8	22	转 28	购入棉纺布料														2	9	7	8	0	0	0											
8	31	银付 29	还京南公司货款					9 ~~9~~	6 ~~1~~	1 ~~6~~	2 ~~2~~	0 ~~0~~	0 ~~0~~																					

（印章：林绍桐）

图 6.85 划线更正法更正"应付账款"总账

2）记账凭证（见表 6.27）与普通发票（见图 6.87）核对，发现记账凭证的借贷会计科

目正确，但所记录的金额800元大于发票金额80元，应采用红字冲销法更正错账，即按照多记金额720元（800–80）填制记账凭证（见表6.36），并据以登记“管理费用”明细账和“现金”日记账（略）。

表6.36 记账凭证

日期	凭证字号	附件张数	摘要	会计分录	记账√
2014.8.31	现付16号	/	冲销8月2日现付2号凭证	借：管理费用——办公费 720.00 贷：库存现金 720.00	√ √

任务巩固

训练一

目的：正确选择更正错账方法。

资料：某企业2014年3月20日购买一批材料，价款100 000元，尚未付款。会计人员在登记账簿时，发生了以下错误：

1）在记账凭证中，会计人员误将“原材料”科目写成“库存商品”科目；

2）在记账凭证中，会计人员误将金额写为1 000 000元；

3）在记账凭证中，会计人员误将金额写为10 000元；

4）记账凭证没有错误，会计人员在登记入账时误记为10 000元。

要求：针对不同的错误，分别指出应采用的更正方法。

训练二

目的：练习错账更正的方法。

内容：海丰公司会计人员在2014年9月末结账前进行对账时，查找出以下错账：

1）计提车间管理用房屋及设备的折旧28 000元，编制的记账凭证为

借：管理费用 2 800

　贷：累计折旧 2 800

2）签发转账支票5 000元支付办公楼维修费，编制的记账凭证为

借：营业费用 5 000

　贷：银行存款 5 000

3）生产产品领用材料62 000元，编制的记账凭证为

借：生产成本 26 000

　贷：原材料 26 000

4）应结转当期已销商品成本270 000元，编制的记账凭证为

借：主营业务成本 720 000

　贷：库存商品 720 000

要求：指出针对上述错账应采用的更正方法，并进行错账更正。

任务提升

一、单项选择题

1. 某企业7月份“以银行存款支付前欠货款10 000元”；会计人员依据有关原始凭证

填制了记账凭证："借：应收账款 10 000 元；贷：银行存款 10 000 元"。记账凭证经审核后登记入账。年末，在进行往来账清查时发现了错误，会计人员应采取的更正方法是（　　）。

A. 补充登记法　　B. 红字更正法

C. 划线更正法　　D. 重新编制一张记账凭证

2. 采用补充登记法，是因为（　　），导致账簿记录错误。

A. 记账凭证上会计科目错误

B. 记账凭证上记账方向错误

C. 记账凭证上会计科目、记账方向正确，所记金额大于应记金额

D. 记账凭证上会计科目、记账方向正确，所记金额小于应记金额

3. 更正错账时，划线更正法的适用范围是（　　）。

A. 记账凭证上会计科目或记账方向错误，导致账簿记录错误

B. 记账凭证正确，在记账时发生错误，导致账簿记录错误

C. 记账凭证上会计科目或记账方向正确，所记金额大于应记金额，导致账簿记录

D. 记账凭证上会计科目或记账方向正确，所记金额小于应记金额，导致账簿记录错误

4. 补充登记法主要适用于（　　）。

A. 记账文字或数字有误，所用科目无误

B. 记账后在年内发现所记金额无误，所用科目有误

C. 记账后在年内发现所记金额大于应记金额，所用科目无误

D. 记账后发现所记金额小于应记金额，所用科目无误

二、多项选择题

1. 记账后，发现记账凭证中的金额有错误，导致账簿记录错误，不能采用的错账更正方法是（　　）。

A. 划线更正法　　B. 红字更正法　　C. 补充登记法　　D. 重新抄写法

2. 红字更正法通常适用的情况是（　　）。

A. 记账后在当年内发现记账凭证所记的会计科目错误

B. 发现上一年度的记账凭证所记的会计科目错误

C. 记账后发现记账凭证会计科目、记账方向无误而所记金额大于应记金额

D. 记账后发现记账凭证会计科目、记账方向无误而所记金额小于应记金额

3. 下列各种工作的错误，应当用红字更正法予以更正的是（　　）。

A. 在登记账簿时将 256 元误记为 265 元，记账凭证正确无误

B. 在填制记账凭证时，误将"应收账款"科目填为"应付账款"，并已登记入账。

C. 在填制记账凭证时，误将 3 000 元填作 300 元，尚未入账

D. 记账凭证中的借贷方向用错，

三、判断题

1. 由于编制的记账凭证会计科目错误，导致账簿记录错误，更正时，可以将错误的会计科目划红线注销，然后，在划线上方填写正确的会计科目。（　　）

2. 登记账簿时，发生的空行、空页一定要补充书写，不得注销。（　　）

3. 如果在结账前发现账簿记录有文字或数字错误，而记账凭证没有错误，则可采用划

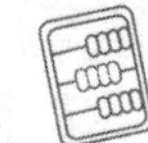

线更正法，不可以采用红字更正法。 ( )

4. 在审查当年的记账凭证时，发现某记账凭证应借应贷的科目正确，但所记的金额小于实际金额，尚未入账，应用红字更正法更正。 ( )

5. 采用划线更正法时，对错误的文字和数字，可以只划去错误的部分进行改正。 ( )

6. 记账后，如发现记账凭证中，应借应贷科目正确，但所记金额大于应记金额，可采用补充登记法进行更正。 ( )

任务6.7 结 账

任务与要求

任务：小林在老会计的指导下完成了经济业务对账与更正，就差最后的结账了。

要求：熟悉三种结账形式，对比其中差异。

知识讲解

6.7.1 结账的程序

结账为了了解某一会计期（月份、季度、年度）的经济活动情况，考核经营成果，在每一会计期间终了时，必须进行结账。同时，结账工作也是编制会计报表的先决条件。

结账就是在会计期末（月末、季末、年末）将本期内所有发生的经济业务全部登记入账以后，计算出本期发生额和期末余额（见图6.86）。

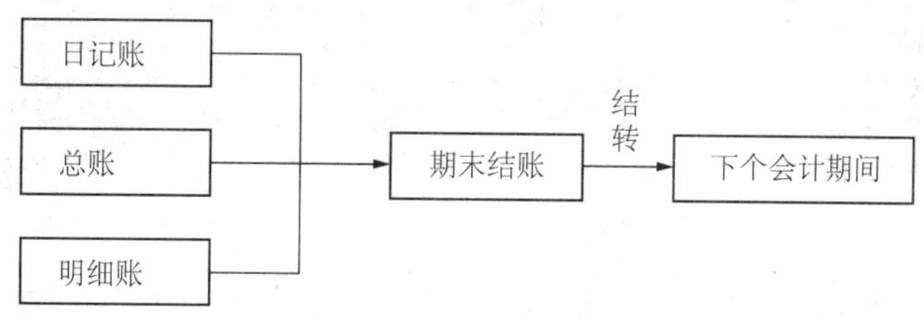

图6.86 结账

结账的内容通常包括两个方面：一是结清各种损益类账户，并据以计算确定本期利润；二是结清各资产、负债和所有者权益账户，分别结出本期发生额合计和余额。结账程序具体如下（见图6.87）。

1）将本期发生的经济业务事项全部登记入账，并保证其正确性。不得为赶编会计报表而提前结账，不得将本期发生的经济业务延至下期登账，也不得先编会计报表后结账。

2）根据权责发生制要求，调整有关账项，合理确定本期应计的收入和应计的费用。例如，各项待摊费用应按规定摊配，分别记入本期有关账户；预提费用应按规定标准预先提取，分别记入本期有关账户。再如，计提固定资产折旧、进行无形资产摊销等；对于需要在本月办理的有关转账业务，如销售成本的结转、税金及附加的计算结转等，均应编制有关记账凭证并登记入账。

3）将损益类账户转入“本年利润”账户，结平所有损益类账户。例如，月末将共同性的“制造费用”账户分配转入“生产成本”账户，将完工入库产品的成本从“生产成本”账户转入“库存商品”账户，将已销产品成本从“库存商品”账户转入“主营业务成本”账户。将本期实现的各种收入从“主营业务收入”等收入类账户转入“本年利润”账户的贷方，将本期发生的各项费用从“主营业务成本”、“管理费用”等费用类账户转入“本年利润”账户的借方，以便计算确定本期财务成果。

4）结算出资产、负债、所有者权益科目的本期发生额和余额，并结转下期。

结账的程序如图 6.87 所示。

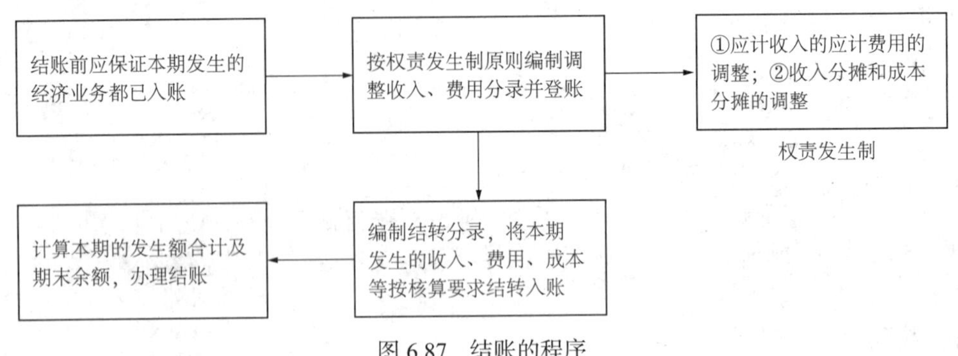

图 6.87　结账的程序

6.7.2　结账的方法（手工）

手工结账方法包括以下几个方面。

1）对不需按月结计本期发生额的账户，每次记账以后，都要随时结出余额，每月最后一笔余额即为月末余额。月末结账时，只需要在最后一笔经济业务事项记录之下通栏划单红线，不需要再结计一次余额（见图 6.88）。

应收账款——红星公司

账号		总页	
页次			

年		凭证		摘要	日期	借方（百十万千百十元角分）	贷方（百十万千百十元角分）	借或贷	余额（百十万千百十元角分）
月	日	种类	号数						
				承前页				借	400000
11	07	记	15	收到货款，存入银行			400000	平	0
	08	记	23	销售产品，款未收		930150		借	930150
	14	记	43	受到货款，存入银行			930150	平	0
	20	记	55	销售产品，款未收		2825550		借	2825550
	25	记	63	收到货款，存入银行			2825550	平	0
12	08	记	21	销售产品，款未收		1053000		借	1053000
	26	记	65	销售产品，款未收		1942200		借	1942200

图 6.88　“应收账款——红星公司”账户结账

2）“库存现金”、“银行存款”日记账和需要按月结计发生额的收入、费用等明细账，每月结账时，要结出本月发生额和余额，在“摘要”栏内注明“本月合计”字样，并在下面通栏划单红线（见图 6.89）。

银行存款日记账

年 月	年 日	凭证 种类	凭证 号数	对方科目	摘　要	总页	收入金额（千百十万千百十元角分）	付出金额（千百十万千百十元角分）	结存金额（千百十万千百十元角分）
					承前页		35425330	25107760	29662570
11	24	记	61	库存现金	提现备用			100000	29562570
	25	记	62	营业外支出	对外捐款			200000	29362570
	25	记	63	应收账款	收到货款，存入银行		2825550		32188120
	26	记	64	应付账款	偿付前欠货款			2567200	29620920
	26	记	66	管理费用	支付水电费			290000	29330920
	27	记	67	原材料等	购进材料，验收入库，款已付			186520	29144400
	29	记	69	主营业务收入等	销售产品，货款收存银行		7651800		36796200
	31				本月合计		45902680	28451480	36796200

图 6.89　“银行存款”日记账结账

3）需要结计本年累计发生额的某些明细账户，每月结账时，应在“本月合计”行下结出自年初起至本月末止的累计发生额，登记在月份发生额下面，在“摘要”栏内注明“本年累计”字样，并在下面通栏划单红线。12 月末的“本年累计”就是全年累计发生额，全年累计发生额下通栏划双红线（见图 6.90）。

主营业务——甲产品

账号		总页	
页次			

年 月	年 日	凭证 种类	凭证 号数	摘　要	日期	借方（百十万千百十元角分）	贷方（百十万千百十元角分）	借或贷	余额（百十万千百十元角分）
				承前页		35721000	37491000	贷	1770000
11	24	记	60	销售产品，收到部分货款			375000	贷	2145000
	26	记	65	销售产品，款未收			300000	贷	2445000
	29	记	69	销售产品，货款收存银行			1200000	贷	3645000
	30	记	81	结转本月收入		3645000		平	0
	30			本月合计		3645000	3645000	平	0
	30			本年累计		39366000	39366000	平	0
12	13	记	39	销售产品，货款收存银行			1584000	贷	1584000
	16	记	46	销售产品，款未收			540000	贷	2124000
	20	记	51	销售产品，款未收			540000	贷	2664000
	22	记	59	销售产品，收到部分货款			396000	贷	3060000
	26	记	65	销售产品，款未收			300000	贷	2445000
	28	记	72	销售产品，货款收存银行			1440000	贷	4860000
	31	记	81	结转本月收入		4860000		平	0
	31			本月合计		4860000	4860000	平	0
	31			本年累计		44226000	44226000	平	0

图 6.90　“主营业务收入——甲产品”明细账户结账

4）总账账户平时只需结出月末余额。年终结账时，将所有总账账户结出全年发生额和年末余额，在“摘要”栏内注明“本年合计”字样，并在合计数下通栏划双红线（见图 6.91）。

库存现金

账号		总页	
页次			

年 日	年 月	凭证 种类	凭证 号数	摘要	日期	借方（百十万千百十元角分）	贷方（百十万千百十元角分）	借或贷	余额（百十万千百十元角分）
				承前页		21744100	21711000	借	113000
11	20	记汇	32	11 ~ 20 日发生额		1920000	2010000	借	23000
	30	记汇	33	21 ~ 30 日发生额		101000		借	124000
12	10	记汇	34	1 ~ 10 日发生额		108000	90000	借	142000
	20	记汇	35	11 ~ 20 日发生额		1728000	1809000	借	61000
	31	记汇	36	21 ~ 31 日发生额		90900		借	151900
				本年合计		25692000	25620000	借	151900
				结转下年					

图 6.91 “库存现金”总账结账

5）年度终了结账时，有余额的账户，要将其余额结转下年，并在“摘要”栏注明“结转下年”字样；在下一会计年度新建有关会计账户的第一行余额栏内填写上年结转的余额，并在摘要栏注明“上年结转”字样。

知识窗

1）在账簿中，结账通过划“结账线”表示：平时结账划单红线，年末结账划双红线。“结账线”应用通栏红线表示，不能只在账页中的金额部分划线。

2）结出余额后，应在余额栏前的“借或贷”栏内写明“借”或“贷”字样，没有余额的账户，应在余额栏前的“借或贷”栏内写“平”字，并在余额栏内用“0”表示。

6.7.3 更换与保管会计账簿

1. 会计账簿的更换

会计账簿的更换通常在新会计年度建账时进行。

1）总账、日记账和多数明细账应每年更换一次。

2）有些财产物资明细账和债权债务明细账，可以不必每年更换一次，可以跨年度继续使用，如“固定资产”明细账、“应收账款”明细账等。变动较小的明细账可以连续使用，不必每年更换。

3）各种备查账簿也可以跨年度连续使用。

新年度的会计账簿中的第一行“余额”栏内，填上该账户上年结转的余额，并注明方向；同时在“摘要”栏内加盖“上年结转”字样。

2. 会计账簿的保管

会计账簿暂由本单位财务会计部门保管 1 年，期满之后，由财务会计部门编造清册移交本单位的档案部门保管。

在将所有的旧账、活页账对账完毕，并将所有的活页账装订完毕、加上封面，并由主管人员签字盖章之后，要及时的将所有的订本账及活页账交由档案人员造册归档。归档时，应编制“会计账簿归档登记表”，以明确责任。

任务与处理

小林学习总结结账的种类如图 6.92 和图 6.93 所示。

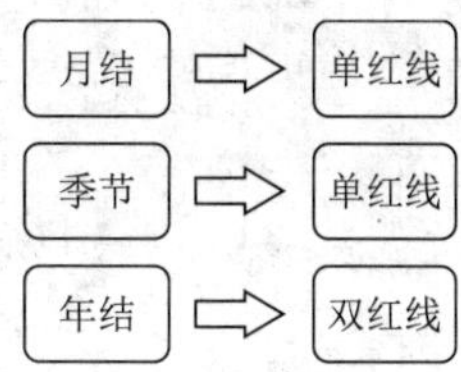

图 6.92 结账种类

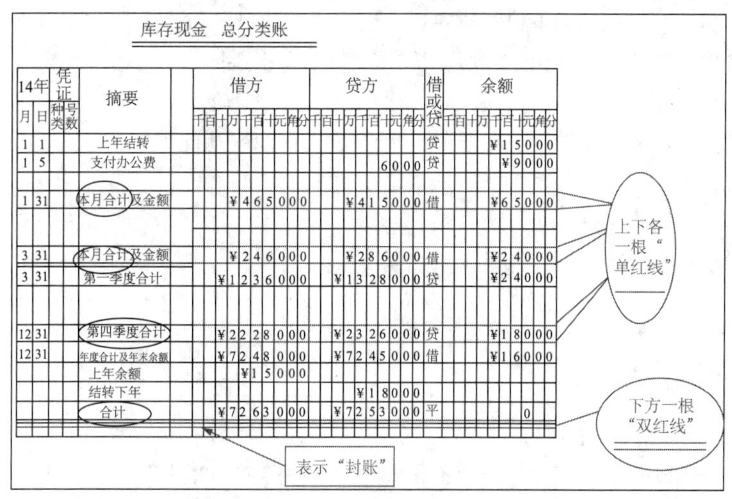

图 6.93 月结季结年结

任务巩固

训练

目的：练习对账和结账。

资料：某厂 2014 年 11 月 30 日结账前有关账户的资料如表 6.37 所示。

表 6.37 结账前账户资料 单位：元

账户名称	期初余额	本期发生额	
		（借方）	（贷方）
原材料	5 000	6 000	7 000
累计折旧	4 180	1 540	
制造费用		3 130	
生产成本	2 500	13 000	
库存商品	3 600		
营业费用		750	
营业税金及附加		850	
主营业务收入		17 000	
利润分配	5 941		
应交税费		850	
银行存款	8 314	3 616	6 510

月末，会计人员对账时发现以下问题：

1）甲材料账面余额比仓库实物盘存数少 50 千克，单位价格为 1.2 元。

2）乙材料账面数量 110 千克，共计 2 200 元，而仓库实物盘存数为 105 千克。

3）固定资产账面原值 58 000 元，月折旧率 2.5%，而账面上所记录的本月折旧额为 1 540 元（原已计入制造费用）。

4）经核对银行对账单，发现本厂账上 11 月 15 日漏计产品销售收入 20 00 元，货款同日以银行存款转账支票收讫。

5）月末将制造费用分配计入有关产品成本。月末在产品成本计 2 960 元，本月销售产品的成本为 16 000 元。

6）本月利润分配按实现利润的 25% 计算应交所得税，税后利润的 15% 提取法定盈余公积，10% 提取法定公益金，20% 向投资者分配现金股利。

要求：

1）根据月末对账结果，编制必要的会计分录，并登记有关账户，有关库存盘点盈亏情况在报批中。

2）编制有关结转与结账的会计分录。

3）结计各账户的本月发生额和月末余额。

任务提升

一、单项选择题

1. 年终结账，将余额结转下年时（　　）。

   A. 不需要编制记账凭证，但应将上年账户的余额反向结平才能结转下年

   B. 应编制记账凭证，并将上年账户的余额反向结平

   C. 不需编制记账凭证，也不需将上年账户的余额结平，直接注明“结转下年”即可

   D. 应编制记账凭证予以结转，但不需要将上年账户的余额反向结平

2. 年终结账时，要在总账“摘要”栏内注明“本年合计”字样，结出全年发生额和年末余额，并在合计数（　　）。

   A. 上方通栏划单红线　　B. 下方通栏划单红线

   C. 上方通栏划双红线　　D. 下方通栏划双红线

3. 下列账簿中，可以跨年度连续使用的是（　　）。

   A. 总账　　B. 备查账　　C. 日记账　　D. 多数明细账

二、多项选择题

1. 结账时，正确的做法是（　　）。

   A. 结出当月发生额的，在“本月合计”下面通栏划单红线

   B. 平时，结出本年累计发生额的，在“本年累计”下面通栏划单红线

   C. 12 月月末，结出全年累计发生额的，在下面通栏划单红线

   D. 12 月月末，结出全年累计发生额的，在下面通栏划双红线

2. 下列结账方法正确的是（　　）。

   A. 对不于不需要按月结计发生额的账户，每月最后一笔余额即为月末余额。月末结账时，只需要在最后一笔经济业务记录之下通栏划单红线

B. 年末结账时，“全年累计”发生额通栏划双红线

C. 账户在年终结账时，在“本年合计”栏下通栏划双红线

D. 现金、银行存款日记账，每月结账时，在摘要栏注明“本月合计”字样，并在下面通栏划双红线

3. 年度结束后，对于账簿的保管应做到（　　）。

A. 装订成册　　B. 加上封面　　C. 统一编号　　D. 归档保管

4. 必须每年更换的账簿有（　　）。

A. 现金日记账　　B. 总分类账簿

C. 备查账簿　　D. 固定资产卡片

三、判断题

1. 结账时，没有余额的账户，应当在“借或贷”栏内用“0”表示。（　　）

2. 年末结账时，应当在“全年累计”发生额下面划通栏的双红线。（　　）

3. 对需要按月进行月结的账簿，结账时，应在“本月合计”字样下面通栏划单红线，而不是双红线。（　　）

4. 结账就是结算、登记每个账户期末余额的工作。（　　）

5. 结账是在会计期末计算并结转各账户的本期发生额和期末余额的工作。（　　）

课外阅读

会计专业好素养——耐心

什么是耐心？通俗地讲，耐心就是在努力的过程中，无论发生什么情况，你都坚持把学习或工作完成。

会计工作是一种简单而枯燥的行为的组合，仅仅有专业知识是无法胜任的。账表经常有不平的时候，有时为了一个数字要找好多个夜晚，加班加点是常有的事。为了一分钱都要挑灯夜战，一点一点核对，浮躁焦虑无法胜任会计工作。

做到耐心其实不是一件容易的事。年轻人有“初生牛犊不怕虎”的冲劲，但遇到困难和挫折时，往往就会失去耐心，变得不冷静。不冷静就会冲动，冲动之后难免会犯错误，道路变得越来越艰难，甚至远离初始的目标。

学习记账就是一个修炼的过程。很多时候，过程比结果重要得多。做财务需要细心和耐心，遇到账不平不可以放弃，要找出错在哪里，这个过程就是一个修炼心性。有时它就像挑战你的耐性，故意和你捉迷藏，一不小心就中了它圈套，功亏一篑。耐心不仅是一个人的性格，更是一个人的能力和素质。

只要你确定人生的目标，专注于你的目标，你所有的行动和意念，都会朝着那个方向前进。面对困难的时候，学会等待，寻找成熟的时机，如果急于求成，经常会适得其反。

一个成功的人，不一定是最聪明的人，也不一定是最强壮的人，但一定是最有耐心的人。一个普通人，或许他花费十年的努力，还没有获得成功，但是他有非比寻常的耐心，依然坚持继续努力，或许在第十年零一天的时间，他就可以获得成功。

单元 7 财务报表

知识与技能目标

- 了解财务报表的概念、种类；
- 会简单编制资产负债表，并进行简单指标分析；
- 会简单编制利润表，并进行简单指标分析；

过程与方法

通过案例了解资产负债表、利润表的内容和结构，运用前面账簿的数据动手编制简单的会计报表。

情感态度与价值观

会计人员编制的财务会计报表与国家和社会公众的经济利益密切相关。如果会计人员不能做到客观公正，会计信息就有可能失真，国家和社会公众利益就会受到损害。通过学习，学生应养成诚实守信、操守为重、信誉至上的职业情操。

表 7.1 和表 7.2 是红都服装有限公司 2014 年 9 月对外公布的部分财务报告资料。

表 7.1 资产负债表

编制单位：北京市红都服装有限公司　　　2014 年 9 月 31 日　　　单位：元

资产	期末余额	年初余额	负债和所有者权益	期末余额	年初余额
流动资产：			流动负债：		
货币资金	887 600	530 000	短期借款	36 000	67 500
交易性金融资产			交易性金融负债		
应收票据	295 200	62 000	应付票据	240 000	135 000
应收账款	359 000	807 600	应付账款	344 600	387 600
预付账款			预收账款		
应收股利	120 000	135 000	应付职工薪酬	120 000	135 000
其他应收款	6 000	6 800	应交税费	360 000	347 200
存货	3 096 000	3 475 900	应付利息	12 000	108 000
流动资产合计	4 901 800	5 017 300	其他应付款	1 269 200	301 400

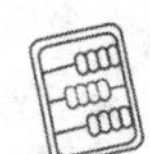

续表

资产	期末余额	年初余额	负债和所有者权益	期末余额	年初余额
非流动资产：			流动负债合计	2 381 800	1 481 700
持有至到期投资			非流动负债：		
长期股权投资	300 000	337 500	长期借款	720 000	1 566 000
固定资产	2 920 000	2 769 700	应付债券		
在建工程			非流动负债合计	720 000	1 566 000
工程物资			负债合计	3 101 800	3 047 700
固定资产清理			所有者权益：		
无形资产	960 000	999 000	实收资本	5 800 000	6 525 000
长期待摊费用			资本公积		
非流动资产合计	4 180 000	5 106 200	盈余公积	180 000	254 800
			未分配利润		296 000
			所有者权益合计	5 980 000	7 075 800
资产总计	908 1800	10 123 500	负债和所有者权益总计	9 081 800	10 123 500

表 7.2 利润表

会 02 表

编制单位：北京市红都服装有限公司　　2014 年 9 月 31 日　　单位：元

项目	上年数	本年累计数
一、营业收入		1 697 500
减：营业成本		1 012 500
营业税金及附加		2 700
销售费用		94 500
管理费用		145 800
财务费用		56 100
减：资产减值损失		
加：公允价值变动收益（损失以“–”填列）		
加：投资收益（损失以“–”号填列）		69 600
二、营业利润（亏损以“–”号填列）		4 555 400
加：营业外收入		67 500
减：营业外支出		26 700
三、利润总额（亏损总额以“–”号填列）		496 300
减：所得税费用		138 200
四、净利润（净亏损以“–”号填列）		358 100

任务 7.1 认识财务报表

任务与要求

任务：下面是与两张报表（见表 7.1 和表 7.2）有关的一些小问题，老会计要求小林回答：

1）根据资产负债表，你了解到红都服装有限公司的流动资产是______元，总资产是______元，流动负债是______元，长期负债是______元，企业所有者权益是______元。

2）根据利润表，你了解到红都服装有限公司最终经营的总利润（或亏损）是______元，如果是利润，主要来源于收入______元，各项成本费用的支出是______元，企业投资获得的收益（或亏损）是______元。

要求：熟悉财务报表为企业提供的信息。

知识讲解

编制财务报表是会计核算的一项专门方法，也是会计核算的最后一个环节。

会计人员以企业日常会计核算资料（主要是各种账簿记录）为主要依据，将日常核算中繁多、分散的会计资料，按国家统一要求的内容、格式和方法加以归类整理、汇总后编制成的资产负债表、利润表和现金流量表等。

7.1.1 财务报表的定义

财务报表是企业以日常的会计核算资料为依据，对外提供的反映企业某一特定日期的财务状况和某一会计期间的经营成果、现金流量等会计信息的文件，如图 7.1 所示。

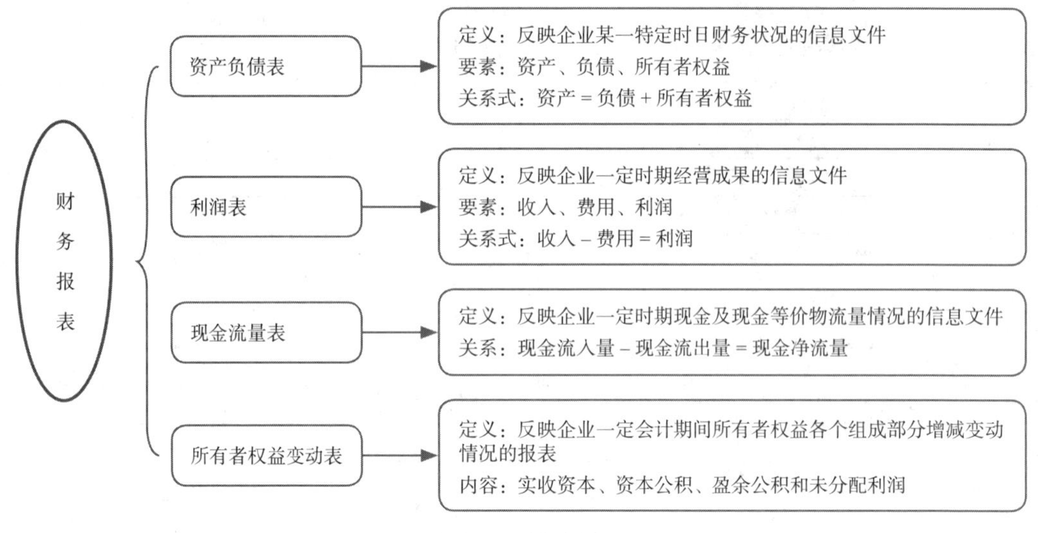

图 7.1 财务报表

7.1.2 财务报表的种类

财务报表根据不同标准，可做以下分类。

1）财务报表按反映的经济内容可以分为资产负债表、利润表、现金流量表及附表。

2）财务报表按提供对象可以分为对外提供的会计报表和对内提供的会计报表。

3）财务报表按编报的时间可以分为年度会计报表和中期会计报表，其中，中期会计报表又包括半年报、季报和月报。

4）财务报表按编报的单位可以分为单位报表、汇总报表和合并报表。

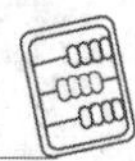

7.1.3 编制财务报表的作用

财务报表作为对外报告会计，它是财务会计确认和计量的最终成果，是沟通企业管理层与外部信息使用者之间的桥梁和纽带。其主要作用体现在以下3个方面。

1）财务报表为企业加强和改善经营管理提供重要信息。

2）财务报表为国家经济管理部门进行宏观调节和管理提供信息。

3）财务报表为投资者和债权人进行决策提供重要依据。

知识窗

各期间财务会计报告编制的时间要求如下：

1）月度财务会计报告。在每月终了时编制，应于月份终了后6日内报出，至少应当包括资产负债表和利润表。

2）季度财务会计报告。在每季终了时编制，应于季度终了后15日内报出，包括的内容与月度财务会计报告基本相同。

3）半年度财务会计报告。在上半年终了时编制，应于60日内报出。

4）年度财务会计报告。在每年度终了时编制，应于年度终了后4个月内报出，包括财务报告的全部内容。

7.1.4 编制财务报表前的准备工作

企业在编制财务报表之前，需要做的准备工作主要包括以下内容。

1）检查经济业务是否记录完整、全面，有无漏记、重记、错记和错算等。

2）检查账簿记录、计算是否规范，是否按规定结账。

3）进行财产清查，检查是否做到账账相符、账证相符、账款相符、账物相符。

7.1.5 财务报表编制的基本要求

为保证会计报表的信息质量，企业在编制会计报表时，应该做到以下几个方面。

1. 数字真实

数字真实主要是指企业提供的会计资料应当真实可靠，不能用估计数代替实际数，不能弄虚作假，不能篡改或隐瞒。

2. 内容完整

内容完整是指企业提供的会计报表应该是按照国家统一制度规定编报的，无论是表内项目还是补充资料，必须填写齐全，不准漏报、漏编。

3. 计算准确

计算准确就是在报表项目内容填写完整的基础上，报表数字的计算要准确，不能有错算、漏算或重复计算等现象。

4. 说明清楚

对于企业提供的会计报表，按照规定需要加以说明的事项或数据，应当用简洁的语言予以清晰说明。

5. 报送及时

企业提供的会计报表具有较强的时效性，因此，必须按照规定的时间期限和程序及时编制，及时报送。

知识窗

财务会计报告要由企业负责人和主管会计工作的负责人、会计机构负责人（会计主管人员）签名并盖章；设置总会计师的企业，还应由总会计师签名并盖章。

任务与处理

通过学习和查阅相关资料，小林根据红都服装有限公司的报表回答问题如下：

1）红都服装有限公司的流动资产是4 901 800元，总资产是9 081 800元，流动负债是2 381 800元，长期负债是720 000元，企业所有者权益是5 980 000元。

2）红都服装有限公司最终经营的总利润（或亏损）是496 300元，如果是利润，主要来源于收入1 697 500元，各项成本费用的支出是1 012 500元，企业投资获得的收益（或亏损）是69 600元。

任务巩固

进行网上资料查阅或社会调研，了解财务报表信息外部使用者主要有哪些？他们对于企业提供的财务信息需要了解和掌握的侧重点有何不同？为什么？

任务提升

一、单项选择题

1. 根据规定，（　　）对本单位会计报表的真实性、完整性负责的。

A. 编表人员　　B. 会计科长

C. 单位负责人　　D. 财政部门

2. 财务报表按反映的经济内容可以分为（　　）。

A. 资产负债表、利润表、现金流量表及附表

B. 对内报表和对外报表

C. 资产负债表、利润表和主要商品销售情况表

D. 单位报表、汇总报表和合并报表

3. 财务报表按提供对象可以分为（　　）。

A. 资产负债表、利润表、现金流量表及附表

B. 对内报表和对外报表

C. 资产负债表、利润表和主要商品销售情况表

D. 单位报表、汇总报表和合并报表

4. 以下反映企业财务状况的会计报表是（　　）。

A. 资产负债表　　B. 利润表

C. 现金流量表　　D. 所有者权益变动表

二、多项选择题

1. 下列资料中，属于会计报表的是（　　）。

A. 资产负债表　　B. 利润表

C. 现金流量表　　D. 盘盈盘亏报告表

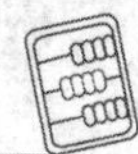

2. 编制财务报表的基本要求有（　　）和报送及时。

A. 数字真实　B. 内容完整　C. 计算准确　D. 说明清楚

3.（　　）统称为中期报表。

A. 月度报表　B. 季度报表　C. 半年度报表　D. 年度报表

4. 不是单位对外提供的财务会计报告的责任主体，应当保证财务会计报告的真实与完整的责任人有（　　）。

A. 单位法人　B. 出纳人员　C. 会计科长　D. 总经理

5. 下列表述正确的是（　　）。

A. 资产负债表是反映企业某一特定日期的财务状况的报表

B. 利润表是反映企业某一会计期间的经营成果的报表

C. 资产负债表是反映企业某一会计期间的财务状况的报表

D. 利润表是反映企业某一特定日期的经营成果的报表

三、判断题

1. 根据规定，财务会计报告包括月度、季度和年度。（　　）

2. 会计报表应当根据审核无误的会计账簿和有关资料编制。（　　）

3. 资产负债表是反映企业在一定时期内财务状况的报表。（　　）

4. 编制会计报表的主要目的就是为会计报表使用者决策提供信息。（　　）

5. 利润表是反映企业在一定时期经营成果的报表。它是静态报表。（　　）

（　　）

任务7.2　编制资产负债表

任务与要求

任务：老会计给小林拿来了红都服装有限公司企业2013年9月的有关会计资料。

要求：会编制资产负债表，并进行简单指标分析。

知识讲解

7.2.1　资产负债表概述

1. 资产负债表的定义

资产负债表是反映企业在某一特定日期全部资产、负债和所有者权益情况的报表。资产负债表也可以表述为反映企业在某一特定日期财务状况的报表。

因为资产负债表的编制时间是“某一特定的日期”，因此它是静态报表。

2. 资产负债表的作用

资产负债表是企业会计报表体系中的一张最主要的会计报表，它所提供的信息资料，对于企业管理部门、上级主管部门、投资者、银行及其他金融机构、税务部门、都有重要的作用。

1）据以解释、评价和预测企业短、长期偿债能力。

2）据以解释和评价企业资本结构。

3）据以解释、评价和预测企业进攻和防御能力。

4）据以解释、评价和预测企业绩效。

3. 资产负债表编制的依据

资产负债表编制的理论依据是会计恒等式，即资产 = 负债 + 所有者权益。

4. 资产负债表的格式与结构

（1）资产负债表的格式

我国资产负债表格式为“T”形，左边列示资产项目，右边列示负债和所有者权益项目，从而使资产负债表左右平衡。

（2）资产负债表的结构

资产负债表由表头、基本和补充资料三部分组成。

1）表头部分列示报表的名称、编制单位、编制日期、货币计量单位。

2）基本部分反映资产负债表日期企业的资产、负债和所有者权益的具体组成金额（见图 7.2）。

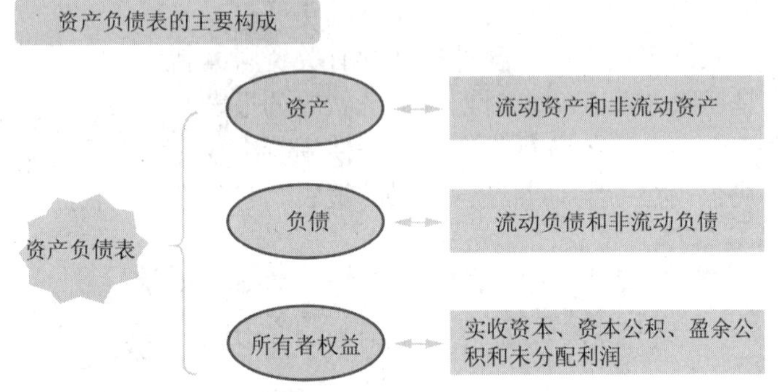

图 7.3　资产负债表的主要构成

3）补充资料列示有关资产的必要补充内容。

不论何种格式的资产负债表，都需要把所有项目按一定的标准进行分类，并以适当的顺序加以排列。

资产项目按其流动性排列，流动性大的排在前，流动性小的排在后；负债项目按其到期日的远近排列，到期日近的排在前，到期日远的排在后；所有者权益项目按其永久性程度的高低排列，永久性程度高的排在前，永久性程度低的排在后。

7.2.2　资产负债表的编制方法

资产负债表各项目均分为“年初数”和“期末数”。

1. 年初数

“年初数”栏内的各项数字，应根据上年末资产负债表“期末数”栏内相关数字填列。

2. 期末数

“期末数”栏内的各项数字，主要来源于本期会计账簿记录。其中，有的数字可以根据相关账户的期末余额直接填列，有的需要对有关账户进行合并或分析调整后再填列。“期末数”主要计算填列方法如下。

（1）根据总账账户期末余额直接填列

这类账户主要有“应收票据”、“应收股息”、“固定资产原值”、“累计折旧”、“应付票据”、“应付职工薪酬”、“实收资本”、“资本公积”等。

（2）根据若干总分类账账户的期末余额计算填列

1）资产负债表中“货币资金”项目等于“现金”、“银行存款”、“其他货币资金”账户的期末余额合计数。

2）资产负债表中“存货”项目等于“物资采购”、“原材料”、“低值易耗品”、“库存商品”、“包装物”、“分期收款发出商品”、“委托加工商品”、“生产成本”等账户的期末余额合计数，减去“代销商品款”、“存货跌价准备”等账户的期末余额。

3）资产负债表中“未分配利润”项目等于“本年利润”与“利润分配”账户的期末余额之差（如为未弥补亏损，在本项目中用“–”号表示）。

（3）根据总分类账户期末余额与相关明细分类账户余额分析填列

资产负债表中“长期借款”、“长期应付款”、“应付债券”等项目，如果其明细账中有一年内将要到期的负债，则应根据在总分类账户期末余额减去各该账户中一年内到期将要偿还数额之后的余额填列。类似账户还有“长期债权投资”项目。

想一想

对于一年内到期的长期资产或长期负债，应列入资产负债表中哪个项目栏内？

（4）根据明细账户余额计算填列

资产负债表中，有些项目需要根据有关账户所属明细账户的期末余额计算填列，如“应付账款”、“应收账款”、“预付账款”、“预收账款”等。

其中，资产负债表中“应付账款”项目应根据“应付账款”和“预付账款”账户所属明细账户的期末贷方余额计算填列；该两个账户所属明细账户的期末借方余额计算填列合计应记入资产负债表“预付账款”项目。

资产负债表中“应收账款”项目应根据“应收账款”和“预收账款”账户所属明细账户的期末借方余额计算填列；该两个账户所属明细账户的期末贷方余额计算填列合计应记入资产负债表“预收账款”项目。

（5）根据总账账户与其备抵账户相抵后的金额计算填列

“其他应收款”、“固定资产”、“在建工程”、“无形资产”等项目都以其账面余额扣除计提的减值准备后的余额填制。这类账户主要计算方法如下。

1）“其他应收款”项目等于“其他应收款”账户的期末余额与“坏账准备”项下“其他应收款”子目余额之差。

2）“固定资产”项目等于“固定资产”与“累计折旧”、“固定资产减值准备”账户的期末余额之差。

3）“在建工程”项目等于“在建工程”与“在建工程减值准备”账户的期末余额之差。

4）“无形资产”项目等于“无形资产”与“累计摊销”、“无形资产减值准备”账户的期末余额之差。

知识窗

我国《企业会计制度》和《企业会计准则》规定，企业应当定期或者至少于每年年度终了，对各项资产进行全面检查，合理地预计各项资产可能发生的损失，对可能发生的各项资产损失计提资产减值准备。资产减值准备规定不仅说明了谨慎性原则的重要性，也是为了避免资产的虚增导致企业利润的虚增，同时保证企业财务资料的真实性、可比性。除了货币资金、应收票据、交易性金融资产、预付账款、长期待摊费用等外的资产均计提了相应的减值准备。

7.2.3 资产负债表简单分析

1. 偿债能力分析

偿债能力是指企业偿还各种到期债务的能力，它反映了企业经济实力的大小和商业信用的好坏。反映企业的偿债能力的指标有以下几个。

（1）流动比率

流动比率是企业的流动资产与流动负债的比率，它表明每一元的流动负债能有多少元流动资产做保障。其计算公式为

流动比率 = 流动资产 / 流动负债

对于该指标需要说明的是。流动比率是否合理，不同的企业以及同 – 企业不同时期的评价标准是不同的。通常认为，该比率为 2∶1 比较合适。

（2）速动比率

速动比率是企业的速动资产与流动负债的比率。所谓速动资产，是指那些能在短时期内变现的资产，主要包括货币资金、短期投资、应收账款、应收票据等。也可以说，流动资产减去存货、预付账款和待摊费用后的余额就是速动资产。速动比率的计算公式为

速动比率 = 速动资产 / 流动负债

通常认为，该比率为 1∶1 比较合适。比率过低，会使企业面临偿债风险；比率过高，会造成企业资金闲置，影响资金周转。

（3）现金比率

现金比率是企业的现金类资产与流动负债的比率，可以反映企业的直接支付能力。现金类资产包括企业拥有的现金和现金等价物（如三个月到期的短期债券投资）。现金比率的计算公式为

现金比率 =（现金 + 现金等价物）/ 流动负债

从计算公式内容可以看出，现金比率越高，企业短期偿债能力越强。但也可能说明企业现金类资产获利能力不高，或没有充分利用。

（4）资产负债率

资产负债率（也称负债比率）是指企业资产总额与负债总额的比率。它反映企业的资产总额中有多少是通过举债而得到的。其计算公式为

资产负债率 = 负债总额 / 资产总额

资产负债率为多少才合适，没有确定的标准。对于企业在初创时期，负债比率会高一些。一般而言，资产负债率越高，企业偿还债务的能力越差；反之，企业偿还债务的能力越强。

2. 营运能力分析

企业的营运能力是指企业对其各种资源的管理和运用能力，它体现了企业整体管理水平如何。通常，评价企业营运能力常用的财务指标有存货周转率、应收账款周转率、流动资产周转率等。

（1）存货周转率

存货周转率是企业一定时期的销售成本与平均存货的比率，它说明了一定时期内企业存货周转的次数。其计算公式为

存货周转次数 = 销售成本 /（期初存货 + 期末存货）/2

存货周转状况也可以用存货周转天数来表示。其计算公式为

存货周转天数 = 360/ 存货周转次数

周转率越高，周转天数越短，说明存货周转得越快，企业销售能力越强。

（2）应收账款周转率

应收账款周转率是企业一定时期赊销收入净额与应收账款平均余额的比率，它反映了应收账款的周转速度。其计算公式为

应收账款周转次数 = 赊销收入净额 / 应收账款平均余额

赊销收入净额 = 销售收入 – 现销收入 – 销售折扣与折让

应收账款平均余额 =（期初应收账款 + 期末应收账款）/2

应收账款周转率也可以用应收账款周转天数来反映。周转期越短，应收账款的收回速度越快，短期偿债能力较强。其计算公式为

应收账款周转期 = 360/ 应收账款周转次数

（3）流动资产周转率

流动资产周转率是销售收入与流动资产平均余额的比率，反映的是流动资产周转次数。其计算公式为

流动资产周转次数 = 销售收入 / 流动资产平均余额

流动资产平均余额 =（期初流动资产 + 期末流动资产）/2

流动资产周转天数 = 360/ 流动资产周转次数

流动资产周转率越高，说明流动资产利用效率越高，流动资产在资金周转过程中占用的时间越短。

任务与处理

通过学习，小林对资产负债表的基本了解和分析情况如下。

1）资产负债表结构包括三个部分，即表头部分（列示报表的名称、编制单位、编制日期、货币计量单位）、基本部分（反映资产负债表日期企业的资产、负债和所有者权益的具体组成金额）和补充资料部分（列示有关资产的必要补充内容）。我国资产负债表格式为“T”形，左边列示资产项目，右边列示负债和所有者权益项目，从而使资产负债表左右平衡，即资产总额 = 负债总额 + 所有者权益总额。

2）资产负债表把所有项目按一定的标准进行分类，并以适当的顺序加以排列。资产项目按其流动性排列，流动性大的排在前，流动性小的排在后；负债项目按其到期日的远近排列，到期日近的排在前，到期日远的排在后；所有者权益项目按其永久性程度的高低排列，

永久性程度高的排在前，永久性程度低的排在后。

3）资产负债表的基本分析指标有偿债能力指标和营运能力指标。其中，偿债能力指标包括流动比率、速动比率、现金比率和资产负债率等；营运能力指标包括存货周转率、应收账款周转率和流动资产周转率等。

结合红都服装有限公司 2013 年 9 月资产负债表，小林计算以下指标：

流动比率 =4 901 800 ÷ 2 381 800=2.06

速动比率 =1 805 800 ÷ 2 381 800=0.76

资产负债率 =3 101 800 ÷ 9 081 800=0.34

存货周转次数 =1 012 500 ÷ 3 096 000=0.33

流动资产周转次数 =1 697 500 ÷ 4 901 800=0.35

根据计算得出的指标，可得出以下分析结果：流动比率合适，速动比率较低，说明存货较大，资产负债率较低，存货周转次数、流动资产周转次数偏低，建议企业加大促销手段，加快资金回笼。

任务巩固

训练一

目的：资产负债表中有关项目的填列。

资料：北京市红都服装有限公司 2013 年 12 月总分类账户的期末余额如表 7.3 所示。

表 7.3　总分类账户余额表

2013 年 12 月 31 日　　单位：元

账户	借方余额	账户	贷方余额
库存现金	5 000	短期借款	907 500
银行存款	1 959 000	应付票据	455 000
其他货币资金	600 000	应付账款	980 000
应收投利	76 000	应付职工薪酬	810 000
应收票据	108 000	应交税费	459 800
应收账款	899 000	应付股利	155 000
其他应收款	990 000	坏账准备	9 450
在途物资	150 000	累计折旧	1 275 000
原材料	2 550 600	长期借款	359 050
库存商品	570 450	长期应付款	699 000
生产成本	234 500	实收资本	163 500
长期债权投资	1 468 000	资本公积	1 455 890
固定资产	12 750 000	盈余公积	863 700
无形资产	253 000	本年利润	7 107 110
利润分配	86 450		
合计	22 700 000	合计	22 700 000

要求：根据所给资料计算以下内容：

1）资产负债表中“货币资金”和“存货”项目的金额分别是多少?

2）资产负债表中的“应收账款”和“固定资产”分别是多少?

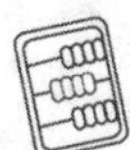

3）资产负债表中的“未分配利润”是多少？

4）根据以上结果，编制资产负债表（见表 7.4）。

表 7.4　资产负债表

企会 01 表

编制单位：北京市红都服装有限公司　　2014 年 9 月 31 日　　单位：元

资产	期末余额	年初余额	负债和所有者权益	期末余额	年初余额
流动资产：			流动负债：		
货币资金			短期借款		
应收票据			应付票据		
应收账款			应付账款		
应收股利			应付职工薪酬		
其他应收款			应交税费		
存货			应交股利		
流动资产合计			其他应付款		
非流动资产：			流动负债合计		
长期股权投资			非流动负债：		
固定资产			长期借款		
固定资产清理			长期应付款		
无形资产			非流动负债合计		
长期待摊费用			负债合计		
非流动资产合计			所有者权益：		
			实收资本		
			资本公积		
			盈余公积		
			未分配利润		
			所有者权益合计		
资产总计			负债和所有者权益总计		

训练二

目的：编制资产负债表并做简单分析。

资料：北京市红都服装有限公司 2013 年 5 月总分类账户的期末余额与有关明细分类账户的期末余额分别如表 7.5 和表 7.6 所示。

表 7.5　总分类账户余额表

2013 年 5 月 31 日　　单位：万元

账户	借方余额	账户	贷方余额
现金	0.5	短期借款	90.75
银行存款	195.9	应付票据	45.5
其他货币资金	60	应付账款	98
交易性金融资产	7.6	预收账款	81
应收票据	10.8	应交税金	45.98
应收账款	89.9	应付股利	15.5
预付账款	34	其他应付款	21.35

账户	借方余额	账户	贷方余额
其他应收款	65	坏账准备	0.945
物资采购	15	累计折旧	127.5
原材料	205	长期借款	35.905
包装物	20	长期应付款	69.9
低值易耗品	30.06	实收资本	695
产成品	57.045	资本公积金	145.589
生产成本	23.45	盈余公积金	86.37
持有至到期投资	146.8	本年利润	710.711
固定资产	1 275		
无形资产	25.3		
利润分配	8.645		
合计	2 270	合计	2 270

表 7.6　有关明细账金额表

2013 年 5 月 31 日　　　　单位：万元

账户	借或贷	金额	账户	借或贷	金额
应收账款	借方	89.9	应付账款	贷方	98
——东方公司	贷	33.6	——甲公司	贷	105.6
——宏宇公司	借	123.5	——乙公司	借	7.6
预付账款	借方	34	预收账款	贷方	81
——大华公司	借	38	——红方公司	借	8
——网预公司	贷	4	——大宇公司	贷	89

另外，长期投资中，一年内到期的持有至到期投资为 5 万元；长期借款中一年内到期需要偿还的借款为 5.5 万元；长期应付款中，一年内到期的应付款为 20 万元。

要求：根据所给资料完成以下任务：

1）资产负债表中“货币资金”、“应收账款净额”、“存货”、“预收账款”、“应付账款”和“预付账款”项目的金额分别是多少元?

2）尝试编制红都服装有限公司 2013 年 5 月资产负债表（见表 7.7）。根据编报结果，分析资产、负债和所有者权益三者之间的关系是什么?

3）以小组为单位，任意编写 2013 年 6 月红都服装有限公司 10 笔经济业务会计分录，并据此尝试编制红都服装有限公司 2013 年 6 月资产负债表（见表 7.8）。

4）对红都服装有限公司 2013 年 5 月和 6 月的偿债能力和运营能力进行简单分析，提出自己的看法和合理化建议。

表 7.7　资产负债表

企会 01 表

编制单位:　　　　年　月　日　　　　单位：元

资产	年初数	年末数	负债和所有者权益（或股东权益）	年初数	年末数
流动资产			流动负债		
货币资金	（略）		短期借款	（略）	
交易性金融资产			应付票据		

续表

资产	年初数	年末数	负债和所有者权益（或股东权益）	年初数	年末数
应收票据			应付账款		
应收账款			预收账款		
预付账款			应付职工薪酬		
应收利息			应交税费		
其他应收款			应付股利		
存货			应付利息		
一年内到期非流动资产			其他应付款		
其他流动资产			一年内到期非流动负债		
流动资产合计			其他流动负债		
非流动资产：			流动负债合计		
可供出售金融资产			非流动负债：		
持有至到期投资			长期借款		
长期应收款			应付债券		
长期股权投资			长期应付款		
投资性房地产			专项应付款		
固定资产			预计负债		
在建工程			递延所得税负债		
固定资产清理			其他非流动负债		
生产性生物资产			非流动负债合计		
油气资产			负债合计		
无形资产			所有者权益（或股东权益）		
开发支出			实收资本（或股本）		
商誉			资本公积		
长期待摊费用			减：库存股		
递延所得税资产			盈余公积		
其他非流动资产			未分配利润		
非流动资产合计			所有者权益（或股东权益）合计		
资产合计			负债和所有者权益（或股东权益）总计		

任务提升

一、单项选择题

1. 资产负债表中负债项目的顺序是按（　　）排列。

A. 项目的重要性程度　　B. 项目的金额大小

C. 项目的支付性大小　　D. 清偿债务的先后

2. 关于资产负债表的格式，下列说法不正确的是（　　）。

A. 资产负债表主要有账户式和报告式

B. 我国的资产负债表采用报告式

C. 账户式资产负债表分为左右两方，左方为资产，右方为负债和所有者权益

D. 负债和所有者权益按照求偿权的先后顺序排列

3. 资产负债表中资产的排列顺序是按（　　）。

A. 项目收益性　　B. 项目重要性

C. 项目流动性　　D. 项目时间性

4. 某企业“应付账款”明细账期末余额情况如下：“应付甲企业”贷方余额为 200 000 元，“应付乙企业”借方余额为 180 000 元，“应付丙企业”贷方余额为 300 000 元，假如该企业“预付账款”明细账均为借方余额，则根据以上数据计算的反映在资产负债表上“应付账款”项目的金额为（　　）元。

A.680 000　　B.320 000　　C.500 000　　D.80 000

二、多项选择题

1. 借助于资产负债表提供的会计信息，可以帮助管理者（　　）。

A. 分析企业资产的结构及其状况

B. 分析企业目前与未来需要支付的债务数额

C. 分析企业的债务偿还能力

D. 分析企业的现金流量情况

2. 编制资产负债表时，需根据有关总账科目期末余额分析、计算填列的项目有（　　）。

A. 货币资金　　B. 预付款项　　C. 存货　　D. 短期借款

3. 资产负债表中的“货币资金”项目，应根据（　　）账户期末余额的合计数填列。

A. 备用金　　B. 其他货币资金　　C. 银行存款　　D. 库存现金

4. 资产负债表中“期末数”的资料来源是（　　）。

A. 总账余额　　B. 明细账余额

C. 日记账余额　　D. 备查登记账簿记录

5. 资产负债表的下列项目中，需要根据总账账户余额减去其备抵项目后的净额填列的有（　　）。

A. 应收账款　　B. 长期股权投资　　C. 存货　　D. 固定资产

三、判断题

1. 资产负债表的格式主要有账户式和报告式两种，我国采用的是报告式，因此才出现财务会计报告这个名词。（　　）

2. 资产负债表是反映企业某一特定时期财务状况的会计报表。（　　）

3. 账户式资产负债表分左右两方，左方为资产项目，一般按照流动性大小排列；右方为负债及所有者权益项目，一般按要求偿还时间的先后顺序排列。（　　）

4. 资产负债表中“固定资产”项目应根据“固定资产”账户余额直接填列。（　　）

5. 资产负债表中资产类至少包括流动资产项目、长期投资项目和固定资产项目。（　　）

6. 资产负债表中“应收账款”项目，应根据“应收账款”账户所属各明细账户的期末借方余额合计填列。如“预付账款”账户所属有关明细账户有借方余额的，也应包括在本项目内。（ ）

7. 资产负债表是总括反映企业特定日期资产、负债和所有者权益情况的动态报表，通过它可以了解企业的资产构成、资金的来源构成和企业债务的偿还能力。（ ）

任务7.3 编制利润表

任务与要求

为了让小林尽快了解企业的经营情况并熟悉业务，经领导同意，老会计拿来了红都服装有限公司2014年9月有关损益类账户的相关资料，数字如下：

主营业务收入 贷方550 000元 主营业务成本 借方370 000元

销售费用 借方30 000元 营业外收入 贷方8 000元

营业外支出 借方4 000元 管理费用 借方5 000元

财务费用 借方3 000元 营业税金及附加 借方9 350元

投资收益 贷方23 500元 所得税费用 借方48 050元

要求：根据所给资料能初步编制利润表，并进行简单指标分析。

知识讲解

7.3.1 利润表概述

1. 利润表的定义

利润表是反映企业在一定会计期间内利润（或亏损）情况的报表。利润表也可以表述为反映企业在一定会计期间的经营成果情况的报表。

因为利润表的编制时间是“一定会计期间”，所以利润表是动态报表。

利润包括收入减去费用后的净额、直接计入当期利润的利得和损失等。如果所得结果为正，是利润；反之，则是亏损。

想一想

根据资产负债表的概念和利润表的概念，比较两者的不同之处。

2. 利润表的作用

编制利润表的主要目的是将企业经营成果的信息提供给各种报表用户，以供他们作为决策的依据或参考。利润表的作用包括以下几个方面。

1）解释、评价和预测企业经营成果和获利能力。

2）解释、评价和预测企业的偿债能力。

3）企业管理人员据以作出经营决策。

4）评价、考核管理人员的绩效。

3. 利润表编制的依据

利润表的编制依据是收入与费用的配比原则：收入－费用＝利润。

7.3.2 利润表的格式

利润表一般由表首、正表两部分组成。其中，正表是利润表的主体，反映形成经营成果的各个项目和计算过程。

我国利润表正表格式为多步式，其特点是分层次、分步骤进行利润计算（见图 7.3）。第一步，以营业收入为基础，通过加 / 减项目计算出营业利润；第二步，在营业利润的基础上，计算利润总额；第三步，计算净利润（或净亏损）。

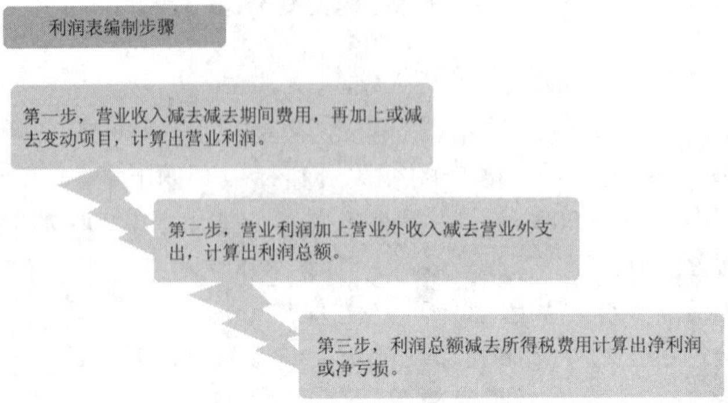

图 7.3 利润表编制步骤

利润表的格式如表 7.8 所示。

表 7.8 利润表

企会 02 表

编制单位： 年 月 金额 单位：元

项目	本月数	本年累计数
一、营业收入		
减：营业成本		
营业税金及附加		
销售费用		
管理费用		
财务费用		
减：资产减值损失		
加：公允价值变动收益（损失以“–”号填列）		
投资收益（损失以“–”号填列）		
其中：对联营企业和合营企业的投资收益		
二、营业利润（亏损以“–”号填列）		
加：营业外收入		
减：营业外支出		
其中：非流动资产处置损失		
三、利润总额（亏损总额以“–”号填列）		
减：所得税费用		
四、净利润（净亏损以“–”号填列）		

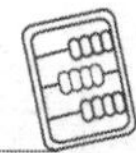

利润表中有关项目计算公式为

营业利润 = 营业收入 – 营业成本 – 营业税金及附加 – 销售费用 – 管理费用 – 财务费用 – 资产减值损失 + 公允价值变动收益 + 投资收益

利润总额 = 营业利润 + 营业外收入 – 营业外支出

净利润 = 利润总额 – 所得税费用

7.3.3　利润表的编制方法

1. 本期金额

“本期金额”栏反映各项目的本月实际发生数，根据有关账户的发生额直接或分析计算填列。在编制中期和年度报表时，填列上年同期累计实际发生数和上年累计实际发生数。

2. 上期金额

“上期金额”栏反映各项目上一个报告期的实际发生数。

无论是“本期金额”还是“上期金额”,如果有关项目计算结果为损失或亏损,则用“ – ”号表示。

3. 利润表主要项目的计算方法

（1）一般根据账户的本期发生额分析填列

“营业收入”项目，主要指主营业务收入和其他业务收入。应根据“主营业务收入”和“其他业务收入”账户的发生额分析填列。

“营业成本”项目，指主营业务成本和其他业务成本，应根据“主营业务成本”和“其他业务成本”账户的发生额分析填列。

“营业税金及附加”项目,反映企业经营业务应负担的营业税、消费税、城市维护建设税、资源税、土地增值税和教育费附加等，但不包括增值税。该项目应根据“营业税金及附加”账户的发生额分析填列。

“销售费用”、“管理费用”、“财务费用”、“资产减值损失”、“营业外收入”、“营业外支出”、“所得税费用”等项目，分别根据其各自账户的发生额分析填列。

“公允价值变动损益”项目，反映企业公允价值变动所形成的当期利得或损失。“投资收益”项目，反映企业对外投资所取得的收益或损失。这两个项目分别应根据其账户的发生额分析填列。如为贷方，表示收益；如为借方，则为损失，以“–”号填列。

（2）利润的构成分类项目根据利润表有关项目计算填列

利润表中“营业利润”、“利润总额”、“净利润”等项目，均根据有关项目计算填列，此处不再赘述。

7.3.4　利润表简单分析

一般来说，评价企业盈利能力的财务指标主要有销售净利润率、成本费用利润率、总资产报酬率等。

1. 销售净利润率

销售净利润率是企业净利润与主营业务收入的比率，反映企业通过销售赚取利润的能力。该指标表明企业每 1 元销售净收入可实现的净利润是多少。其计算公式为

$$销售净利润率 = 净利润 / 主营业务收入 \times 100\%$$

从计算公式内容和计算结果可以看出:该比率越高,企业通过销售获取收益的能力越强。当然，在进行评价时，还要注意同一企业不同时期以及不同企业之间计算指标结果的对比。

知识窗

销售利润率的有关计算公式如下：
销售毛利率 = 销售毛利 / 销售收入 ×100%
主营业务利润率 = 主营业务利润 / 销售收入 ×100%
营业利润率 = 营业利润 / 销售收入 ×100%
销售利润率 = 利润总额 / 销售收入 ×100%

2. 成本费用利润率

成本费用利润率是企业净利润与成本费用总额的比率。它反映企业生产经营过程中，发生的耗费与获得的收益之间的关系。其计算公式为

成本费用利润率 = 净利润 / 成本费用总额 100%

从计算公式内容和计算结果可以看出：成本费用利润率越高，说明企业为收益而付出的代价越小，企业获利能力越强。

3. 总资产报酬率

总资产报酬率是企业利润总额与资产平均总额的比率。该指标反映了企业综合利用资产获利能力。其计算公式为

总资产报酬率 = 利润总额 / 资产平均总额 ×100%

其中：

资产平均总额 =（期初资产总额 + 期末资产总额的平均数）/2

总资产报酬率越高，说明企业的获利能力越强。如果偏低，则说明企业资产利用效率较低，经营管理存在问题，应进行调整（见图 7.4）。

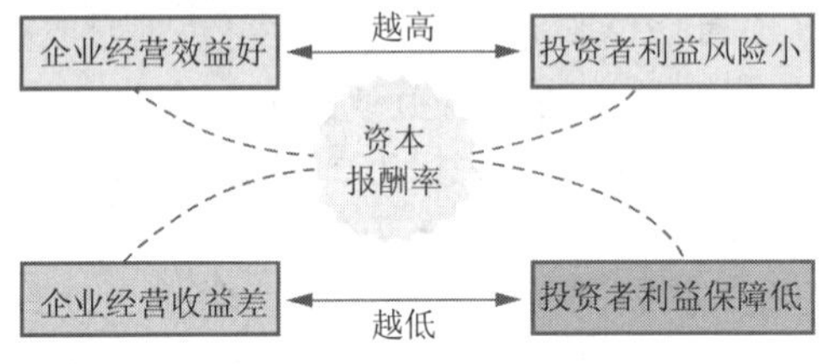

图 7.4　资本报酬率高低的影响

任务与处理

经过对知识点的学习，小林对老会计所给资料经过思考，计算有关利润结果如下：

营业利润 = 营务收入 – 营业成本 – 营业税金及附加 – 销售费用
– 管理费用 – 财务费用 + 投资收益
= 550 000 – 370 000 – 9 350 – 30 000 – 5 000 – 3 000 + 23 500
= 156 150（元）

利润总额 = 营业利润 + 营业外收入 – 营业外支出
= 156 150 + 8 000 – 4 000
= 160 150（元）

净利润 = 利润总额 – 所得税费用
= 160 150 – 48 050
= 112 100（元）

根据计算结果，小林编制了红都服装有限公司 2014 年 9 月的利润表，如表 7.9 所示。

表 7.9　利润表

企会 02 表

编制单位：北京市红都服装有限公司　　　2014 年 9 月　　　单位：元

项目	本期金额	上期金额
一、营业收入	550 000	
减：营业成本	370 000	
营业税金及附加	9 350	
销售费用	30 000	
管理费用	5 000	
财务费用	3 000	
减：资产减值损失		
加：公允价值变动收益（损失以"–"号填列）		
加：投资收益（损失以"–"号填列）	23 500	
二、营业利润（亏损以"–"号填列）	156 150	
加：营业外收入	8 000	
减：营业外支出	4 000	
三、利润总额（亏损总额以"–"号填列）	160 150	
减：所得税费用	48 050	
四、净利润（净亏损以"–"号填列）	112 100	

对表 7.9 所示利润表的简要分析如下：

1）红都服装有限公司当月经营最终结果为获利，税前利润为 160 150 元，税后利润为 112 100 元。利润主要靠正常经营获得，营业利润为 156 150 元。其中，投资获收益 23 500 元。企业的营业外获利为 4 000 元。

2）红都服装有限公司当月营业利润率和销售利润率计算如下：

营业利润率 = 营业利润 ÷ 销售收入 × 100%=156 150 ÷ 550 000=28%

销售利润率 = 利润总额 ÷ 销售收入 × 100%=160 150 ÷ 550 000=29%

结论：红都服装有限公司目前经营状况不错，可以继续保持下去。

任务巩固

训练一

目的：编制利润表并简单分析。

资料：2013 年 5 月，红都服装有限公司损益类账户金额如下：

主营业务收入贷方 550 000 元　　主营业务成本借方 370 000 元
销售费用借方 30 000 元　　其他业务收入贷方 8 000 元
其他业务成本借方 4 000 元　　管理费用借方 5 000 元
财务费用借方 3 000 元　　营业税金及附加借方 9 350 元
投资收益贷方 23 500 元　　营业外收入贷方 8 670 元
所得税借方 42 205 元

要求：根据以上资料完成下列任务：

1）计算企业营业利润和利润总额。

2）编制企业当月利润表，并简要分析企业利润构成情况。

训练二

目的：练习利润表的编制。

资料：2013 年 6 月，红都服装有限公司发生有关销售业务如下：

1）2 日，以现金报销办公室购买办公用品费 430 元。

2）4 日，办公室主任常林预借外出开会差旅费 1 500 元，用现金支付。

3）5 日，销售给东通公司男运动装 800 套，每套售价 1 500 元，成本 950 元，收到购货方开来转账支票一张。

4）6 日，以银行存款购买办公设备 40 000 元，并投入使用。

5)10 日,销售给东通公司男休闲装 400 套,每套售价 800 元,成本 550 元,货款尚未收到。

6）12 日，常林出差回来，报销差旅费 1 380 元，交回现金 120 元。

7）15 日，华联商城归还欠款 50 700 元，其中银行存款 50 000 元，现金 700 元。

8）18 日，销售给华联商城女休闲装 50 套，每套售价 1 080 元，成本 800 元，款已收到，存入银行。

9）20 日，开出现金支票，提取现金 425 000 元，发放工资。

10）25 日，以银行存款支付借款利息 1 250 元。

11）26 日，支付推销新产品发生的广告费 40 000 元。

12）30 日，销售企业不需用废料，收入现金 450 元。

13）30 日，计提固定资产折旧 4 900 元。

14）26 日，开出转账支票，支付下年度报刊杂志费 1 800 元。

15）30 日，分配工资费用，其中：生产工人 300 000 元，销售部门员工资 85 800 元，其余为行政管理人员工资。

16）30 日，计算本月应交城建税和教育费附加，计提比例分别为 7% 和 3%。

17）30 日，结转损益类账户到本年利润账户。

要求：根据以上资料完成下列任务：

1）编制会计凭证。

2）计算企业营业利润和利润总额。

3）编制企业当月利润表（见表 7.10），并简要分析企业利润构成情况。

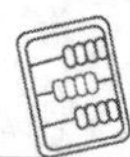

表 7.10 利润表

企会 02 表

编制单位： 年 月 单位：元

项目	本期金额	上期金额
一、营业收入		
减：营业成本		
营业税金及附加		
销售费用		
管理费用		
财务费用		
减：资产减值损失		
加：公允价值变动收益（损失以“－”号填列）		
加：投资收益（损失以“－”号填列）		
二、营业利润（亏损以“－”号填列）		
加：营业外收入		
减：营业外支出		
三、利润总额（亏损总额以“－”号填列）		
减：所得税费用		
四、净利润（净亏损以“－”号填列）		

任务提升

一、单项选择题

1. 我国的利润表采用（ ）。

A. 单步式 B. 多步式 C. 账户式 D. 报告式

2.（ ）是反映企业经营成果的会计报表。

A. 资产负债表 B. 利润表 C. 现金流量表 D. 会计报表附注

3. 编制利润表所依据的会计等式是（ ）。

A. 收入－费用＝利润

B. 资产＝负债＋所有者权益

C. 借方发生额＝贷方发生额

D. 期初余额＋本期借方发生额－本期贷方发生额＝期末余额

4. 某企业本月主营业务收入为 1 000 000 元，其他业务收入为 80 000 元，营业外收入为 90 000 元，主营业务成本为 760 000 元，其他业务成本为 50 000 元，营业税金及附加为 30 000 元，营业外支出为 75 000 元，管理费用为 40 000 元，销售费用为 30 000 元，财务费用为 15 000 元，所得税费用为 75 000 元。则该企业本月营业利润为（ ）元。

A. 170 000 B. 155 000 C. 25 000 D. 80 000

二、多项选择题

1. 下列等式正确的有（ ）。

A. 营业利润＝营业收入－营业成本－营业税金及附加－期间费用－资产减值损失＋公允价值变动收益（－公允价值变动损失）＋投资收益（－投资损失）

B. 期间费用＝管理费用＋销售费用＋财务费用

C. 利润总额＝营业利润＋营业外收入－营业外支出

D. 净利润＝利润总额－所得税费用

2. 利润表的特点是（　　）。
A. 根据相关账户的本期发生额编制　　B. 根据相关账户的期末余额编制
C. 属于静态报表　　D. 属于动态报表

3. 利润表中的“营业税及附加”项目包括（　　）。
A. 增值税　　B. 营业税　　C. 消费税　　D. 资源税

4. 月份利润表中“本年累计数”反映的是（　　）。
A. 营业收入　　B. 营业利润　　C. 利润总额　　D. 净利润

三、判断题

1. 利润表是反映企业在一定会计期间经营成果的报表，属于静态报表。（　　）

2. 净利润是指营业利润减去所得税费用后的金额。（　　）

3. 营业利润是以主营业务利润为基础，加上其他业务利润，减去销售费用、管理费用和财务费用，再加上营业外收入减去营业外支出计算出来的。（　　）

4. 根据利润表可以分析、评价企业的盈利状况并预测企业的未来的损益变化趋势及获利能力。（　　）

课外阅读

会计专业好素养——善于总结

企业每到期末都编制报表，其实就是企业的总结。

总结，其实是一个将零散的、过程性的点点滴滴进行整理的过程，是将其系统化的过程。没有总结，这些点点滴滴，随着时光的流逝，会变得逐渐的模糊，甚至生疏。没有总结，本该闪光的东西，会被琐碎的东西掩埋得越来越深以致无法挖掘。其实，我们每个人的脑海里在学习的过程中都充满着无数闪光的人生宝藏，往往由于总结的缺失，而我们自己全然不知。

会计学习总结，其实也是一种反思的过程。子曰“吾日三省吾身”，说的就是反思性的总结。所谓“吃一堑，长一智”也是强调总结反思的重要性。如果没有了“三省”，就没有了总结和反思，“吃一堑”还会再“吃一堑”，不断在同一个地方跌倒。

会计学习总结，其实是一种习惯，更是一种能力。学生开始可能不会总结，在校学习期间可以一周总结一次，简单地写上几句，分几个方面。到了毕业，你就有了几百次的总结，能力也就有了，习惯也就养成了。

会计学习总结，还是一个修正的过程，当把从老师或者书本上学来的知识，通过和具体的社会活动相结合，我们就会从思想上得出一个相对准确的标准。这一标准就像一把尺子，总在每时每刻修正着我们的处事和做人的方式和方法，长此以往，我们就形成了自己做人的准则。这准则会陪伴我们一生，使我们不断完善和提高。

学会总结的同时，我们也就得到了自己本该拥有对事物操控的权力和思想。这是我们控制自己行动的法宝，用好它，我们的行动才会坚定而有力，才能正确面对未来复杂的职业生涯。

单元 8

会计再认识

学习目标

知识与技能目标

- 正确理解会计职能和会计对象；
- 理解会计对象内涵；
- 理解会计核算的基本前提。

过程与方法

联系前面的知识内容，通过学习会计职能、会计对象、会计基本前提等知识点，对基础会计形成完整的知识框架。

情感态度与价值观

会计人员要想生存和发展，仅掌握会计操作是不够的，只有不断地用科学的会计理论武装自己，才能保持持续的专业能力、职业判断能力和交流沟通能力，以适应我国深化会计改革和会计国际化的要求。要想做一名业务精、技术硬的会计人员，需要付出终身的努力。

任务 8.1 会计与会计职能再认识

任务与要求

任务：老会计拿出基础会计教科书，给小林讲解会计的概念和会计职能。

要求：总结会计的方法、会计职能的特点。

知识讲解

8.1.1 会计的定义与特征

会计是以货币为主要计量单位，运用专门的方法，核算和监督一个单位的经济活动，为会计信息使用者提供经济信息的一种经济管理活动。从上述定义可以看出会计具有以下特征。

1）会计以货币为主要计量单位，辅之以实物量度和劳动量度，核算各单位的经济活动，为经济管理提供数据资料。

2）会计拥有一系列专门的方法。会计核算方法是对经济活动进行全面、综合、连续、系统的记录和计算，是整个会计方法的基础，包括设置账户、复式记账、填制和审核会计凭证、登记账簿、成本计算、财产清查和编制会计报表。

3）会计具有核算和监督的基本职能。会计核算是为经济管理搜集、处理、储存、输送各种会计信息；会计监督是指通过调节、指导、控制等方式，对特定主体的经济活动的合理性盒和合理性进行考核与评价，并采取措施，施加一定的影响，以实现预期的目标。

4）会计的本质就是管理活动。会计与经济社会密切相关，并随着经济社会的发展而发展。从职能属性看，核算和监督本身就是一种管理活动；从本质属性看，会计本身就是一种管理活动。

8.1.2 会计的职能

会计的职能是会计在经济管理活动中所具有的功能，主要是对经济活动进行会计核算和实行会计监督。

1. 会计的核算职能

会计的核算职能也称为会计的反映职能，是指会计以货币为主要计量单位，通过确认、计量、记录、报告等环节，对特定的经济活动进行记账、算账、报账，为各有关方面提供会计信息的功能。会计核算贯穿于经济活动的全过程，它是会计的首要职能。

1）会计确认，解决的是定性问题，以判断发生的经济活动是否属于会计核算的内容、归属于哪类性质的业务，是作为资产还是负债或其他会计要素入账等。

2）会计计量，解决的是定量问题，即在会计确认的基础上确定入账的具体金额。

3）会计记录，是将经过确认、计量的经济事项通过一定方法记载下来的过程。

4）会计报告，是确认和计量的结果，即通过报告，将确认、计量和记录的结果进行归纳和整理，以财务报告的形式提供给信息使用者。

5）记账，即利用记账方法在账簿中进行登记。

6）算账，即在记账基础上对各项会计要素进行计算。

7）报账，即在算账基础上对财务状况、经营成果和现金流动情况，以会计报表的形式对有关方面进行报告。

2. 会计的监督职能

会计的监督职能也称为会计的控制职能，是指会计在核算经济活动的同时，要对经济活动的合法性、合理性进行审查。会计监督是在核算的基础上进行的。

1）合法性审查是指对各项经济业务是否符合国家有关法律制度、是否执行国家有关方针政策进行的审查，以杜绝违法乱纪行为。

2）合理性审查是指对经济业务是否符合经济运行的客观规律和单位的内部管理要求、是否执行了单位的财务收支计划、是否有利于经营目标或预算目标的实现等进行的检查，为单位增收节支、提高经济和社会效益把关。

会计监督贯穿于会计管理活动的全过程，包括事前监督、事中监督和事后监督。

3. 会计核算与会计监督的关系

会计的核算职能和监督职能是密切联系、相辅相成的。核算是监督的基础，没有核算所提供的各种信息，监督就失去了依据，监督是为了保证核算更真实正确，只有把这两个职能结合起来，才能充分发挥会计在经济管理中的作用。

另外，会计的职能也在不断地发展和完善，通过对经济前景的预测与分析来参与经营决策已成为现代会计的重要职能，如图 8.1 所示。

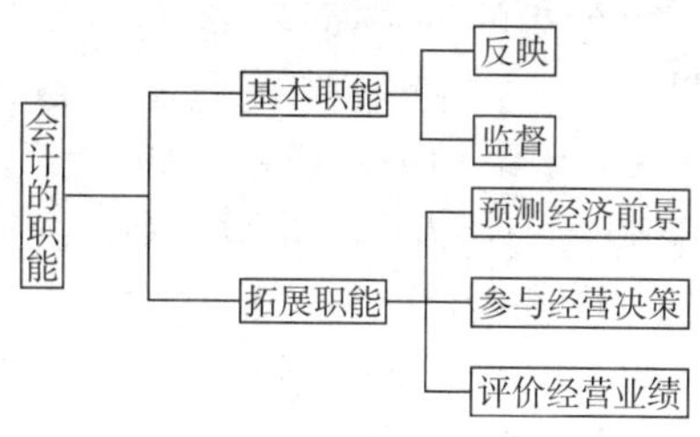

图 8.1　会计的职能

任务处理

1. 总结归纳会计方法

小林通过听老会计讲解，总结归纳会计方法如下：会计方法是反映会计对象，达到会计目标，实现会计职能的手段。会计方法包括以下几个方面。

1）会计核算方法，是对价值运动所产生的各种数据进行连续、系统地加工处理，直至提供全面、综合的会计信息所使用的方法。

2）会计分析方法，是说明、辨别价值运动过程、结果及其相互关系所使用的方法。

3）会计检查方法，是运用会计资料检查各单位经济活动的合理性、合法性、有效性，并验证会计资料是否正确所使用的方法。

三种方法以会计核算方法为基础，互相联系，形成了会计方法体系。

会计核算方法是指会计对会计主体已经发生的经济活动进行连续、系统、全面反映和监督所采用的方法。会计核算的方法通过一定的形式结合起来，形成一套会计处理程序（见图 8.2）。通过这些方法和程序使经济业务得以转化为会计信息并提供给使用者。会计核算的基本方法有以下 7 种。

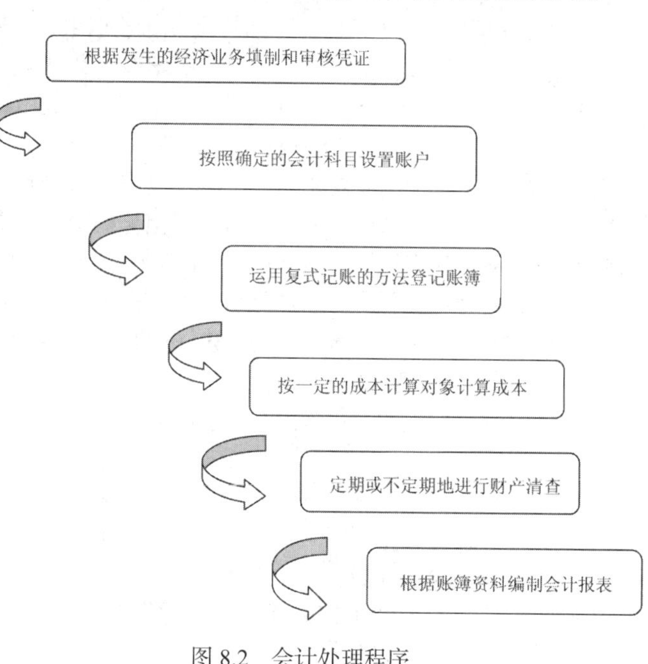

图 8.2　会计处理程序

1）设置会计科目和账户。设置会计科目和账户是对会计对象的具体内容进行分类核算的一种专门方法。会计科目是对会计对象具体内容进行分类核算的名称。账户是依据会计科目在账簿中开设的专门账页，是分类连续记录各项经济业务的具体形式。按照经济业务的特点和管理的要求，开设会计科目和账户，可以对会计对象复杂多样的具体内容进行科学的分类，清晰地反映各会计要素的增减变化和结果，为经济管理提供所需要的各种会计信息。

2）复式记账。复式记账是对发生的每一项经济业务发生都要以相等的金额同时在相互联系的两个或两个以上账户中进行记录的一种专门方法。复式记账既可以相互联系地反映经济业务的全貌，也便于检查账簿记录是否正确。例如，企业管理部门小张出差归来报销差旅费 5 600 元，并退回现金 400 元，出差时曾借款 6 000 元，财务部门收到差旅费报销单和现金后，一方面要在“管理费用”账户中增加 5 600 元，“现金”账户中增加 400 元；另一方面又要在“其他应收款”账户中减少 6 000 元。这样，既可以了解这笔经济业务的具体内容，又可以反映该项经济活动的来龙去脉，完整、系统地记录资金运动的过程和结果。

3）填制和审核会计凭证。填制和审核会计凭证是指为了审查经济业务是否合理合法，保证账簿记录正确、完整而采用的一种专门方法。会计凭证是记录经济业务、明确经济责任的书面证明，是登记账簿的重要依据。经济业务是否发生、执行和完成，关键看是否取得或填制了原始凭证，如果已经取得或填制了会计凭证，就证明该项经济业务已经发生或完成。对已经填制的会计凭证还必须经过严格审核，在保证合法合规的情况下，才能据以记账。通过会计凭证的填制和审核，可以明确经济责任，保证提供真实可靠的会计信息。

4）登记账簿。会计账簿是指由一定格式账页组成的，以会计凭证为依据，全面、系统、连续地记录各项经济业务的簿籍。登记账簿就是根据审核无误的会计凭证，在会计账簿中序时、分类、系统、完整地进行记载的一种专门方法。通过账簿登记，将分散的经济业务进行系统地归类和汇总，为成本计算和编制会计报表提供系统的会计信息资料。

5）成本计算。成本计算是将企业在生产过程中所发生的人力、物力、财力的耗费，按一定的成本计算对象进行归集和分配，以计算确定该对象总成本和单位成本的一种专门方法。通过成本计算可以确定材料的采购成本、产品的生产成本、产品的销售成本等，并分析成本的构成，以控制、降低成本，提高经济效益。

6）财产清查。财产清查是指通过定期或不定期地对货币、实物资产和往来款项的盘点或核对，确定其实存数，查明账存数与实存数是否相符的一种专门方法。通过财产清查，可以及时发现财产物资与货币资金账实不符的情况、往来资金结算情况，查明原因，调整账簿记录使账实相符，保证账簿记录提供的数据客观真实。

7）编制会计报表。会计报表是根据账簿记录，以一定的表格形式定期总括地反映会计主体在一定时期的经济活动情况和期末财务状况的书面报告。通过编制会计报表，一方面为会计信息的使用者提供有助于其决策的重要信息，另一方面反映企业经营管理者履行职责的情况。编制完成会计报表，意味着这一会计期间会计核算工作的结束。

会计核算的上述 7 种方法是互相联系、有机结合的一个完整的方法体系。任何企业进行会计核算都必须运用这 7 种方法，缺一不可。一项经济业务发生后，经办人员要按规定手续填制（或取得）和审核原始凭证；根据审核无误的凭证，按照设置的账户，采用复式记账法编制记账凭证，并据以登记相关账簿；在一定时期根据账簿进行成本计算；通过财产清查调整账簿记录，保持账实相符；最后在账实相符的基础上根据账簿编制会计报表。

整个工作程序如图 8.3 所示。

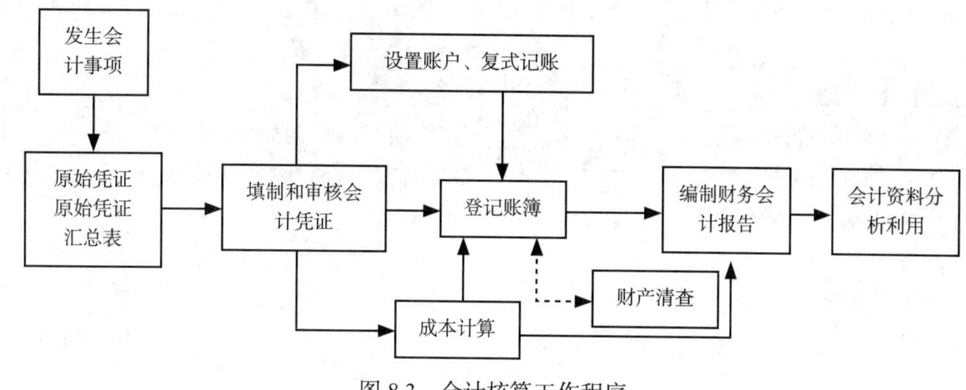

图 8.3　会计核算工作程序

2. 总结会计职能的特点

（1）会计核算职能的特点

1）会计主要采用货币量度，辅之以实物量度和劳动量度，核算各单位的经济活动，为经济管理提供数据资料。

2）随着市场经济的发展和市场竞争的日趋激烈，要求会计不仅要核算过去，而且要控制现在、预测未来，为管理部门进行经济决策提供依据。

3）会计核算资料具有全面性，连续性和系统性的特点。全面性是指会计对所有的经济活动都要进行确认、计量、记录和报告，不得遗漏；连续性是指对经济活动的核算要按其发生的时间顺序进行，不能有中断；系统性是指会计所提供的核算资料是相互联系的，揭示客观经济活动的规律性。

（2）会计监督职能的特点

1）会计主要利用货币量指标进行监督，考核经济活动效果。例如，通过收入、费用、利润等指标，可以审查企业的收支活动，考核企业的经营成果；通过资产、负债、所有者权益指标，可以审查企业资产的使用是否合理，资产的来源是否合法，以考核企业的财务状况。

2）会计监督的依据是国家的法律、财经制度，以及企业内部的财务管理制度、计划、定额等。根据这些依据审查会计资料，可以保证会计信息质量和经济活动的合法性与合理性。

3）会计监督贯穿于企业经济活动的始终，包括事前监督、事中监督和事后监督。事前监督是指在经济活动开始前审查经济方案的可行性；事中监督是指对正在进行的经济活动进行审查，纠正其偏差，使之按照预定的目标和要求进行；事后监督是指利用会计数据对已完成的经济活动进行分析和评。

任务巩固

一、单项选择题

1. 下列有关会计方面的表述中，不正确的是（　　）。

A. 经济越发展，会计越重要

B. 会计按其报告对象不同，分为财务会计与管理会计

C. 会计就是记账、算账和报账

D. 会计是以货币为主要计量单位，反映和监督一个单位经济活动的一种经济管理活动

2. 会计的本质是（　　）。

A. 一种经济管理目标　　B. 一项经济管理活动

C. 一种技术工作　　D. 一种货币资金管理工作

3. 会计的基本职能包括（　　）。

A. 会计控制与会计决策　　B. 会计预测与会计控制

C. 会计核算与会计监督　　D. 会计计划与会计决策

4. 以货币为主要计量单位，通过确认、计量、报告等环节，对特定主体的经济活动进行记账、算账、报账，为各有关方面提供会计信息的功能是（　　）。

A. 会计核算职能　　B. 会计监督职能

C. 会计计划职能　　D. 会计预测职能

二、多项选择题

1. 会计方法是反映和监督会计对象，完成会计凭证的手段，是从事会计工作所使用的各种技术方法，一般包括（　　）。

A. 会计核算方法　　B. 会计分析方法

C. 会计检查方法　　D. 会计决策方法

2. 下列各项中，属于会计职能的有（　　）。

A. 预测经济前景　　B. 参与经济决策

C. 评价经营业绩　　D. 实施会计监督

3. 以下关于事中监督描述正确的有（　　）。

A. 事中监督是指在日常会计工作中，对已发生的问题提出建议，促使有关部门和人员采取改进措施

B. 事中监督是对经济活动的日常监督和管理

C. 事中监督是指以事先制定的目标，利用会计核算提供的资料，对已发生的经济活动进行的考核和评价

D. 事中监督是对未来经济活动的指导

4. 下列关于会计监督的说法正确的有（　　）。

A. 只是对特定主体的经济活动的真实性、合法性进行审查

B. 主要通过价值指标来进行

C. 包括事前监督和事中监督，不包括事后监督

D. 会计监督是会计核算质量的保障

5. 会计核算的环节包括（　　）。

A. 确认　　B. 计量　　C. 记录　　D. 报告

6. 下列各项中，属于会计核算方法的有（　　）。

A. 登记会计账簿　　B. 填制和审核会计凭证

C. 成本计算　　D. 财产清查

三、判断题

1. 会计的基本职能是会计核算和会计监督，会计监督是首要职能。（　　）

2. 会计的监督职能是会计人员在进行会计核算的之前，对特定会计主体经济活动的合法性、合理性、完整性等进行审查。（　　）

3. 核算和监督两项基本会计职能是相辅相成、辩证统一的关系，会计核算是会计监督的基础和保障，没有核算所提供的各种信息，监督就失去了依据。（　　）

4. 我国企业会计采用的计量单位只有一种，即货币计量。（　　）

5. 会计监督是会计工作的基础，会计核算是会计工作的质量保证。（　　）

任务 8.2　熟知会计对象

任务与要求

任务：结合前面学习的会计要素和会计科目，理解会计对象。

要求：总结会计对象、会计要素、会计科目之间的关系

知识讲解

8.2.1　会计的对象

前面对北京红都服装有限公司所做的处理就是会计的工作内容，可以说会计的对象就是会计核算和监督的内容，是特定主体能够以货币表现的经济活动。在前几章的叙述中，所谓的特定主体就是北京红都服装有限公司，它所发生的以货币表现的经济活动有资金的投入、资金的循环与周转、资金的退出，这些就是会计的对象。

工业、商业、行政事业单位在社会再生产过程中的地位、任务不同，资金的表现形式各有特点，会计所要核算和监督的内容也就不一样。

1. 工业企业的资金运动

工业企业的资金运动如图 8.4 所示。

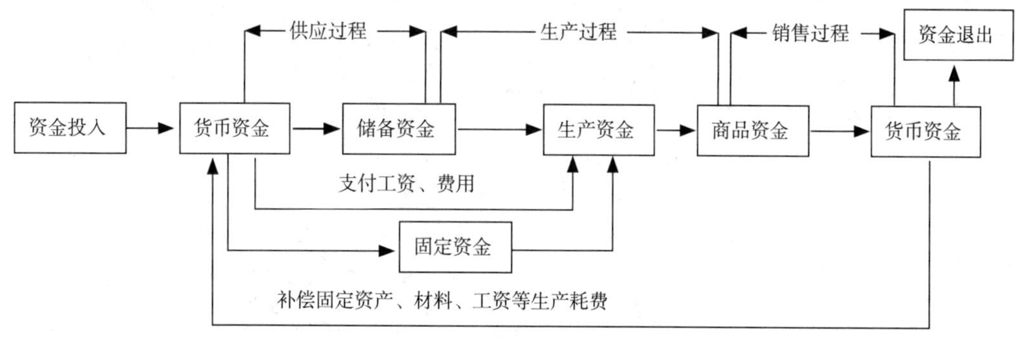

图 8.4　工业企业的资金运动

（1）资金投入

要想成立一个企业，就要有资金。那么，资金从什么渠道来呢？首先，企业所有者应

投入一些注册资金，形成企业的资本。如果资本不够，还可以向金融机构借钱，这样就有两个资金来源。前者是投资者投入的资金，形成所有者权益;后者是从债权人处借入的资金，形成负债。没有这些资金的投入，企业就无法经营。因此，资金的投入是会计对象的起点。

（2）资金的循环与周转

资金进入企业后就要运用于生产经营过程，它又分为供应过程、生产过程、销售过程三个阶段。

1）供应过程是生产的准备过程。在这个阶段，企业要购买机器设备、生产用原材料，支付采购费用，同时企业还会与供应单位、运输部门发生结算关系，企业的货币资金转化为固定资金和储备资金。

2）生产过程是产品的制造过程。这个过程也是材料物资等生产费用的耗费和产品制造成本的形成过程。随着各种生产费用的发生，资金渐渐由储备资金、固定资金和货币资金形态转化为生产资金形态。伴随产品的完工入库，资金又从生产资金转化为成品资金。

3）销售过程是产品价值的实现过程。企业通过市场将产品销售出去，取得收入，使得成品资金转化为货币资金。

以上资金的运动过程，首尾相连，称为资金循环。资金循环周而复始地不断进行，就形成了企业的资金周转。

劳动对象的实物形态在供应、生产、销售等环节依次发生转变：原材料→在产品→库存商品。

资金形态也相应地发生变化：货币资金→储备资金→生产资金→成品资金→结算资金→货币资金。资金运动是对会计核算和监督的内容的最高概括。

（3）资金退出

企业的资金收回后，就要用于交纳税金、偿还负债以及向投资者分配股利或利润，这部分资金就退出了企业。剩余的资金则留在企业，继续用于企业的生产经营过程。

在上述资金的运动过程中，发生了很多经济业务，例如收到投资者投资、购材料、领材料、提现金、发工资、提折旧、产品完工入库、销售产品、交纳税金、借入款项、偿还借款、提取利息、支付利息、支付其他相关费用等。这些就是会计核算和监督的内容，是工业企业的会计对象。

2. 商品流通企业的资金运动

商品流通企业的资金运动如图 8.5 所示。

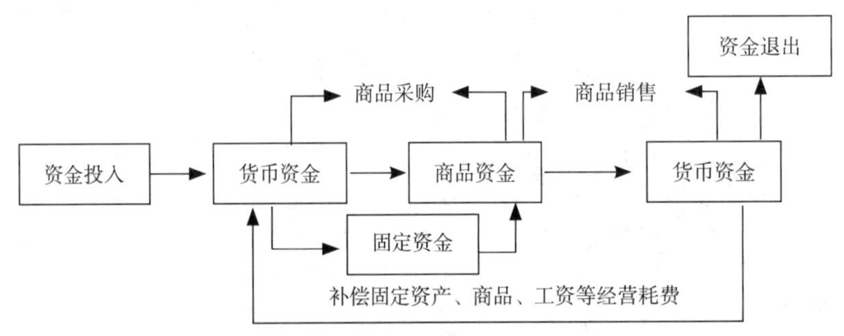

图 8.5　商品流通企业的资金运动

商品流通企业的经济活动分为商品购进和商品销售两个过程。商品购进过程主要是商品采购，此时货币资金转化为商品资金；商品销售过程主要是销售商品，此时资金又由商品资金转化为货币资金，实现经营成果。商品流通企业的资金沿着“货币资金—商品资金—货币资金”的运动方向循环周转，构成商品流通企业的会计对象。

3. 行政与事业单位的资金运动

行政与事业单位的资金运动如图 8.6 所示。

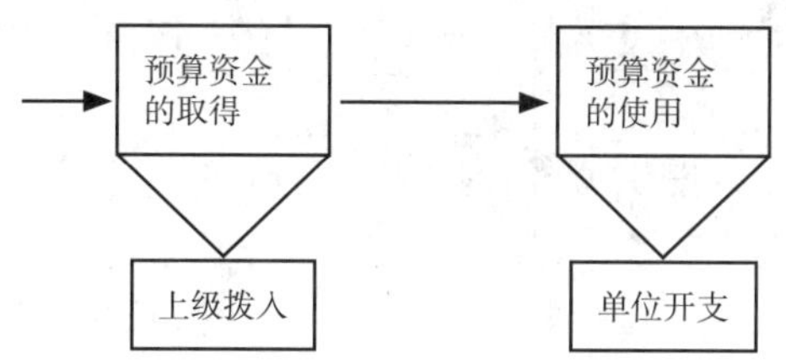

图 8.6　行政与事业单位的资金运动

行政与事业单位不同于工业企业、商业流通企业，它主要是国家行政机关、司法机关、教育文化、医疗卫生等单位。它们所需要的资金有国家财政拨入，也有单位自身业务收入。国家财政拨入的资金称为预算内收入，单位自筹的资金称为预算外收入。同样，行政与事业单位的支出也分为预算内支出和预算外支出。行政与事业单位的货币资金收付构成其会计对象。

8.2.2　会计核算的具体内容

会计核算的具体内容就是单位发生的交易或事项。根据我国《会计法》第十条的规定，单位发生的下列交易或事项应当办理会计手续，进行会计核算。以企业为例共有 7 项具体内容。

1. 款项和有价证券的收付

款项是作为支付手段的货币资金，主要包括库存现金、银行存款，以及其他视同库存现金和银行存款使用的外埠存款、银行汇票存款、银行本票存款、信用证存款等。有价证券是指表示财产拥有权或支配权的证券，如国库券、股票、公司债券等。款项和有价证券是流动性最强的资产。

2. 财物的收发、增减和使用

财物是财产、物资的简称，是一个单位进行或维持生产经营、业务活动并且具有实物形态的经济资源，一般包括原材料、燃料、周转材料、在产品、库存商品等流动资产和房屋、建筑物、机器、设备、设施、运输工具等固定资产。

3. 债权、债务的发生与结算

债权是单位收取款项的权利，一般包括各种应收和预付款项等，如应收账款、应收票据、其他应收款、预付账款等。债务是指企业承担的需要偿付的现时义务，一般包括短期借款、应付账款、应付票据和预收账款、应付职工薪酬、应交税费、应付利润、长期借款、应付债券等。

4. 资本、基金的增减

资本是投资者为开展生产经营活动而投入的资金。会计上的资本专指所有者权益中的投入资本，包括实收资本（股本）和资本公积。资本是企业进行生产经营活动的必要条件，是现代企业明晰产权关系的重要标志。

5. 收入、支出、费用、成本的计算

收入是指企业在日常活动中形成的、会导致所有者权益增加的、与所有者投入资本无关的经济利益的总流入。

支出是指单位实际发生的各项开支，以及在正常生产经营活动以外的支出和损失。

费用是指企业在日常活动中发生的、会导致所有者权益减少的、与向所有者分配利润无关的经济利益的总流出。

成本是企业为生产产品、提供劳务而发生的各种耗费，是按一定种类和数量的产品和劳务对象所归集的费用，是对象化了的费用。

收入、支出、费用、成本是互相联系、密不可分的，都是计算和判断企业经营成果及其盈利状况的主要依据。取得收入，必然发生一定的成本、费用和支出。

6. 经营成果的计算和处理

财务成果主要是指在一定时期内通过从事生产经营活动而在财务上所取得的结果，具体表现为盈利或者亏损。财务成果的计算和处理一般包括利润总额的计算、所得税的计算、净利润的计算、利润分配或者亏损弥补等。

7. 需要办理会计手续、进行会计核算的其他事项

以上未涵盖的需要进行核算的归入此项。

知识窗

经济业务又称经济交易，是指单位与其他单位和个人之间发生的各种经济利益交换，如销售和购买产品、提供和接受劳务等。

经济事项是指单位内部发生的具有经济影响的各类事件，如计提折旧，发放工资。

任务处理

小林通过学习，总结出会计对象、会计要素、会计科目之间的关系。

会计对象是第一个层次，资金运动是对会计核算和监督的抽象概括。会计要素是第二个层次，会计对象的内容多种多样，按经济特性划分为资产、负债、所有者权益、收入、费用和利润六大要素。第三层次是会计科目，将要素分为具体类别。三者的关系如图 8.7 所示。

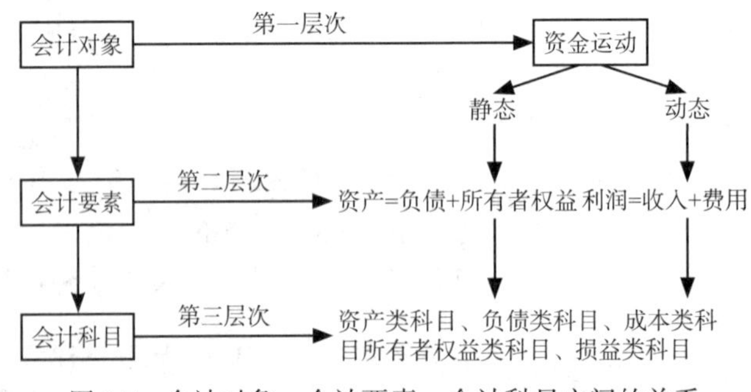

图 8.7　会计对象、会计要素、会计科目之间的关系

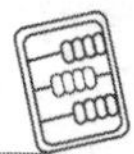

任务提升

一、单项选择题

1. 下列不属于企业的资金运动表现的是（　　）。
   A. 资金投入　　B. 资金运用　　C. 资金转移　　D. 资金退出
2. 下面关于会计对象说法不正确的是（　　）。
   A. 会计对象是指会计所要核算与监督的内容
   B. 特定主体能够以货币表现的经济活动，都是会计核算和监督的内容
   C. 企业日常进行的所有活动都是会计对象
   D. 会计对象就是社会再生产过程中的资金运动
3. 下列不属于资金退出的是（　　）。
   A. 偿还各项债务　　B. 支付职工工资
   C. 上交各项税金　　D. 向所有者分配利润
4. 下列经济业务事项，既属于财物的收发、增减和使用，又属于收入、支出、费用和成本的计算的是（　　）。
   A. 期末所得税的计算　　B. 支付职工工资和奖金
   C. 生产车间和管理部门领用材料　　D. 购买原材料，款项尚未支付
5. 会计人员在进行会计核算的同时，对特定主体经济活动的合法性、合理性进行审查称为（　　）。
   A. 会计控制职能　　B. 会计核算职能
   C. 会计监督职能　　D. 会计分析职能

二、多项选择题

1. 下面关于会计对象说法正确的有（　　）。
   A. 会计对象是指会计所要核算与监督的内容
   B. 特定主体能够以货币表现的经济活动，都是会计核算和监督的内容
   C. 企业日常进行的所有活动都是会计对象
   D. 会计对象就是社会再生产过程中的资金运动
2. 下列属于资金的运用的是（　　）。
   A. 偿还债务　　B. 购买原材料　　C. 生产工人的工资　　D. 收回货款
3. 下列各项活动中，属于企业资金退出的有（　　）。
   A. 偿还各种债务　　B. 缴纳各种税费
   C. 发放工资薪金　　D. 向所有者分配利润
4. 下列属于会计核算具体内容的有（　　）。
   A. 款项和有价证券的收付、资本的增减
   B. 财物的收发、增减和使用
   C. 债权债务的发生和结算、财务成果的计算和处理
   D. 收入、支出、费用、成本的计算
5. 下列项目中，属于财务成果的计算和处理内容的有（　　）。
   A. 利润分配　　B. 利润的计算
   C. 亏损弥补　　D. 所得税费用的计算

三、判断题

1. 企业会计的对象就是企业的资金运动。 （ ）

2. 资金的退出指的是资金离开本企业，退出资金的循环与周转，主要包括提取盈余公积、偿还各项债务、上交各项税金以及向所有者分配利润等。 （ ）

3. 款项是作为支付手段的货币资金；有价证券是指表示一定财产拥有权或支配权的证券。款项和有价证券是企业流动性最差的资产。 （ ）

4. 企业必须根据实际发生的经济业务事项进行会计核算，编制财务会计报告。 （ ）

5. 会计科目和账户的设置、复式记账、填制会计凭证、登记会计账簿、进行成本计算、财产清查和编制财务会计报告等，国家有统一的会计制度要求。 （ ）

任务 8.3　理解会计的基本假设

任务与要求

任务：为什么要有会计假设？会计假设包括哪些内容？

要求：总结权责发生制与收付实现制的异同。

知识讲解

在研究任何一个问题之前，都有必要做一些相关假定，这些假定是大家都认可或同意的，目的是将这门科学限定在一定环境和背景下，否则对这个问题的研究就成了无本之木，无水之源，结果是没有意义的。

会计人员要对企业的经济业务进行会计核算与监督需要具备什么前提条件呢？为了实现会计目标，完成会计职能，需要对会计工作的空间范围、时间范围、计量单位进行规定，这些规定就是会计核算的基本前提。会计基本假设有会计主体、持续经营、会计分期、货币计量。

8.3.1　会计主体

会计主体又称会计实体、会计个体，指会计核算和监督的特定单位或组织。会计主体指会计确认、计量和报告的空间范围。明确企业的会计主体的原因有以下几个方面。

1）明确会计主体，才能划定会计所要处理的各项交易或事项的范围。在会计工作中，只有那些影响企业本身经济利益的各项交易或事项才能加以确认、计量和报告；反之，不影响的不确认。例如，A 公司收到 B 公司投入的货币资金，对于 B 公司应是投资方，A 公司应是受资方。A 公司才能将该事项加以确认、计量和报告。如果是投资者 B 家里买了房子，这与 A 公司是没有关系的，该事项就不确认、计量和报告。

2）明确会计主体，才能将会计主体的交易或事项与会计主体所有者的交易或事项及其他会计主体的交易或事项区分开来。例如甲企业销售一批商品给乙企业，乙企业没有付款。那么，如果我们以甲企业为会计主体，甲企业就形成了债权。如果我们以乙企业为会计主体，乙企业就形成了债务。

所以，我们必须要界定会计主体，从空间上限定会计核算的对象范围，它不仅要求会

计核算分清经济业务是属于本企业还是其他企业，还要分清经济业务是属于本企业还是投资者个人。

知识窗

会计主体可以是法律主体，也可以不是法律主体，还可以是由多个法律主体组成的企业集团。法律主体一定是会计主体。

8.3.2　持续经营

持续经营是指会计主体在可以预见的未来，持续地经营下去，将不会破产清算，该会计主体所持有的资产将正常营运，所负有的债务将正常偿还。那么，是不是说企业就永远不会倒闭、不会停业，回答是否定的。在持续经营假设下，企业进行会计确认、计量和报告,明确这一假设就是会计主体将按照既定的用途使用资产,按照既定的和约条件清偿债务,会计人员可以在此基础上选择会计政策和估计方法。例如某企业的专利权可以在一个相当长的时期发挥作用，如果企业持续经营下去，就可以按照法律规定的有效期将历史成本进行分期摊销，计入到各个会计期间的成本费用中去。如果企业不会持续经营下去，专利权就不应采用历史成本进行记录并按期摊销。

事实上，在市场经济环境下，任何企业都存在破产清算的风险，持续经营只是一个基本前提。如果基本前提不能保证，出现了倒闭、破产等风险，就应该改变会计核算的原则和方法，并在企业财务会计报告中做出相应披露。如果一个企业在不能持续经营时还假定它能够持续经营，并仍按持续经营的基本假设选择会计核算的原则和方法，就不能客观地反映企业的财务状况、经营成果和现金流量，误导财务报告使用者进行经济决策。

8.3.3　会计分期

会计分期是指将一个会计主体持续经营的生产经营活动划分成若干连续的、长短相同的会计期间。会计分期的目的就是通过会计期间的划分，将持续经营的生产经营活动划分成若干个连续、相等的期间，据以计算盈亏、按期编制财务会计报告，从而及时向财务报告使用者提供有财务状况、经营成果和现金流量的信息。

在会计分期这个基本前提下，企业应当划分会计期间，分期结算账目和编制财务报告。会计期间分为年度和中期。年度和中期均按公历起讫日期确定。中期是指短于一个完整的会计年度的报告期间，包括半年度、季度、月度。

持续经营和会计分期这两个会计核算的基本前提规定了会计活动的时间范围，对会计核算产生了深远的影响。只有有了这两个前提,才会有月末结账,才会有年终决算，才会有应收应付、预收预付，才会有预提和待摊等会计处理方法。

8.3.4　货币计量

计量单位有三种形式，即货币计量、实物计量和劳动计量。如图 8.8 所示。

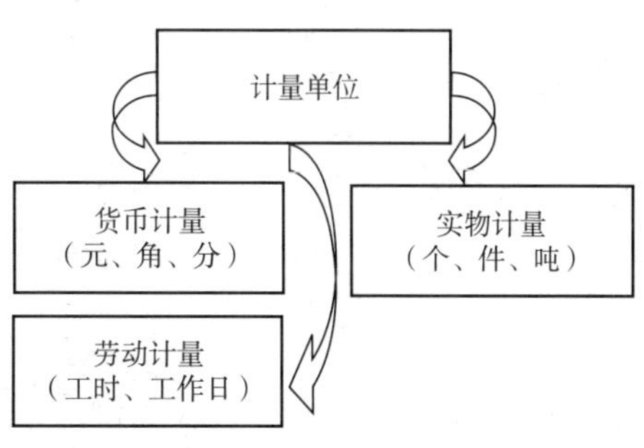

图 8.8　计量单位的分类

货币计量是指会计主体在财务会计确认、计量和报告时以货币计量，反映会计主体的各项生产经营活动。会计主体在会计核算过程中选择货币作为计量单位，是由于货币是商品的一般等价物，是衡量一般商品的价值尺度，其他的计量单位无法替代。例如某企业购买了30千克的材料，花费了20个工作日，投入了300元的费用，生产出一种产品，这种产品的成本是多少？要把30千克的材料、20工时及费用都折算成货币来进行反映，才能知道成本是多少。

为全面反映企业的生产经营活动和有关交易、事项，会计确认、计量和报告选择货币作为计量单位,但是统一采用货币计量也有缺陷。某些影响企业财务状况和经营成果的因素，如企业经营战略、研发能力、市场竞争力等，难以用货币来计量，这些信息对使用者决策也很重要，因此企业可以在财务报告中用文字补充披露有关信息，弥补上述缺陷。

会计核算的基本前提虽然是主观确定的，但完全是客观的需要。它们之间相互依存、相互补充。其中，会计主体明确了会计核算的空间范围，持续经营与会计分期确定了会计核算的时间长度，而货币计量为会计核算提供了手段。没有会计主体就不会有持续经营；没有持续经营就不会有会计分期；若没有货币计量就不会有现代会计。

8.3.5 会计基础

会计确认、计量、报告的基础，简称会计基础。会计基础主要有权责发生制基础和收付实现制基础两种。

1. 权责发生制

权责发生制，也称应计制。权责发生制要求，凡当期已经实现的收入和已经发生或应当负担的费用，无论款项是否收付，都应当作为当期的收入和费用，计入利润表；凡不属于当期的收入和费用，即使款项已在当期收付，也不应当作为当期的收入和费用。我国《企业会计准则》规定，企业会计的确认、计量和报告应当以权责发生制为基础。也就是说，企业应当在收入已经实现和费用已经发生时就进行确认，而不是等到实际收到现金或者支付现金时才确认。

例如，甲企业2013年6月销售给乙企业一批商品，根据合同规定，乙企业应于当年9月付款。乙企业信用良好，财务状况稳定。根据权责发生制要求，此项销售业务，甲企业确认收入的时间是2013年6月，而不是2013年9月。

又如，C公司2014年9月以银行存款8 800元支付某项租入设备9月份和10月份两个月的租金。根据权责发生制要求，此项业务，C公司应在2014年9月份和10月份分别确认费用4 400元，而不应在9月份一次确认费用8 800元。

想一想

在权责发生制下：
销售款未收到（应该作为当期的收入，预收的销售款）作为当期的收入吗？
计提借款利息（应该作为当期的费用，预付下期租金）作为当期的费用吗？

2. 收付实现制

收付实现制也称现金收付制或现金制。收付实现制是与权责发生制相对应的一种会计基础，它是以收到或支付现金作为确认收入和费用等的依据。在这种会计基础下，凡在本

期实际收到现金（包括银行存款）的收入，不论其应否归属于本期，均应作为本期的收入处理；凡在本期实际以现金（包括银行存款）付出的费用，不论其应否在本期收入中取得补偿，均应作为本期的费用处理。

沿用前例，甲企业2013年6月销售商品，2013年9月才能收到货款，按照收付实现制的要求，甲企业应9月份收到现金时才能确认收入。对于C公司，按照收付实现制的要求，9月所付8 800元应全部作为9月份的费用。

显然，按照权责发生制确认收入与费用，会使得各有关会计期间损益的确定更为合理。在实际工作中，企业会计确认、计量和报告并非绝对只能采用权责发生制基础。当某项经济业务的发生金额很小，对企业经营成果基本没有影响的情况下，根据重要性原则，为简化核算，可采用收付实现制。例如，某企业1月份订全年报刊一份，金额360元。该项业务，按照权责发生制基础处理，每月应计费用30元，每月均需对该项业务进行处理；若按收付实现制基础处理，支付报刊费当月，即可将360元全部计入费用，其他月份不再需要对该项业务进行处理。由于费用金额小，采用收付实现制对企业盈亏没有实质性影响，而且会计处理简化，节约了核算成本。因此，可以选择使用收付实现制基础。

目前，我国的行政单位会计采用收付实现制，事业单位会计除经营业务可以采用权责发生制以外，其他大部分业务采用收付实现制。

任务处理

通过学习会计基础，小林总结如下：

1. 权责发生制与收付实现制的异同

权责发生制是以收入实现和费用发生的归属期为标准来确认当期的收入和费用。特点如下：凡是当期已经实现的收入和已经发生或应当负担的费用，不论款项是否收付，都应作为当期的收入或费用处理；凡是不属于当期的收入和费用，即使款项已经在当期收付，都不作为当期的收入和费用。

收付实现制是以是否收到或支出现金为标准来确认当期的收入或费用。特点如下：凡是在本期收到的收入和支出的费用，不论是否属于本期，都应作为本期的收入和费用处理；反之，即使收入取得或费用发生，没有实际款项的收付，都不作为当期的收入和费用处理。即只要收到或支出了款项，就作为当期的收入或费用，而只要没有实际款项的收入或支出，则一律不作为本期的收入或费用。

2. 权责发生制与收付实现制的优缺点

采用权责发生制可以正确反映各个会计期间所实现的收入和为实现收入所应负担的费用，从而可以把各期的收入与其相关的费用、成本相配合、加以比较，正确确定各期的收益，但工作量比较大，比较烦琐，适用于经营性企业。

收付实现制相对简洁，工作量小，但不能正确反映会计期间所实现的收入和支出，多用于非盈利性的企业和事业单位。

任务巩固

训练

目的：通过对收入、费用的计算，对比本期收益，理解权责发生制与收付实现制的异同。

资料：某企业本月份发生以下经济业务：

1）支付上月份电费 5 000 元；

2）收回上月的应收账款 10 000 元；

3）收到本月的营业收入款 8 000 元；

4）支付本月应负担的办公费 900 元；

5）支付下季度保险费 1 800 元；

6）应收营业收入 25 000 元，款项尚未收到；

7）预收客户货款 5 000 元；

8）负担上季度已经预付的保险费 600 元。

要求：填写表 8.1。

表 8.1　权责发生制与收付实现制的异同对比表

项　目	收　入		费　用		本期收益
权责发生制	收到本月营业收入		本月应负担的办公费		
	应收营业收入		负担保险费		
	收入小计		费用小计		
收付实现制	收到上月应收账款		支付上月电费		
	收到本月营业收入款		支付本月办公费		
	预收客户款		支付下季度保险费		
	收入小计		费用小计		

任务提升

一、单项选择题

1. 下列有关会计主体的表述中，不正确的是（　　）。

A. 会计主体是指会计所核算和监督的特定单位和组织

B. 会计主体就是法律主体

C. 由若干具有法人资格的企业组成的企业集团也是会计主体

D. 会计主体界定了从事会计工作和提供会计信息的空间范围

2. 企业固定资产可以按照其价值和使用情况，确定采用某一方法计提折旧，它所依据的会计算前提是（　　）。

A. 会计主体　　B. 持续经营　　C. 会计分期　　D. 货币计量

3. 我国实行公历制会计年度是基于（　　）的基本会计假设。

A. 会计主体　　B. 货币计量　　C. 会计分期　　D. 持续经营

4. 目前我国的行政单位会计采用的会计基础主要是（　　）。

A. 权责发生制　　B. 应收应付制

C. 收付实现制　　D. 统收统支制

5. 某企业 2013 年 12 月份发生下列支出：①年初支付本年度保险费 2 400 元，本月摊销 200 元；②支付下年第一季度房屋租金 3 000 元；③支付本月办公开支 800 元，则在权责发生制下本月费用为（　　）元。

A. 1 000　　B. 800　　C. 3 200　　D. 3 000

二、多项选择题

1. 会计核算的内容是指特定主体的资金活动，包括（　　）等阶段。

A. 资金的投入　　B. 资金的循环与周转

C. 资金的储存　　D. 资金的退出

2. 下列各项中，属于会计核算基本前提的有（　　）。

A. 会计主体　　B. 持续经营　　C. 会计分期　　D. 货币计量

3. 会计分期这一基本前提的主要意义在于（　　）。

A. 可使会计原则建立在非清算基础之上

B. 为分期结算账目奠定理论与实务基础

C. 界定了提供会计信息的时间和空间范围

D. 为编制财务会计报告及使用相关会计原则确立了理论和实务基础

4. 根据权责发生制原则，应计入本期的收入和费用的有（　　）。

A. 前期提供劳务未收款，本期收款　　B. 本期销售商品一批，尚未收款

C. 本期耗用的水电费，尚未支付　　D. 预付下一年的报刊费

5. 下列项目中，可以作为一个会计主体进行核算的有（　　）。

A. 母公司　　B. 子公司

C. 母公司和子公司组织的企业集团　　D. 销售部门

三、判断题

1. 会计中期，是指短于一个完整的会计年度的报告期间，一般指半年度。（　　）

2. 由于有了持续经营这个会计核算的基本前提，才产生了本期与非本期的区别，从而出现了权责发生制与收付实现制。（　　）

3. 权责发生制主要是从空间上规定会计确认的基础。（　　）

4. 我国事业单位采用收付实现制核算。（　　）

5. 按照权责发生制原则的要求，凡是本期实际收到款项的收入和付出款项的费用，不论是否归属于本期，都应当作为本期的收入和费用处理。（　　）

课外阅读

学好基础，奠定未来

会计基础是会计专业的入门课程，是学习其他专业课程（如财务会计、成本会计、财务管理等）的基础，也是经济管理类各专业必修的专业基础课。从课程本身的特点来看，基础会计课程既有一定理论性，又有一定的实践操作性，而对于初次接触会计的人来讲，会感到比较枯燥乏味，而且不好理解。但是，只要抓住课程的特点，掌握科学的学习方法，通过努力是能够学好的。学习该门课程应注意以下几个问题。

首先，要了解教材的总体结构。从教材的体系结构来看，本书是按照学生的年龄特征与认知规律创设的教学情境与教学内容，是按照工作过程来讲述的。内容可以划分为这样几个步骤：①从经济业务的发生开始，学习填制各种原始凭证，审核原始凭证；②掌握会计核算的“钥匙”——借贷记账法，学习运用专业方法将各种原始凭证分类；③灵活使用借贷记账法这把钥匙将经济业务填制在记账凭证上，熟悉企业的主要经济业务内容；④把

分好类的经济业务归集在一起——登记账簿；⑤将账簿的信息输出，编制会计报表；⑥重新回来理解会计理论。这样划分以后，具体学习某一单元时，就能够根据它在全书中的位置，把其他单元联系起来，去更好地完整地理解和掌握。

其次，总结操作模拟，理解方法理论。会计基础理论比较抽象，特别是对于从未接触过会计工作的人来说难以理解和掌握，在实践中学习是解决这个难题的最好方法。学生应该边动手边总结，将做完的业务对照理论，从感性到理性，由浅入深，循序渐进，在理解的基础上记忆。特别是有关编制会计分录，试算平衡表。简单的成本计算表及资产负债表和利润表的举例和练习，遵循“实践、认识、再实践、再认识”的规律，在实际操作中有效验证和运用基础知识，加深对基本概念和理论的理解，否则很可能出现看似懂了但一做题就不会的现象。

最后，重视基本概念，掌握基本原理和原则。会计基础作为一门专业基础课，基本概念很多，对于这些概念要准确地理解其含义。只有准确把握了基本概念，才能够更好地理解和掌握其他相关内容。对于基本原理、原则和基本公式，一方面要掌握其内容，另一方面要能够灵活运用。如复式记账原理、借贷记账法的记账规则、“资产 = 负债 + 所有者权益”的会计恒等式等，在编制会计分录和试算平衡表及编制会计报表等业务中都有体现。再如借贷记账法的记账规则是“有借必有贷，借贷必相等”，在学习时不仅要了解其规则，还要了解为什么会出现此规则，此规则在具体操作中如何运用等。

总之，希望同学们在学习会计时不再感到枯燥，轻松理解消化所学知识，更希望同学们能掌握会计这门商业语言，为自己的工作打下坚实的基础！